QA 労働・家族・ケアと法

【理論編&実例編】

— 真のWLB(ワークライフバランス)の実現のために —

水谷英夫 著

SHINZANSHA

はしがき

　イギリスの有名な童話作家であったルイス・キャロルの作品『鏡の国のアリス (Through the Looking-Glass,and What Alice Found There)』に、全てが裏返しの「赤の女王」が君臨する鏡の国に入り込んだアリスが、女王から「同じ所にとどまろうと思うなら、全速力で走り抜けなさい！」と言われる場面があります。この寓話は、周囲が動いているために、その場にとどまろうとするには、全速力で活動を継続しなければならないという状態を説明するもので、生物の進化や軍拡競争の論理などに用いられ、今日では「赤の女王仮説」と呼ばれています。この「赤の女王仮説」は、今日の私達が生活し働いている労働や家族の場において、人々の意識に強い磁場となって働きかけているものであり——「幸せな生活を送ろうと思うなら働け！」、「家族に良い生活をさせようと思うなら、死ぬまで働け！」——このようなブラック企業で語られるような言辞が、今日私達の生活と労働の動因となって働いており、私達はこのはざまに押し込められるというパラドックスを生み出しているといえるでしょう。

　このように今日、私達の働く現場が、「全速力で走り続けなければならない」状況となっている中で、家族の在り方も大きく変容してきています。

　私達は2010年のNHKによるドキュメント番組で「無縁社会」という言葉に出会い、その中で「私もいつかは『孤独死』を迎えるかもしれない」という薄ら寒い気持ちに襲われ、人間同士の繋がりが急速に薄れる未来への予感を感じたものでした。しかしながら、

はしがき

　それからわずか1年後の2011年3月の未曾有の大地震を契機に、人々の間で頻繁に用いられるようになった言葉である「絆」によって、人と人との結びつき、与えあいや助け合いが何よりも大切であることを、全ての日本人が共有したのです。このような「無縁」から「絆」という言葉の中に、私達は社会と個人、人間関係と社会（制度）のあり方の落差を見て取ることができるでしょう。即ち、個人にとって社会や他者との関わりの中心的存在である家族の機能が縮小し、個を尊重することを中核とした近代社会のいわば「排除」圧力に抗しきれなくなってきている時代背景の中で、「無縁」が登場する一方で、これに抗するものとしての家族や他者とのネットワークの再構築を目指す「絆」という言葉が登場してきたとも言えるでしょう。

　「家族」はかつてはそれ自体で完結する生活共同体としての機能を営んでいたものの、第2次世界大戦後の高度成長の中で、大企業を中心としたいわゆる「サラリーマン」が誕生し、妻と子供によるいわゆる「核家族」が登場しましたが、やがて高度成長の終わりと共に子供が巣立ったあとの親世代に、結婚していない子が加わる別の形態の「核家族」が登場しているのが、今日我々の社会なのです。1975年に旭化成ホームズが売り出した「2世帯住宅」はまさにこのような時代背景の下に登場した、家族の側からの自己防衛に沿ったものであったともいえるでしょう（旭化成ホームズは、周知の通り2015年に発生した「鬼怒川豪雨決壊に耐えた家」との絶賛をあびたものの、同年10月、「傾き、偽装マンション」で評価が一転しています）。

　このように家族は絶えず社会や個との関わりの中で、「無縁」や「絆」を問われ続けてきましたが、今日、大半の人々が何らかの形で企業の従業員として働き（我が国ではそのうち約4割がパート、派遣などの非正規雇用）、しかも急速な「少子高齢化社会」が進展する

中で、育児や介護と仕事との調和を求める、ワーク・ライフ・バランス（WLB）という家族と職場との新たな関わりが問われているのです。

　本書は、このような今日の私達の社会における家族と仕事のあり方を対象として、法という切り口で検討するものです。第1部第1章では、全般的なテーマを概略したうえで、第2章では、家族と労働との関わりの基本にある「ジェンダー」の形成と発展の現段階を論じています。現代の社会において私達に広く共有されている考え方は、社会の全ての「成員」は「平等」に処遇されるべきであるというものです。しかしながら近年に至るまで、社会に広範に存在する性差別は放置若しくは容認され続け、私達の社会の制度・慣習・文化等の社会活動全般は、一般に男性の経験や規範を前提として形成され（例えば「男らしさ」「女らしさ」など）、その結果、男性の経験や規範が一般化され（男＝一般、人間）、女性のそれは特殊化・例外化される傾向にあったといえるでしょう。「ジェンダー」はこのような状況に対して、性差別を克服し、女性達が男性と同等の社会的・政治的・経済的地位の獲得を目指す言説の総称を意味するものなのです。

　第3章では、20世紀後半における職場への女性の進出の中で労働環境がどのように変遷しているかを述べています。産業の中心が「物の製造」から「サービス」へ移行すると共に、職場においては、労働／仕事内容の中心が、「人 vs 物」から「人 vs 人」へと移行するようになり、それに伴って「人 vs 人」の担い手である女性の職場進出が進むようになり、とりわけ1970年代以降のME革命とIT技術革新の進展は、従来からの医療、ケア、教育の分野に限らず、あらゆる分野への女性の進出を促し、いわば「雇用の女性化」と呼ばれる現象をもたらすことになりました。しかしながらこのような

はしがき

　女性達が、今日まで職場の内外で社会的文化的性差としてのいわゆるジェンダー格差問題に苦しめられてきていることは周知の通りであり、職場内においては、昇進・昇格差別やそれに伴う賃金格差、セクハラ、パワハラの被害や非正規雇用への集中を招いており、職場外の家庭においては、主として出産・育児（更に介護）責任を負い、それがまた職場内のジェンダー格差を招来するという、いわば負のスパイラルに陥っており、今日、ワーク・ライフ・バランスの推進により人間らしい生活と仕事（ディーセント・ワーク）を求める必要があるのです。

　第4章では、第2、3章で述べたことを踏まえて、私達のより良い生活実現の課題を述べています。家庭責任等の制約ゆえにパート労働をはじめとする非典型雇用に参入せざるを得ない女性労働者は、身分差別や低賃金労働を余儀なくされるという状況にあり、また男女間の職種・賃金格差や昇進・昇格格差等の中で、女性労働者が正規社員として「男並みに」働いて昇進・昇格等のキャリア形成をしようとしても、男性労働者と同等の処遇を受けられないという、いわゆる「グラスシーリング（glass-ceiling）」の壁に直面しているのです。これらは、基本的には社会に組み込まれた「ジェンダー」による性別役割分業論や特性論等により、もっぱら女性が家事・育児・介護責任を負担し、女性達が自らの能力に応じた職業生活を十分に送ることができないという社会構造が背景にあると言わざるを得ないものです。このような社会システムの変革が、ワーク・ライフ・バランスの政策推進によって、労働とケアが、家族、社会、国家内において適切に分担／分配され、「労働世界」と「生活世界」におけるジェンダー格差を是正し、ジェンダー平等な社会を実現していくことが可能となってくるものと思われます。

　第2部（第6章）では、具体的実例に基づいて、第1部で述べた

はしがき

テーマの法的問題を論じています。

　今年10月、東北大学で労働法学会と社会保障法学会が開催されましたが、私が所属している東北大学社会法研究会のメンバーも、「裏方」として運営を担当し無事学会を終えることができ、また学会の大長老であり、私達の研究会に毎回出席され有益なお話をされておられる外尾健一先生は、慰労会でご挨拶され出席者一同に深い感銘を与えるものでした。ささやかな内容の小書ですが、嵩さやか、桑村裕美子各東北大学准教授をはじめとする研究会メンバーに対し、日頃からの研究会での叱咤激励への感謝を込めて本書を捧げたいと思います。信山社の今井守さんの多大な助力と事務所スタッフである星野綾子さんの協力により本書が世に出ることになり、感謝する次第です。

　2015年晩秋の仙台にて

著　者

目次

はしがき(iii)

◆ 第1部 ◆ 理論編

◆ 第1章 ◆ はじめに——何が問題か ……………… 3

1 雇用と家族の現状 …… 3
（1）雇用の現状 (3) ／（2）家族の現状 (4)

2 雇用・家族と女性 …… 6
（1）「雇用の女性化／非正規化」(6) ／（2）職場内とジェンダー (7) ／（3）職場外とジェンダー (8)

3 ワーク・ライフ・バランス（WLB）…… 10
（1）活用／ケア／正義 (10) ／（2）本書の検討課題 (11)

◆ 第2章 ◆ 「ジェンダー」の形成と発展 ……………… 13

1 ジェンダー——2つの観点 …… 13
（1）ジェンダー (13) ／（2）ジェンダーの歴史 (14)

2 性差、性別観としてのジェンダー …… 15
（1）「身体」(15) ／（2）「性自認」(16) ／（3）「性指向」(17) ／（4）LGBTI (17)

3 性規範、社会観としてのジェンダー …… 18
（1）「ジェンダー平等視点の主流化」(18) ／（2）女性労働者の現状 (20) ／（3）ジェンダー格差是正に向けた法政策上の指標 (22) ／（4）ジェンダー格差是正に向けたさまざまな法対策 (24) ／（5）均等待遇の原則 (27) ／（6）ワーク・ライフ・バランス

政策 (*32*)

◆ 第3章 ◆ 「労働世界」の変容 …………………… *37*

1 日本型雇用システム …… *37*

（1）日本型雇用システム（「三種の神器」）とは何か (*37*)／（2）「日本型雇用システム」のルーツ (*38*)／（3）「日本型雇用システム」の発展 (*41*)

2 「新自由主義」時代の雇用システム …… *42*

（1）新自由主義時代の到来 (*42*)／（2）新自由主義時代の雇用システム (*44*)／（3）「規制緩和」政策——2つの軸での改変 (*47*)／（4）雇用形態の改変 (*48*)／（5）雇用内容（労働時間）の改変 (*53*)／（6）「ローロードレジーム」と雇用社会の変容 (*55*)

◆ 第4章 ◆ 「生活(家族)世界」の変容 …………………… *61*

1 「生活世界」と家族 …… *61*

（1）「生活世界」(*61*)／（2）家族の変容 (*62*)

2 家族とは何か——家族概念の諸相 …… *64*

（1）家族とは——多様な概念 (*64*)／（2）「核家族」とは (*66*)／（3）家族と法制度 (*68*)

3 家族・家族像とその変容 …… *71*

（1）我が国の家族・家族像 (*71*)／（2）「家族」／「家族像」の変容 (*72*)／（3）家族と「個人の尊厳」(*73*)

4 家族の機能／役割と変化 …… *74*

（1）家族の機能／役割 (*74*)／（2）家族の機能・役割の変化 (*75*)／（3）家族の役割と社会保障 (*77*)／（4）伝統的（異性愛）家族モデルとその変容 (*77*)／（5）性的マイノリティ（LGB-

目　次

　　TI)と「同性婚」(78)／（6）多様な婚姻の形態承認を！(79)
　5　家族と親子 …… 80
　　（1）親子(80)／（2）親子の法の変容――「子の利益」重視へ(81)

◆ 第5章 ◆ ケア――労働と家族のはざまで ………………… 85

　1　ケア活動とは …… 85
　　（1）ケアとは(85)／（2）ケアの本質(85)／（3）ケア活動の多様性(86)
　2　介護と保育 …… 88
　　（1）介護とは(89)／（2）介護の特質(89)／（3）保育とは(90)／（4）介護と保育(91)
　3　ケアと家族 …… 92
　　（1）ケアと家族(92)／（2）ケア活動(93)
　4　ワーク・ライフ・バランス …… 94
　　（1）WLBとは(94)／（2）WLBの現状(95)／（3）「活用」――ダイバーシティ・マネジメント――の推進(98)／（4）真のWLBを目指して(99)

◆ 第2部 ◆ 実例編

◆ 第6章 ◆ QA――具体事例から考える ………………… 107

　I　ジェンダー …… 107
　　Q1　性同一性障害又は性別違和(107)／Q2　同性婚(111)／Q3　「結婚退職」制と性差別(113)／Q4　セクハラの対処法(116)／Q5　セクハラの発生要因・「迎合メール」(118)／Q6　セクハラの「判断基準」(122)／Q7　セクハラと労災補償(124)／Q8　セクハラに対する措置(128)／Q9　ドメスティック・

目　次

バイオレンス（DV）の概要 *(133)* ／ **Q10** DV防止法 *(136)* ／ **Q11** 保護命令 *(137)* ／ **Q12** ストーカー対策とは *(140)* ／ **Q13** ストーカー規制法 *(142)*

Ⅱ **労働世界** …… 146

Q1 業務委託 *(146)* ／ **Q2** ボランティア *(150)* ／ **Q3** 労組法と「労働者」*(154)* ／ **Q4** 「限定正社員」とは *(158)* ／ **Q5** 求人募集と労働条件 *(160)* ／ **Q6** 試用 *(165)* ／ **Q7** 非正規労働者 *(167)* ／ **Q8** 有期契約の更新 *(168)* ／ **Q9** 有期契約の整理解雇 *(172)* ／ **Q10** 派遣契約の中途解除 *(174)* ／ **Q11** 在宅勤務と労働法 *(176)* ／ **Q12** パートタイマーと兼業 *(179)* ／ **Q13** パートタイマーと雇用保険 *(181)* ／ **Q14** 「非正規」公務員 *(183)* ／ **Q15** 労働条件の決定方法 *(187)* ／ **Q16** コース別雇用管理 *(191)* ／ **Q17** 配転 *(194)* ／ **Q18** 減給 *(198)* ／ **Q19** 法定労働時間 *(199)* ／ **Q20** 管理監督者 *(202)* ／ **Q21** 服務規律 *(206)* ／ **Q22** 年次有給休暇 *(208)* ／ **Q23** 年休と不利益取扱い *(211)* ／ **Q24** マタハラ（マタニティ・ハラスメント）*(213)* ／ **Q25** 産前・産後休業 *(217)* ／ **Q26** 育児休業 *(219)* ／ **Q27** 介護休業 *(224)* ／ **Q28** 健康配慮義務 *(226)* ／ **Q29** パワハラ *(230)* ／ **Q30** 私傷病と休職 *(234)* ／ **Q31** 福利厚生と労働法 *(238)* ／ **Q32** 福利厚生と労働条件 *(242)* ／ **Q33** 雇用保険 *(244)* ／ **Q34** 社会保険 *(248)* ／ **Q35** 企業年金 *(251)* ／ **Q36** 退職年金の減額 *(253)* ／ **Q37** 退職年金廃止 *(258)* ／ **Q38** 改定高年法・雇用継続制度 *(261)*

Ⅲ **生活世界** …… 265

Q1 **婚約破棄と損害賠償** *(265)* ／ **Q2** 婚約者の死亡と遺族年金 *(267)* ／ **Q3** 内縁の妻と夫の死亡退職金 *(272)* ／ **Q4** 事実婚・内縁夫婦の解消と財産分与、相続、子供の権利 *(278)* ／

目　次

Q5 「専業主婦」と家事労働 *(282)*／**Q6** 妻のパート収入が夫の税金等に与える影響——3つの壁（100万円、103万円、130万円）*(286)*／**Q7** 夫婦間の財産移転と税金など *(290)*／**Q8** 離婚年金分割 *(292)*／**Q9** 合意分割と3号分割 *(294)*

事 項 索 引（巻末）

＜参考文献＞

浅倉むつ子・島田陽一ほか『労働法（第5版）』有斐閣（2015年）
荒木尚志『労働法（第2版）』有斐閣（2013年）
石水喜夫『日本型雇用の真実（ちくま新書）』筑摩書房（2013年）
犬伏由子・石井美智子・常岡史子・松尾知子『親族・相続法（弘文堂NOMIKA）』弘文堂（2012年）
井上幸夫『問題解決 労働法4 人事』旬報社（2009年）
猪熊弘子『「子育て」という政治（角川SSC新書）』KADOKAWA（2014年）
鵜飼良昭ほか編『労働者の権利──軌跡と展望』旬報社（2015年）
江夏幾多郎『人事評価の「曖昧」と「納得」（NHK出版新書）』NHK出版（2014年）
大沢真理編『承認と包摂へ──労働と生活の保障』岩波書店（2011年）
大村敦志『新基本民法7 家族編－女性と子どもの法』有斐閣（2014年）
梶村太市・岩志和一郎・大塚正之・榊原富士子・棚村政行『家族法実務講義』有斐閣（2013年）
春日キスヨ『変わる家族と介護（講談社現代新書）』講談社（2010年）
加藤敏『職場結合性うつ病』金原出版（2013年）
菅野和夫『労働法（第10版）』弘文堂（2012年）
窪田充見『家族法〔第2版〕』有斐閣（2013年）
熊谷徹『ドイツ人はなぜ、1年に150日休んでも仕事が回るのか』青春出版社（2015年）
小島妙子・伊達聡子・水谷英夫『現代家族の法と実務──多様化する家族像』日本加除出版（2015年）
駒村康平『中間層消滅（角川新書）』KADOKAWA（2015年）
佐藤千登勢『アメリカの福祉改革とジェンダー』彩流社（2014年）
篠原聡子・空間研究所・アサツーデイ・ケイ『多縁社会──自分で選んだ縁で生きていく。』東洋経済新報社（2015年）
神野直彦『「分かち合い」の経済学（岩波新書）』岩波書店（2010年）
曽田多賀・紙子達子・鬼丸かおる編著『内縁・事実婚をめぐる法律実務』新日本法規出版（2013年）
髙橋琢磨『21世紀の格差──こうすれば、日本は蘇る』WAVE出版

<参考文献>

(2015年)

棚村政行編著『面会交流と養育費の実務と展望　子どもの幸せのために』日本加除出版（2013年）

千田有紀『日本型近代家族』勁草書房（2011年）

筒井淳也『仕事と家族——日本はなぜ働きづらく産みにくいのか（中公新書）』中央公論新社（2015年）

中沢彰吾『中高年ブラック派遣——人材派遣業界の闇（講談社現代新書）』講談社（2015年）

中山直子『判例先例　親族法——扶養』日本加除出版（2012年）

西谷敏『人権としてのディーセント・ワーク——働きがいのある人間らしい仕事』旬報社（2011年）

西谷敏『労働法（第2版）』日本評論社（2013年）

二宮周平『家族法〔第4版〕』新世社（2013年）

野川忍・山川隆一・荒木尚志・渡邊絹子『変貌する雇用・就労モデルと労働法の課題』商事法務（2015年）

野田正彰『うつに非ず——うつ病の真実と精神医療の罪』講談社（2013年）

服部茂幸『新自由主義の帰結——なぜ世界経済は停滞するのか』岩波新書（2013年）

林弘子『労働法（第2版）』法律文化社（2014年）

原昌澄『コンパクト　労働法』新世社（2014年）

藤田孝典『下流老人——一億総老後崩壊の衝撃（朝日新書）』朝日新聞出版（2015年）

外尾健一『労働契約法の形成と展開』信山社（2012年）

本田由紀編『労働再審①転換期の労働と能力』大月書店（2010年）

三浦展ほか『データでわかる日本の新富裕層』洋泉社（2014年）

水谷英夫『感情労働とは何か』信山社（2013年）

水谷英夫『労働者側＋使用者側　Q&A新リストラと労働法』日本加除出版（2015年）

水野和夫『資本主義の終焉と歴史の危機（集英社新書）』集英社（2014年）

水町勇一郎『労働法（第5版）』有斐閣（2014年）

水町勇一郎・連合総合生活開発研究所編『労働法改革——参加による公正・効率社会の実現』日本経済新聞出版社（2010年）

<参考文献>

溝上憲文『非情の常時リストラ(文春新書)』文藝春秋(2013年)
南野千惠子代表編『性同一性障害の医療と法——医療・看護・法律・教育・行政関係者が知っておきたい課題と対応』メディカ出版(2013年)
宮里邦雄・川人博・井上幸夫『就活前に読む——会社の現実とワークルール』旬報社(2011年)
森岡孝二『就職とは何か——＜まともな働き方＞の条件(岩波新書)』岩波書店(2011年)
山口浩一郎監修『総合人事管理——グローバル化対応の法律実務』経団連出版(2015年)
ジェンダー法学会編『ジェンダーと法(第1巻～第4巻)』日本加除出版(2012年)
日経連『2015年版経営労働政策委員会報告——生産性を高め、経済好循環を目指す』日経連(2015年)
F.ブルジェール著・原山哲外訳『ケアの倫理(白水社文庫)』白水社(2013年、翻訳2014年)
G.エスピン・アンデルセン著・林昌宏訳『アンデルセン、福祉を語る——女性・子ども・高齢者』NTT出版(2008年)
OECD編著・岡部史信・田中香織訳『メンタルヘルスと仕事：誤解と真実——労働市場は心の病気にどう向き合うべきか』明石書店(2013年)
T.パーソンズ／R・Fベールズ著・橋爪貞雄外訳『家族——核家族と子どもの社会化』黎明書房(1956年、翻訳2001年)
ケインズ著・山形浩生訳『要約 ケインズ 雇用と利子とお金の一般理論』ポット出版(1936年、翻訳2011年)
サミュエル・ボウルズ著・佐藤良一他訳『不平等と再分配の新しい経済学』大月書店(2012年、翻訳2013年)
セクシュアルマイノリティ教職員ネットワーク編著『セクシュアルマイノリティ——同性愛、性同一性障害、インターセックスの当事者が語る人間の多様な性(第3版)』明石書店(2012年)
トマ・ピケティ著・山形浩生ほか訳『21世紀の資本』みすず書房(2013年、翻訳2014年)

※ 上記、比較的最近に出版(2010年以降)された文献に限った。

◆ 第1部 理論編

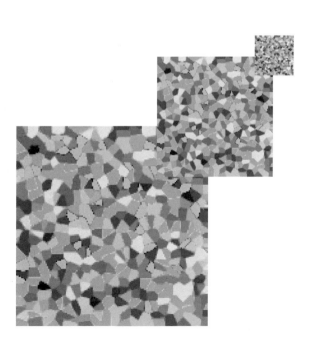

第1章
はじめに——何が問題か

1 雇用と家族の現状

(1) 雇用の現状

　今日、私達の働く現場が、「全速力で走り続けなければならない」(「はしがき」参照) 状況となっていることは、多くの人々の共通意識となっていると思われます。21世紀に入り、私達の社会は、2008年10月のリーマン・ショックに続く大不況や、2011年の東日本大震災などの「ショック」を経験しつつも、自動車産業を中心とする大企業の輸出は拡大し、更に2012年政権復帰した自民党内閣が推進するいわゆるアベノミクスと呼ばれる経済政策により、景気回復が図られつつあると言われています。

　しかしながら、その背景をみると、いわば「選択と集中」による経営資源の再編成と統合、更にそれに伴う大量の人員削減である「リストラ」を先行させつつ業績を回復しているのが近年の特徴であり、しかもアベノミクスでは、いわゆる第3の矢としての成長戦略において、後述する通り解雇特区の創設、有期労働契約の規制緩和、ホワイトカラー・エグゼンプションの導入、ジョブ型正社員の制度化、派遣労働の恒久化など、「世界で企業が一番活動しやすい国」(安倍首相) をめざして、一層の雇用の流動化促進政策が進められようとしており、いわば「雇用なき景気回復、経済成長」(2014年4月14日付フィナンシャル・タイムズ) が図られようとしているのです。

◆ 第1部　理論編

しかもこの間、私達の社会の雇用構造は、いわゆる終身雇用・年功序列を中核とした日本型雇用から、安価な非正規中心のビジネスモデルへと変容を遂げつつあるのです。このようなビジネスモデルにおいては、非正規雇用は景気が良くなれば雇用されるものの、悪くなれば真っ先にリストラの対象とされ、景気が好転した場合の恩恵は、もっぱら大企業の株主や経営者、正規社員などへの配分にとどまり、非正規社員や中小企業等の社員へのいわゆるトリクルダウンは起らず、その結果、国民の間の格差の拡大が進行することになり、景気回復が雇用の向上に結びつくという実感を、人々にもたらすことができない主要な理由となっているのです。

（2）家族の現状

他方では、おりからの少子高齢化社会の到来を前にして、成長戦略の一環としての「女性の活用戦力化」が声高に叫ばれており、例えば政府のいわゆる「骨太方針」の中にも、役員や管理職への女性登用を促進し、税制・社会保障制度が女性の働き方に中立になるよう検討するとして、女性の戦力化の促進をめざし、また第三子以降の出産・育児・教育への重点的な支援等いわゆるワーク・ライフ・バランス（WLB）政策の推進をうたっています。

このような政策が打ち出されてきた背景として、私達の社会における、雇用と家族をめぐる動きがあり、特に現代の家族は、家族規模が縮小して核家族が中心的存在になり、女性が労働者として企業組織で収入を得るようになるにつれ、かつては、その大部分が女性によって担われていた、ケアと呼ばれる幼児期の養育、高齢者や病者の介護などの支援が大きな問題となってきています。とりわけジェンダー格差が、依然として広範に残存している我が国においては、おりからの少子高齢化社会の中で、このようなケア活動が、働く女性達にとって新たな負担となってきており、いわゆる「ワー

◆第1章◆ はじめに──何が問題か

ク・ライフ・バランス（=WLB）」が、家族と労働の双方の法領域に影響を与えるようになってきているのです。

　家族はどのような時代、社会においても、子供の養育、教育、更には高齢者等のケアにおいて社会的に大きな役割を果たしてきています。前者についてみると、家族は子供の養育と教育において、社会が受ける厚生（ウェルフェア）に多様な貢献をしている反面、生活費等の直接費用を負担しているのみならず、親が就労を中断したり、常勤ではなくパートタイム労働となったりした場合に機会費用が発生することになり、しかもこの場合、前述した家族内におけるジェンダー格差が顕著なものとなるのです。即ち、女性達の大半は職場や自営業等の有償労働に従事するだけでなく、子供や高齢者のケア、家事労働、地域活動等さまざまな無償労働（unpaid work）に従事することを余儀なくされており、他方男性は自らの労働時間の大半を、職場等において報酬を得ることのできる有償労働（paid work）に用いているのであり、このような状況はジェンダー格差の是正のみならず、家族におけるケア負担の軽減としても早急に是正されるべきであり、そのためには、親が育児と就労を両立させるためには、いわゆるワーク・ライフ・バランスが必要であり、例えば保育所や終日学校などの制度の定着が不可欠とされるでしょう。また、家族が就労せずに育児に専念する場合でも、その目的達成に必要な、所得保障としての制度整備が必要とされることになるでしょう。

　更に高齢者介護についても、育児、教育と同様に、家族の役割と負担が大きなものであり、人的物的支援としての整備が不可欠とされているのであり、このように今日ケアを中心とした家族の機能向上を図るためには、労働法や社会保障制度の充実強化による社会的支援がますます必要とされているのです。

◆ 第1部 理論編

(図表)

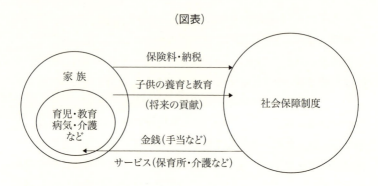

　このように現在私達の社会の雇用と家族は、少子高齢化を迎え、とりわけケアをめぐって大きな変容の中にあり、それに伴ってその法的域である労働、家族に関する法も変容しつつあり、また社会保障法もそれに対応して複雑な様相を呈しており、いわば雇用法と家族法はどこへ行く？という状態にあると言えるでしょう。とりわけこのような中で多くの女性達が雇用と家族並びにケアの中であえいでおり、いわばジェンダー問題の新たな展開というべき様相を呈しているとも言えるのです。そこで本書では雇用と家族そしてケアをめぐって、それぞれの人々が直面している問題に焦点をあてて述べていくことにしますが、本章ではその最も直接的な当事者となっている女性達の現状を、いくつかの視点で述べておくことにしましょう。

2　雇用・家族と女性

(1)「雇用の女性化/非正規化」

　産業の中心が「物の製造」から「サービス」へ移行すると共に、職場においては、労働/仕事内容の中心が、「人vs物」から「人vs人」へと移行するようになり、それに伴って「人vs人」の担い手

◆第1章◆はじめに——何が問題か

である女性の職場進出が進むようになっています。とりわけ1970年代以降のME革命とIT技術革新の進展は、従来からの医療、ケア、教育の分野にかぎらず、あらゆる分野への女性の進出を促し、いわば「雇用の女性化」と呼ばれる現象をもたらすこととなりました。

このようにして雇用の分野では、女性が大きな比率を占めるようになってきており、我が国では、2014年現在の女性雇用者数は2436万人と、雇用者総数の43.5%を占めて過去最多となっており（うち「正規」は1019万人、「非正規」は1332万人で、半数以上が非正規。総務省「2014年労働力調査」などより）、今日ではデパートやスーパー、ファーストフードやレストランなど、主として接客活動の主要部分にかぎらず、製造業の部門にも女性が進出するようになっており、それに伴って企業内においても、一般従業員を管理監督する立場の女性も増加しつつあります。

しかしながらこのような女性達が、今日まで社会的文化的性差としてのいわゆるジェンダー格差問題に苦しめられてきていることは周知の通りであり、次にみる通り職場内においては、昇進・昇格差別やそれに伴う賃金格差、セクハラ、パワハラの被害や非正規雇用への集中を招いており、職場外の家庭においては、主として出産・育児（更に介護）責任を負い、それがまた職場内のジェンダー格差を招来するという、いわば負のスパイラルに陥っており、女性労働者の労働条件と労働環境を制限する要因となっているのです。

（2）職場内とジェンダー

女性労働者は職場において、従来からさまざまな形態の差別を受けてきており、特にわが国の場合、女性労働者の昇進昇格は遅々として進んでおらず、例えば民間企業における女性管理職（役員を含む）の割合は、平成26年現在、係長相当職で16.2%、課長相当職

で 9.2％、部長相当職で 6.0％ と、依然として低い水準にとどまっています。それに加えて前述した通り女性労働者の半数以上が、パート・派遣・契約社員等の非正規であり、しかもこれらの非正規は一般に時給で正規社員との賃金格差も大きいことから、男女の賃金格差は、平成 26 年現在、正規の場合、男性約 343 万円、女性 256 万円で男性の 74％、非正規の場合、男性 222 万円、女性 179 万円と非常に低い水準にとどまり、非正規女性（週 35 時間就労）の 5 割以上（男性の場合 3 割）が、年収 200 万円以下のいわゆるワーキング・プア状態に置かれているのです（図表、いずれも所定内給与、厚労省平成 26 年「賃金構造基本統計調査」より）。

更に前述した通り、職場におけるセクハラやパワハラなどの人格侵害行為や、妊娠・出産を理由とした不利益取り扱いなどが広範に蔓延しており、これらを原因としてメンタル不全に陥る女性労働者が増加しており、今日の職場環境は女性労働者が、「人 vs 人」であるサービス労働の担い手として職務を遂行する意味で大きなストレス要因といえ、これらの改善が急務とされる所以なのです。

（3）**職場外とジェンダー**

職場外においてもジェンダーに伴う負のスパイラルに陥っており、その原因としては前述したとおり、「雇用の女性化」に伴って、女性が雇用の現場に進出してきているにもかかわらず、男性のライフスタイルは旧態依然としたままであり、「雇用の女性化」に対応したものとなっていないことを指摘することができるでしょう。今日多くの国では、夫が妻の出産に際して会社を休んでも（しかも、それはインフルエンザにかかって会社を休むのと同程度の期間にすぎない）、もはや驚くに値しないものとなっており、例えばスウェーデンやノルウェー等の北欧諸国では、「父親休暇」を月単位で取るよう推奨する政策がとられるに至っています。また男性の育児・家事参画も

◆第1章◆ はじめに——何が問題か

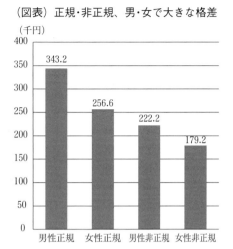

(図表) 正規・非正規、男・女で大きな格差

資料：厚生労働省「賃金構造基本統計調査」2014年

近年急上昇してきており、例えばアメリカでは、リーマン・ショックの影響もあって、いわゆる「専業主夫」が約200万人に急増しており、「夫が家事と育児をすべき」とする父親が、89年の5％から2012年には21％に増加しており、性別役割分業意識に変化がみられます（2014年米民間調査ピュー・リサーチ・センターより）。しかしながら、職業キャリア全般をみると、定年退職前後を除くと、男性の家事や育児に対する態度にそれほどの変化がみられないのも事実なのです。

このことは、家事・育児参画における男女間の非対称の大きさを示すものであり、とりわけわが国ではその傾向は一段と大きなものとなっており、例えば育児休業取得率は、2014年現在、女性86.6％に比し、男性2.30％（厚労省「雇用均等基本調査」より。尚国家公務員の場合、男性2.8％、女性98.3％、2013年度）と極端に低く、

◆第1部　理論編

しかも保育所入所も困難であり、2015年4月時点の保育所待機児童数は2万3167人に達し（厚労省2015年9月発表）、このような雇用における現実が、女性の継続就労を困難にしていることは、容易にみてとることができるでしょう。その結果わが国では、今日女性労働者の約6割が、妊娠・出産を契機に離職を余儀なくされ（うち「両立難しい」が35％を占める）、女性の年齢階級別労働力率は、相変わらず「M字カーブ」を描いており、女性労働者の職場環境を整備し、良好な環境の中で就労することが、喫緊の課題となっている所以なのです。では、そのためにはどのような方策が考えられるのでしょうか。

3　ワーク・ライフ・バランス (WLB)
(1) 活用/ケア/正義

我々の社会においては、ほとんどの仕事で求められている事実上のde facto「資格」を十分に有する者は、一般に家族責任を負われないことが暗黙の前提とされてきており、この場合法制度、法規範de jure がどれほどジェンダー中立的であっても、前述した現実の家庭中において、育児や介護などの責務を期待されている者が依然として女性である以上、仕事をめぐる競争が女性にとって男性よりも不利になりやすいことは明白です。このことの意味するものは、家事や育児などのケア活動や実践は、単なる家族内での責任分担などというレベルの問題ではなく、納税や選挙権行使と同様に、市民としての重要な責務（＝シティズンシップ）であり、女性と同じく男性も等しく負うべき責務（→「男性の女性化」）とみなされなければならないということなのであり、その上で、ジェンダー格差を是正するためには、家事労働を単に（再）分配するだけではなく、「労働（＝労働）」世界と「生活（＝家族）」世界との峻別論を克服し、

◆第1章◆ はじめに──何が問題か

例えば育児を家族に押し込めたり、市場に放置するのではなく、いわば「労働」世界と「生活」世界である家族とを、融合する方途を見いだす必要があることになります。

かくして「労働」世界における女性の「活用」、「生活」世界における家事・育児・介護などの「ケア」、そして両方にまたがってのジェンダーの克服という「正義」の要請が、各国では今日的テーマとして浮上することになり、その中でも我国では、依然として深刻な長時間労働の存在や高齢少子化問題等を背景として、近年ワーク・ライフ・バランス（WLB）への関心が高まってきているのです。

(2) **本書の検討課題**

本書では、このようないわば「労働世界」と「生活世界」の変容の中で、私達が健康で文化的な生活（憲法25条）を維持していくためには、どのような方策が考えられるのかを、主としてこれらの法領域との関わりで検討することがめざされています。

◆ 第2章 ◆
「ジェンダー」の形成と発展

1 ジェンダー──2つの観点

(1) ジェンダー

「ジェンダー (gender)」は、今日①性差、性別観、②性規範、社会観の2つの観点で用いられ、①は性別や性的差異という事実認識、方法論に着目するものであり、②は性的差別や排除という正義観、社会観に着目するものであり、いずれもが相互に交錯する内容を有するものですが（例えば、同性愛ゆえに差別される）、これらをめぐっては、とりわけ1960年代以降のいわゆる第2次フェミニズム運動の中でしばしば激しい論争が繰り広げられてきたものなのです。

①の性差、性別観めぐる議論は、男女の差異を決定するものはいかなる要素であるかという、いわば性科学、科学哲学上のものの見方である、認識／方法論に関する問題であり、そこでは、従来からのジェンダー／セックスのいわゆる性的2元（分）論と、それに対する批判／反批判という形で展開されてきました。

他方②の性的差別、排除をめぐる議論は、私達の社会生活上の性的差別はどのような構造の中で生み出され、それを克服し男女平等を実現するためには、いかなる理念が必要とされ、どのような制度設計が求められているのかという平等論、正義論ひいては運動論につながる問題であり、これらは相互に関連しつつも、異なった性質を有するものなのです。

したがって今日典型的には、LGBTI（略称）として性的マイノリ

ティが問題とされているのは、主として①に関わり、またいわゆる「ジェンダー平等視点の主流化」として男女の平等化政策が我が国内外で推進されているのは、主として②に関わる問題として把握すべきことになるのです（→78〜80頁）。

(2) ジェンダーの歴史

今日、私達はジェンダーを2つの観点で把握するようになってきていますが、歴史的にはジェンダーは、上述した①、②を混然として理解してきたのであり、それは主としてジェンダーという語源の意味内容にも表われています。ジェンダーは元来、ラテン語のgenus（産む、産出する、種族、起源）に語源を有しており、やがて英語ではgender、フランス語ではgenreと表現され、「生まれついての種類」を意味する「性別」を指すようになっていきます（共通の語源としては、例えば、gene遺伝子、genital生殖器などがある）。

このようにgenderは元来、生物学的な性差、性別と結びついた意味を有する語でしたが、やがて、genderやgenreは、性による分類、種別を指す——例えば男性はhe、女性はsheと表現する——文法上のカテゴリーとしても用いられるようになり、1950年代以降、genderは、生物学的性差のみならず、社会学的な用語としても用いられるようになり、とりわけ60年代以降のフェミニズム運動の中で、周知の通り「生物学的に形成された性」であるsexに対置する概念として、「社会的文化的に形成された性」であるgenderへと拡張され、これに対して医学やスポーツ界では反対にgenderを「生物学的性」として用いるという、gender概念の多様化とそれをめぐる論争が複雑化していくことになったのです。

そこで以下ではジェンダーについて、まず前述した①性差、性別観について述べ、次に②性規範、社会観について述べることにしましょう。

2 性差、性別観としてのジェンダー

性に関する性差、性別観としてのジェンダー概念は、(1)「身体」、(2)「性自認(精神)」、(3)「性指向」、としての性差に分類でき、(1)～(3)それぞれについて、社会的には多数者と少数者に分けることができ、具体的には、次図のようになるでしょう。

ジェンダー概念	多派数	少派数
(1)「身体」としての性差	男性／女性の身体	半陰陽（インターセックス）
(2)「性自認(精神)」としての性差	男性／女性の性自意識一致	トランスジェンダー（「性同一性障害」など）
(3)「性指向」としての性差	男性／女性の異性愛	同性愛（ゲイ、レズビアン、バイセクシャル）

(1)「身体」

「身体」としての性差は、生物学的性差（遺伝子、内性器、外性器レベルなどの種々の組み合わせによる性差）の典型であり、ヒトを含む大半の動物は、男女いずれかの身体的特徴を有しており（多数派）、一般に男性 male は、「子供を産むことのできない性」、女性 female は、「子供を産むことのできる性」と認識され、前述した医学をはじめとする自然科学やスポーツ界でも用いられ、sex が生物学的性差と同時に性行為を連想することから、これを回避するために用いられることが多いと言えるでしょう。

この意味のジェンダーでは、半陰陽（インターセックス、男性と女性の性的な特徴と器官を兼有する）の人々は、極少数に属していると言えます。

◆ 第1部　理論編

(2)「性自認」

「性自認」としての性差は、「精神」としての性に関するものであり、「性自認」（アイデンティティ＝自ら「女性」か、「男性」か、「どちらでもない」と自覚すること）が、主として（1）の身体的性別との対応関係にあるか否かによって、多数派と少数派に分かれてきます。具体的には、話し方、立ち居振るまい、服装、性的役割意識を含む日常生活全般に関わる行為様式に関して、大半の人々は「身体」としての性と「精神」としての性（＝性自認）とが一致しており、その結果、性に関する言動は、男性／女性二分法に則ったものになります。

他方少数派の人々は、「身体」としての性と「精神」としての性の間に、ズレや違和感を持っており、これらの人々は、今日トランスジェンダー transgender（ラテン語の移行する、逆側に行く trans と、英語の性 gender との合成語）と呼ばれるようになっています。トランスジェンダーは、性自認のレベルに応じてさまざまなものがあり、「身体」と「精神」との乖離が最も大きい場合は、トランスセクシュアル trans sexual と呼ばれ、身体と精神とのズレや違和による苦痛が大きく、日常生活にも困難をきたすことから、ホルモン療法や手術療法により異なる性への移行が求められ、法的にも性別変更を要する状態の人々や、そこまでは至らない場合には、トランスベスタイト trans vestite 又はクロスドレッサー cross-dresser と呼ばれ、異性の服装を身につけることによって性別の違和感を緩和できる状態の人々まで様々です。

我が国でいわゆる「性同一性障害」と呼ばれるのは、トランスセクシュアルのうち、医師の診断を受けたうえでの病名であり、2003年「性同一性障害の性別の取扱に関する法律」により、これらの人々は、戸籍上の性別変更が可能とされています。また国際的には、

◆第2章◆ 「ジェンダー」の形成と発展

近年精神疾患の診断、治療に際して、「障害」という言葉の持つ差別やスティグマへの配慮から、「性同一性障害」Gender Identitiy Disorder という用語を廃止し、性的違和 Gender Dysphoria という用語に変更されていることに注目する必要があるでしょう（2013年 DSM第5版。DSMは、米国精神医学会出版の Diagnostic and Statistical Manual of Mental Disorders（精神疾患の診断及び分類の手引き）のことであり、従来は同じく WHO（世界保健機構）出版の国際疾病分類（International Classification of Diseases、略称ICD）改訂のたびに、米国内の精神科診療に適するように改訂を重ねてきていましたが、ICD第10版（1992年）の改訂作業が遅れていることから（今のところ、2017年11月第11版公表予定）、2013年、DSM第5版が先に出版されたものです。→Ⅰ-Q1）。

（3）「性指向」

「性指向」としての性差は、自らの性や、恋愛の対象（性指向）に関する性差のことであり、多数派である異性愛と少数派である同性愛、両性愛、無性愛に分かれます。異性愛が圧倒多数を占めているものの、我が国の場合、少数派である同性愛者は約5.2%を占めているとの調査があります（2012年電通総研）。

同性愛は自己と同じ性の者に対して性愛を抱くことであり、一般に女性同士の場合レズビアンと呼ばれ、男性同士の場合ゲイと呼ばれ、両性愛は、男女両方に対して性愛を抱くことで、バイセクシュアルと呼ばれており、これら3つの性指向少数派は今日、レズビアン、ゲイ、バイセクシュアルのイニシャルをとってLGBと呼ばれているのです。

（4）LGBTI

今日、LGBに加えて、（2）の性自認の少数派であるトランスジェンダー（T）、インターセックス（I）を加えて、性差に関する

◆第1部　理論編

少数派を総称してLGBTIと呼ばれるようになり、2008年12月には、国連総会において「性的指向と性自認に基づく差別の撤廃と人権保護の促進を求める」旨の宣言が発せられ、LGBTIの権利擁護が強まるようになってきています。

　我が国でも、渋谷区は、2015年4月1日施行の条例で、同性カップルを「結婚に相当する関係」と認める「パートナーシップ証明書」を発行するようになり、性的少数者の権利擁護運動が広がりつつあると言えるでしょう（→Ⅰ-Q2）。

3　性規範、社会観としてのジェンダー ────────────
（1）「ジェンダー平等視点の主流化」
　現代の社会において私達に広く共有されている考え方は、社会の全ての「成員」は「平等」に処遇されるべきであるというものです。しかしながら近年に至るまで、社会に広範に存在する性差別は放置若しくは容認され続け、私達の社会の制度・慣習・文化等の社会活動全般は、一般に男性の経験や規範を前提として形成され（例えば「男らしさ」「女らしさ」など）、その結果、男性の経験や規範が一般化され（男＝一般、人間）、女性のそれは特殊化・例外化される傾向にあったといえるでしょう。

　「ジェンダー」はこのような状況に対して、性差について生物学的な意味のセックスsexと区別された、文化的・社会的性差genderを対置することを通して、性差別を克服し、女性達が男性と同等の社会的・政治的・経済的地位の獲得を目指す言説の総称を意味するものなのです。

　特に後述する通り1970年代以降の先進諸国が経験した社会経済変動の中で、職場や大学、社会活動の場において、大量の女性の進出がもたらされるようになり、それに伴って、従来の「男性中心」

◆第 2 章◆ 「ジェンダー」の形成と発展

の社会編成原理が変容を余儀なくされ、女性の自立が促されるようになってきました。家族を中心とするいわゆる親密圏においても、従来の権威主義的な家（父）長や教会、地域集団などの規制がゆるむと共に、個人的自由の意識が高まるようになり、離婚率の急上昇ともあいまって、男女同権や離婚制度の自由化のための民法改正がなされると共に、LGBTI と称されるセクシュアル・マイノリティの権利が認められ、同性婚や性同一性障害に関しての法的制度が整備されるようになり、また職場や家庭内における主として女性に対する性被害や暴力であるセクシュアル・ハラスメントやドメスティック・バイオレンスに対する規制も強化されるようになってきているのです（→ I - Q4～Q13）。

このような背景の下に国際機関においても、1993 年国連総会において「女性に関する暴力撤廃」が宣言が採択され、また 1995 年第 4 回世界女性において、ジェンダー平等を推進するための行動綱領として「ジェンダー平等視点の主流化」戦略が採択され、ジェンダーは女性だけの問題ではなく、人類共通の課題であるとの認識が共有されるようになってきたのです。かくして、わが国でも、このような「ジェンダー平等視点の主流化」戦略は、1999 年制定の男女共同参画社会基本法が「男女共同参画社会の実現を 21 世紀の我が国社会を決定する最重要課題と位置づけ、社会のあらゆる分野において、男女共同参画社会の形成の促進に関する施策の推進を図っていくことが重要」（前文 3 段）としたことにより、その法的基盤が与えられ、2001 年内閣府に「男女共同参画局」及び「男女共同参画会議」が設置されると共に、内閣総理大臣を本部長とする男女共同参画推進本部が設置され、（1）男女の人権の尊厳、（2）ジェンダーの組み込まれた社会制度や慣行の「中立化」への配慮、（3）公／私分野に亘る政策立案への共同参画、（4）家庭生活と他の活

◆第1部 理論編

動との両立等の基本理念（3条〜7条）をかかげ、これらの実現を国、地方公共団体のみならず、国民の義務と位置づけているのです（8〜10条）。

このようにジェンダー平等戦略が、我が国をはじめ各国で推進されるようになってきている中で、わが国は今日においても、以下に述べる通りとりわけ雇用世界と生活（家族）世界において、ジェンダー平等戦略の立ち遅れが依然として続いているのです。

（2）**女性労働者の現状**

（ⅰ）雇用におけるジェンダー格差——雇用におけるジェンダー格差をみると、今日女性労働者は世界では全労働力の4割である約11億3000万人を占めるに至っていますが、失業率が高く（2010年男性6.1%、女性6.4%）、低賃金職種（約6億5000万人）の約6割を占め、いずれの職種においても一般的に男女賃金格差があり（ILO調査の6職種では、先進国の場合平均70〜80%）、看護や教育等の典型的女性職種でも、女性の賃金が男性よりも低く、「男女均等」には程遠い状況にあるのです（ILO、2010年）。また管理職に占める女性の割合は2〜4割に過ぎず（60カ国）、増加の割合もここ数年ほとんど変化がなく、「役職が高くなればなるほど女性が減るという経験則が未だに健在」と指摘されているのです（ILO、2010年）。

それに加えて女性の就労が収入の低い分野に集中していることを指摘でき、例えば金融、保険業等にみられるように「男性が一般的に昇進につながる総合職として採用されるのに対し、女性の大半は一般職として採用され、その結果女性の大卒社員の大半は同条件の男性社員の53パーセントの収入にすぎないと指摘されているのです（前掲ILO、2010年）。

（ⅱ）ジェンダー格差の要因——このように、家庭責任等の制約ゆ

◆ 第2章 ◆ 「ジェンダー」の形成と発展

えにパート労働をはじめとする非典型雇用に参入せざるを得ない女性労働者は、身分差別や低賃金労働を余儀なくされるという状況にあり、また男女間の職種・賃金格差や昇進昇格格差等の中で、女性労働者が正規社員として「男並みに」働いて昇進・昇格等のキャリア形成をしようとしても、男性労働者と同等の処遇を受けられないという、いわゆる「グラスシーリング（glass-ceiling）」の壁に直面しているのです。これらは、基本的には社会に組み込まれた「ジェンダー」による性別役割分業論や特性論等により、もっぱら女性が家事・育児・介護責任を負担し、女性達が自らの能力に応じた職業生活を十分に送ることができないという社会構造が背景にあると言わざるを得ないものです。

そこでこのような社会システムの変革が、雇用の分野における法の役割となってきており、具体的には、賃金や採用、昇進、昇格、退職等の雇用の全ステージにおける男女の均等待遇（ポジティブ・アクションやセクシュアル・ハラスメントを含む）法制の実現、更にはこれらの均等法制をサポートするものとして女性保護や家庭責任との調和・充実（いわゆるワーク・ライフ・バランス、WLB）を図る雇用法制の整備、またこのようなシステムの整備に連動するものとして、年金、社会保険等の社会保障制度や税制の整備・充実が不可欠なものとなっているのです。

このような社会システムの整備は、基本的には、「形式的機会の平等」、「実質的機会の平等」、更には女性独自の権利擁護等複合的なアプローチに支えられた戦略であり、事実上職場と家庭の両立を迫られている女性労働者の権利擁護と男女平等の実現にとって独自の工夫が必要とされているからであり、

◆第1部 理論編

　このようにして、今日我が国を含む各国ではいくつかの雇用戦略が共通の課題となっているのです。そこで以下にそれを概観してみましょう。
（3）ジェンダー格差是正に向けた法政策上の指標
　現代社会におけるジェンダー格差を是正し、「ジェンダー平等」な社会をめざす政策（いわゆるポリシーミックス）はさまざまな分野に亘っていますが、特に「雇用」と「家族」の分野においては、今日労働法と社会保険法のいわゆる「共同作業」が不可欠となってきています。そこで以下にはジェンダー格差是正をめざすものとしての、労働法、社会保障法における法政策上の指標をいくつか示すことにしましょう。
　① 平等待遇、収入の原則——ジェンダー格差是正にとって、職場における男女平等待遇／収入の原則は不可欠であり、この原則は、雇用における男女の平等待遇、同一賃金の原則を推進するものであり、それまた我が国において依然として広範に存在する、男女間の昇進昇格差別や賃金格差を是正し、男女平等を推進するうえで、重要な法政策に位置づけられるべきものです。
　② 労働時間短縮、平等余暇の原則——従来、主たる家庭責任を負ってきた女性のライフパターンを男女共通のものとするうえで、今日最も重要な政策は、男女ともに家庭責任を負うことを可能にする「生活時間」の確保であり、そのためには、労働時間の短縮による「平等余暇」の実現が必要とされています。
　男女共に人間としての尊厳をもったライフスタイルを確立する上で、我が国に顕著な長時間労働からの転換を図り、時間短縮による生活時間の確保が必要とされる故由なのです。
　③ ケア支援の原則——介護、育児等のケア活動は、男女が家庭責任を平等に担うために不可欠のものであり、とりわけ急速に少子

◆ 第2章 ◆ 「ジェンダー」の形成と発展

高齢化が進展している我が国においては、育児、介護等のケア活動に対する社会的支援は、喫緊の課題となっています。これらのケアサポート体制の推進のためには、労働法と社会保障法の共同作業等を含むさまざまなポリシーミックスのみならず、地域、NPO 等のインフォーマル組織を含めた社会全体の支援も必要とされていると言えるでしょう。

④　反周縁化の原則——雇用世界における女性の周縁化を防ぐためには、女性労働者がパートや派遣などの非正規雇用に集中している現状の是正がなされると共に、これらの非正規と正規雇用との均等待遇が実現されるべきであり、特に派遣等のいわゆる間接雇用は、より一層の規制強化がなされるべきです。これに対して、後述する通り、派遣法改正は真逆の対応であり、将来的に是正されるべき課題と言えるでしょう。

⑤　尊厳の平等原則——女性が一人の人間として尊重され、人間としての尊厳を確保するためには、雇用世界におけるセクハラや、生活世界における DV などの人権無視の行為は許されるべきではなく、このような人権侵害行為は速やかに排除されなければなりません。

ジェンダー格差をめぐる政策上の指標としてあげた①〜⑤の指標は、その一例であり、少なくともこれらは一体として推進されるべきであり、このような政策推進によって、労働とケアが、家族、社会、国家内において適切に分担／分配され、「労働世界」と「生活世界」におけるジェンダー格差を是正し、ジェンダー平等な社会を実現していくことが可能となってくるものと思われます。では、我が国において、ジェンダー格差是正の法政策は、今日どのようになっているのでしょうか。以下にそれを概観してみましょう。

◆第1部　理論編

(4) ジェンダー格差是正に向けたさまざまな法対策
(i) 各国の差別禁止法制——各国では、雇用における差別禁止法理につき、歴史的にはまず「直接差別」禁止法理が確立され、更に近年は「間接差別」禁止法理が発展しつつあるといえるでしょう。性による不利益取扱いは、賃金、採用、昇進、昇格、解雇に至る雇用の全ステージに亘るものであり、この形態には、特定の性を指標とする基準（例えば募集に際して、「男」「女」とか「カメラマン」「スチュワーデス」等）を用いる「直接差別」による場合と、性を指標としない基準（例えば体重60kg、身長180cmなど）を用いる「間接差別」による場合とがありますが、今日これらのいずれについても、差別禁止法制により廃止されるようになっています（イギリスの1975年性差別禁止法、アメリカの1991年改正公民権法703条（k）(1)、EUの1970年均等待遇指針、1997年挙証責任に関する指令など）。

　特に欧米諸国等を中心に発展させられてきた「間接差別」禁止法理は、わが国の雇用慣行との関係では、パートタイマーとフルタイマーとの賃金・処遇格差、家族手当等の世帯主基準、コース別雇用管理等必ずしも使用者の差別意思の立証が明らかでないにもかかわらず、女性にとって著しい不利益をもたらす場合等に効果が期待されるものといえるでしょう。

(ii) 我が国の場合〜労基法と均等法——わが国の場合、1947年施行の日本国憲法が定めた「法の下の平等」(14条) の理念に沿って、労使関係においてこれを実現するため、労基法は3条において「使用者は、労働者の国籍、信条又は社会的身分を理由として、賃金、労働時間その他の労働条件について、差別的取扱をしてはならない」と規定し、さらに4条におい

◆ 第 2 章 ◆ 「ジェンダー」の形成と発展

て「使用者は、労働者が女性であることを理由として、賃金について、男性と差別的取扱いをしてはならない」と定めています。しかし、労基法3条の差別的取扱いの禁止には、性別という文言を欠き、また4条は、男女同一労働同一賃金の原則にもとづき、女性であることを理由とする賃金の差別的取扱いを禁止していますが、男女の賃金以外の差別的取扱いについて触れていませんでした（但し公務員法は差別禁止を規定している。国公法27条など）。

(ア) そのため、男女の差別的取扱いについて多くの争いが生じ、判例法理において、解雇や退職などをめぐる合理的な理由のない差別的取扱いはいずれも公序良俗に反して無効とされてきていました（結婚退職制に関する住友セメント事件・東京地判昭41.12.20労民集17巻6号1407頁、定年差別に関する日産自動車事件・最三小判昭56.3.24民集35巻2号300頁など。→Ⅰ‐Q3）。

こうした判例の動向や国連女性差別撤廃条約批准に伴う国内法整備の一環として、1985年労基法改正により、女性の時間外、休日労働制限や深夜労働・危険有害業務禁止規制を緩和すると共に（その後1997年改正で基本的に廃止）、同年男女雇用機会均等法が制定されました。

同法では、判例法理の到達点である定年、退職、解雇等について性差別を禁止したものの、募集、採用や配置、昇進というキャリア形成の中核部分については企業の努力業務とする等、差別規制は限定的なものにとどまっていました。しかし、均等法は職業生活に対する女性の価値観に変化をもたらし、女性の職場進出に伴い、いわゆる「共働き夫婦」が増加すると共に、企業はこれらの流れに対して、従来からの伝統的な男性中心の雇用管理システムの建前を改めていわゆる

◆第1部 理論編

「コース別」人事管理システム等を導入するようになり、また労基法に残存する女性保護規定等を理由として、大部分の女性は依然として事実上、企業内において昇進・昇格というキャリア形成から排除され続けることを余儀なくされたのです。

（イ）そこで、1997年改正均等法は、こうした欠陥を是正し、募集、採用、職務配置、昇進などに関する女性差別を明文で禁止し、違反への制裁と労働者の救済を強化するとともに、セクハラに関する事業主の配慮義務などを定め、更に2006年改正で、女性に対する差別禁止を男女に対する差別禁止に改めるとともに、禁止される差別の範囲の拡大、間接差別の禁止、調停対象事項の拡大などの改善を図ったのです。

即ち、同法は2度の改正を経て現在では、事業主に対して、(1) 募集・採用．配置・昇進・教育訓練、福利厚生、定年、解雇、降格、職種変更、パートへの変更などの雇用形態の変更について差別的取扱いをすることを禁止し、(2) ①募集・採用に当たり、一定の身長、体重または体力を要件とすること、②コース別雇用管理制度における総合職の募集・採用に当たり、全国転勤を要件とすること、③昇進に当たり転勤経験を要件とすることなどのいわゆる「間接差別」を禁止し、(3) 妊娠・出産等を理由とする不利益取扱いを禁止し、(4) セクシュアル・ハラスメント防止のための措置、(5) 女性労働者の妊娠中および出産後の健康管理に関する措置を講ずべきことを義務づけ、(6) 男女間の格差解消のための積極的取組み（ポジティブアクション）の推進などを定め、(7) 同法にもとづく行政官庁の是正指導に応じない場合には企業名が公表され、報告を求めたにも拘わらず報告をせず、または虚

◆第2章◆ 「ジェンダー」の形成と発展

偽の報告をしたときには、過料に処せられることとされているのです（33条）。

（ウ）こうして現在、我が国の性差別禁止法制は、女性への賃金差別を罰則つきで禁止する労基法4条と、募集・採用から解雇・退職に至る賃金以外の男女差別を一般的に禁止し、違反に対して調停などを予定する均等法という、相互に排他的ではない二つの柱から成り立っており、このように今日性差別禁止法制の基本的スタンスは、男女の形式的な均等扱いの方向に大きくシフトしつつも、実質的平等の観点から配慮も払われてきているといえるでしょう。

このようなわが国の法状況の中で、経済のグローバル化やいわゆる「バブル」崩壊後の経済の停滞の中で、雇用の収縮、終身雇用や年功賃金制の崩壊がはじまり、いわゆる「コース別人事」についても「総合職」「一般職」ではなく、「正規社員＝総合職」「非正規社員＝一般職」という流れが作られつつあり、その中で、女性労働者は、正規と非正規（パート、派遣、契約など）に二極化しつつあり、しかも社会に組み込まれた「ジェンダー」の中で、多くの女性労働者は「家事、育児、介護と仕事という一層の性別役割分業の負担を強いられており、このような状況を克服するためには、労働時間や休暇など家庭責任に配慮した（WLB）、労働条件や雇用、社会保障システム充実を通して、女性労働者のキャリア形成を図っていくことが喫緊の課題となっているといえるのです。

（5）均等待遇の原則
（ⅰ）人事考課と賃金・昇格差別——日本では、賃金査定や昇格決定のための人事考課に際して、評定者（特に上司！）の主観が混入する余地が大きいため、考課・査定を通じて、賃金・昇

◆ 第1部　理論編

格上の女性差別がしばしばなされてきましたが、査定・人事考課や昇格における男女差別の認定は、さまざまな要素が判断に含まれることになり、裁判所は概ね慎重な傾向にあると言えるでしょう。

　もっとも、査定を通して決定される格付けが直接賃金額を左右する職能資格給制度においては、女性を理由とした査定差別は、直ちに労基法4条違反になると解されます。例えば、男性について年功的運用によってほぼ自動的に昇格させつつ、女性は試験制度などによって昇格から排除するケースや（芝信用金庫事件・東京高判平 12.12.22 労判 796 号 5 頁）、女性について男性とは別個の基準を設けて、昇格上男性よりも不利に扱うケースは違法とされます（昭和シェル石油事件・東京地判平 15.1.29 労判 846 号 10 頁。尚同事件・東京高判平 19.6.28 労判 946 号 76 頁は、実際に職務、能力、責任等の評価にもとづいてなされる格付けは、労基法4条ではなく、均等法で禁止する「昇進」差別の問題としています）。また既婚女性に対して、そのことのみを理由として一律に低く査定することは明らかに違法とされています（住友生命保険事件・大阪地判平 13.6.27 労判 809 号 5 頁）。

　また一部分について昇格差別を認めた例や（シャープエレクトロニクスマーケティング事件・大阪地判判平 12.2.23 労判 783 号 71 頁、商工組合中央金庫事件・大阪地判平 12.11.20 労判 797 号 15 頁など）、職務内容に顕著な差がないにもかかわらず、全体として男女間に一定の賃金格差が存在する場合、それを正当化する特段の事情のない限り、女性であることを理由とする差別であると推認され、格差を正当化する合理的な理由の存在は使用者が主張立証すべきこととされた例があります（石崎

◆ 第2章 ◆ 「ジェンダー」の形成と発展

本店事件・広島地判平8.8.7労判170号22頁、内山工業事件・広島高岡山支判平16.10.28労判884号13頁など)。
(ア) 男女の間で職務ないし職種に差が設けられ、それが間接的に賃金格差をもたらしている場合には、職務配置上の差別として均等法6条1号違反となりますが、直ちに労基法4条違反とはいえないことになります。しかし、男女労働者を同種もしくは類似の業務に従事させつつ、採用方法や位置づけの相違などを理由として賃金上差別したり、それを継続することは、4条違反の賃金差別となります(住友金属事件・大阪地判平17.3.28労判898号40頁、兼松事件・東京高判平20.1.31労判959号85頁)。

また、異なった職種で採用され、初任給でも男性と区別されていた女性が、後に男性と同一の職種に従事するようになった場合には、その時点から男性と同一の賃金が保障されない限り、女性であることを理由として差別されたことになります(日ソ図書事件・東京地判平4.8.27労判611号10頁、塩野義製薬事件・大阪地判平11.7.8労判770号81頁)。

さらに、男女で担当する職務は異なっているが、当該職務に必要とされる知識、技能、責任、それがもたらす精神的な負担、疲労度を比較して、それぞれの職務遂行の困難さないし職務の価値に格別の差がないと判断される場合には、賃金格差は4条違反となるのです(京都ガス事件・京都地判平13.9.20労判813号87頁)。
(イ) 職能資格給制度上の「昇格」とは異なり、「昇格」が係長から課長へといった、職位の上昇(昇進)の意味で用いられる場合、その差別は当然に労基法4条違反になるとはいえません。しかし、昇進が賃金の引き上げや役職手当の支払いと連

◆第1部　理論編

動している制度については、昇進差別は、少なくとも私法上は同じく労基法4条違反と解すべきものとされます（社会保険診療報酬支払基金事件・東京地判平2.7.4労判565号7頁）。

(ⅱ)「同一（価値）労働同一賃金の原則」——近年「ジェンダー」による男女の職種間賃金格差を是正する有力な手段として、「同一（価値）労働同一賃金の原則」が「積極的是正措置」と並んで、欧米諸国を中心に導入されるようになってきています。ILOは設立当初から、実質的な「男女同一労働・同一賃金の原則」を実現することが特別に重要な課題であることを認識し（前文）、1951年「同一あるいは類似」の労働に従事している男女に、同一の賃金を支払うという「同一価値労働同一賃金の原則」を提言し（ILO100号条約、ILO90号勧告）、更に国連は、1979年女性差別撤廃条約にて、「同一価値の労働について同一報酬（手当を含む）及び同一待遇についての権利並びに労働の質の評価に関する取扱いの平等についての権利」(11条1項(d))を採択し、これを受けEC/EUを中心に「同一価値同一賃金の原則」の概念は発展をとげるようになってきています。

(ア) わが国の場合、1947年に制定されたの労基法4条「使用者は労働者が女性であることを理由として、賃金について男性と差別取扱いをしてはならない」との関係が問題とされ、この原則について、これらの条約を日本で批准している以上、この原則はすでに現行法上の原則となっているとする考え方と、未だ日本の現行法では確立されていないという考え方とがあります。この点につき日本政府は、前者の立場に立ち、同規定にはILO100号条約の「同一価値労働同一賃金の原則」が含まれているとして、1967年、同条約を批准した際にも、

◆第2章◆ 「ジェンダー」の形成と発展

国内法の整備等は行われませんでした。しかし、既述したとおり、条約批准当時、同条約が今日の「同一価値労働同一賃金の原則」と同じ規範を有するものとは、一般に理解されていなかったといえるでしょう。

(イ) では「同一価値労働・同一賃金原則」の法規範性をどのように考えるべきなのでしょうか。同原則は、明確な差別禁止の趣旨のものと、一般原則の宣言にとどまるもの、とが混在して論じられており、男女差別を禁止するILO100号条約は前者に属し、国際人権規約・社会権規約7条は後者に属すると解釈すべきで思われます。したがってILO100号条約に対応する労基法4条は前者に属し、男女間での同一価値労働・同一賃金の原則を罰則つきで使用者に義務づけた規定であるものと理解され、雇用形態間での「賃金差別」の問題は後者に属し、国際条約によっ直接義務づけられたものとはいえず、差別が甚だしい場合などに、公序良俗違反として違法もしくは無効と評価されるにとどまることになると言えるでしょう（例えば丸子警報器事件・長野地上田支判平7.3.15 労判690号32頁）。

(ウ) また国際的基準としての「同一価値労働・同一賃金原則」は、ILO100号条約を含めて、厳密な意味での労働の価値評価にもとづく賃金体系の確立まで求めているのではなく、職務評価にもとづく均等な扱いを中心としつつ、各国における合理的な賃金慣行も許容する趣旨と考えられ、したがって扶養家族手当など、一見すれば同原則に反するような賃金要素も、必ずしもこの原則に反するわけではないと理解すべきでしょう（逆に女性に支払わないことが違法な差別とされた、岩手銀行事件・仙台高判平4.1.10 労判605号98頁）。しかしながら、同

◆第1部　理論編

　一価値労働・同一賃金原則は、差別判断をするための中軸となるものであり、そのための職務評価の手法を確立することは必須の課題といえるでしょう。

(6) ワーク・ライフ・バランス政策

(i) ワーク・ライフ・バランス政策の必要性——今日雇用の場においては、男女平等法制や男女均等待遇の原則が整備されつつあるものの、実際には女性はジェンダーの組み込まれた社会において、性別役割分担論や特性論の下、家事育児責任と職業生活の両立を余儀なくされ、キャリア形成が阻まれたり、その機会を喪失しているとの現状が認識されるようになるにつれ、男女間の「実質的機会の平等」の達成のためには、男女が共にその職業生活上の責務と家庭生活上の責務を両立させるシステム（WLB）が不可欠であるとの認識が共有されるようになってきています。

　これをうけて EU は、1996 年理事会にて育児休業に関する指令を発し、同指令では、①男女労働者は子供が 8 歳に達するまで、少なくとも各 3 カ月育児休業の権利を有し、②男女の機会均等と均等待遇を促進するため、労使は育児休業の権利を原則として譲渡できないものとして、母親が父親の分も含めた 6 カ月間育児休業をすることができないものと規定しています（12 条）。

　わが国においても、育児、介護休業法が整備されつつあるものの、男性労働者の取得率が、女性と比して著しく低い現状にあり（厚労省調査では、09 年度の男性の育休取得率は 1.72% にすぎない）、早急に実効性あるシステムの整備が必要とされています。他方ではわが国の女性の雇用者は 2010 年には過去最高の 2329 万人に達していますが（男女合計雇用者 5462 万人の

42.6%)、非正規雇用も1218万人と過去最高になっており、こうした中で例えば保育所の待機育児数も、過去最高の4万8千人に達し、一層のワークライフバランス政策の進展が焦眉の課題となっているのです（→94～103頁）。

(ⅱ) ワーク・ライフ・バランス支援の法制度——今日我が国では少子高齢化が進展する中で、職場における男女の均等取扱と共に、仕事と家庭生活の両立（いわゆるワーク・ライフ・バランス＝WLB）を促進し、男女が共に働きやすい社会にするための施策の充実が求められています。このような支援措置の一つが、育児介護休業制度であり、育児や介護を要する家庭を抱える労働者が、退職することなく一定期間休業することができるようにするため、1995年育児介護休業法が制定されました。同法は1991年制定の育児休業法を発展させたもので、男女双方の労働者に、共通の休業の権利を保障するものですが、実際には男性労働者の多くが、育児や家事への参加を希望しながらも長時間労働に追われ、仕事優先の生活を送っている現状にあります。

(ア) また2003年制定の次世代支援対策推進法は、一定数（現在では100人超）の従業員を抱える事業主に対して、WLB推進の行動計画策定、届出、公表、周知義務を課しており（100人以下の中小企業は努力義務）、このほかにも、労基法上の時間外労働、深夜業の制限（37条）や育児時間の規定（67条）なども、WLBに寄与するものといえるでしょう。

(イ) 更に2015年9月施行された「女性活躍推進法」は、国・地方自治体・企業などが一体となって、女性が活躍しやすい環境を整える目的で、女性の活躍度の"見える化"を図るとし、社員数が301人以上の企業に採用者の女性比率、勤続年数の

◆第1部　理論編

男女差、労働時間の状況、管理職に占める女性比率などの目標数値を定めて、その結果公表などを、2016年4月迄に実施することが義務化されました（300人以下は努力義務）。

しかしながら、これらの数値目標の水準は、企業の自由裁量とされており、違反に対する罰則もなく、他方女性社員の育休取得率など、育児に不可欠な数値は項目に入っていません。同法は、家事育児をする妻がいることを前提としたいわば「標準労働者」（＝男性）を中心とした働き方を変革するものとはなっておらず、女性が仕事と家庭を両立しながら働く環境形成に資するものとしては程遠いものと言わざるを得ないのです。

他方では、以下の2つの法（案）に代表されるようにワーク・ライフ・バランスを阻害する動きも顕著になってきています。

(ⅲ) ワーク・ライフ・バランス阻害？の法政策——ワーク・ライフ・バランスを阻害する動きとして、注視すべきなのは労働時間と派遣に関する法改正の動向です。

(ア) ワーク・ライフ・バランスを阻害する労働環境の最大なものは、依然として広範に存在する、我が国における長時間労働であり、とりわけ育休中の女性労働者の場合、長時間労働が困難であることから、企業にとっては女性に重要なポジションを任せられないという発想に陥りがちとなり、これが女性の昇進昇格を阻む主たる要因となり、賃金差別へと続くことにもつながっていくのです。

しかも現在審議されている労働時間法改正案では、いわゆる高度な知識を必要とする専門職で年収1075万円以上の人を対象に、労働基準法の時間規制が適用除外され、その結果企

業は、時間外、休日、深夜労働に関する残業代や割増賃金の支払義務が免除されることになります（年収要件は省令で下げることができ、経団連は年収400万円を提言しています）。

　このような法改正によって、労働時間管理は、企業から労働者個々人へと移ることにもなり、長時間労働に対する法規制が撤廃されたことにより、長時間労働がいわば「文化」とされている、我が国の企業風土においては、子供を抱えた女性労働者はなし崩し的に長時間労働を余儀なくされ、女性労働者の働く環境の一層の悪化が予想されます。

(イ) ワーク・ライフ・バランスの推進にとって、育児や介護中の女性労働者が安定した雇用状態にいることを求められます。しかしながら2015年9月30日施行された改正派遣法では、派遣業務による区別がなくなり、企業は3年ごとに派遣社員を入れ替えることにより、同一業務で継続して派遣社員を受け入れることが可能となっています。現行法では、企業が雇える派遣社員の中でも、専門26業務にかぎり派遣期間の制限がなく、それ以外の業務は最長3年までとされていましたが、改正法により、企業側からすれば、育児休業をとると思われる女性正規社員の代わりに派遣社員を使う道が開かれることになり、派遣社員にとっても、3年で他の業務での派遣を余儀なくされ、仕事で学んだ経験は無駄となり、スキルを身につけることのできず、一生涯は派遣のままという不安定な労働者が増加する可能性が高く、これらの法改正は、ワーク・ライフ・バランス政策の推進に逆行するものと言えるでしょう。

(ウ) 一家の稼ぎを得ることと、家事、育児、介護等のケアをすることがそれぞれ男性と女性にコード化され、別々の役割と

◆第1部　理論編

されること（＝性別役割分業）が、現在の雇用社会において既にリアリティを失って崩壊過程に入っている中で、このような役割とその文化的コードを再編して、「ジェンダーの平等」を図ることこそが求められているのです。

第3章
「労働世界」の変容

1　日本型雇用システム

　第1章で述べた通り、今日急速に少子高齢化が進展する中で、雇用と家族、ケアの在り方が大きく変容すると共に大きな政策課題となってきていますが、一般にある社会現象の今後のあり方や方策を検討するに際しては、今日の状況を形成してきた歴史の中にヒントが隠されていることが往々にしてあります。そこで、次に雇用、家族、ケアについて、今日までの形成の歴史をみてみることにしましょう。

　まず、雇用、即ち「労働世界」についてみていくことにしますが、我が国の「労働世界」を語る場合には、次に述べるいわゆる「日本型雇用システム」とその変容を抜きにすることができません。

（1）日本型雇用システム（「三種の神器」）とは何か

　日本企業の中でもとりわけ大企業を中心に、いわゆる「終身雇用」「年功序列」「企業内組合」は、周知の通り「三種の神器」として、日本的雇用慣行を形づくる三要素と言われてきました。一般に企業経営や人事処遇制度から描き出される、経済社会の雇用全体に及ぶ仕組みのことを「雇用システム」と呼ぶならば、日本における「雇用システム」が上記のような三要素を中心として構成されてきたことは間違いないと言えるでしょう。

　資本主義経済は、アダム・スミスが「国富論」で述べている通り、それ自体が成長を求める経済ではあるものの、ケインズが危惧する

◆第1部　理論編

通り、企業の投資フロンティアを無限に拡大していくことには無理があり、恐慌や不況などにより成長に制限がかかった場合には、何らかの緩衝装置や修正が必要とされることになり、しかも市場を支える法、政治、社会システムは、それぞれの国の歴史や文化のもとに発展してきたものであることからみても、それぞれの社会の制度の制約を受けざるを得ないものです。したがって「日本型雇用システム」も、このような意味において、日本の「文化」に根ざした雇用システムというべきものなのです。

（2）「日本型雇用システム」のルーツ

（i）のれん分け──日本型雇用システムは、徳川時代の商家で行われていた「徒弟制」や「のれん分け」などの家族主義的な経営に源流を持つと言われています。例えば退職金などの歴史をみると、江戸時代の「のれん分け」に始まり、その後明治時代の殖産興業の中にあって、有能な熟練技術者を足止めするために、現在のような退職金の制度が設けられるようになったとされ、従業員の企業に対する帰属意識を高める上で、大変効果的に作用したものといえます。

　特に江戸時代は、封建時代における主従関係のもと、店の旦那（経営者）が絶対的な力を持ち、奉公人は絶対服従の時代であり、休みといえばせいぜい盆と正月くらい、それ以外は毎日奉公、今のような週40時間労働とか週休2日制など考えられもしなかった時代であり、そのような状況の中で、永年店のために一所懸命に働き、店に多大なる貢献をした奉公人に、独立させて同じ屋号の店を持たせるものが「のれん分け」と呼ばれるものであり（「のれん」の現物支給）、いわば商標等を共有しながら、円満な形で独立することを意味しており、このことを井原西鶴は、元禄元年（1688）に出版した『日

本永代蔵』で、当時の「町人像」として次のように描いています。

(ⅱ) 井原西鶴『日本永代蔵』──「町人の出世は、下々を取合、其家をあまたに仕分くるこそ、親方の道なれ。惣じて三人口迄を、身過とはいはぬなり。五人より、世をわたるとはいふ事なり。下人一人もつかはぬ人は、所帯持とは申さぬなり。旦那といふものもなく、朝夕も、通ひ盆なしに手から手にとりて、女房もり手くふなど、いかに腹ふくるればとて、口をしき事ぞかし。同じ世すぎ、各別の違ひあり（現代語訳──町人の出世というものは、召し使う者たちに、それぞれ所帯を持たせて、暖簾分けした分店を出してやることこそ、主人のなすべき道である。概して三人暮らしまでは、渡世とは言わないのである。五人暮らしから、世を渡ると言うのだ。下人を一人も使わない人は、所帯持ちとは申さないのだ。旦那さまと呼んでくれる奉公人もなく、朝晩も給仕盆なしに手から手に受け取って、女房を飯の盛り手にして食うなどということは、どんなに腹がふくれるからといっても、情けないことであるよ。同じ渡世でも、奉公人を使うと使わないとでは、世間の信用もちがうのである）」。（巻四の一）西鶴は、町人として生きる以上、まずは店の主人となって、奉公人を何人か雇い、暖簾分け（＝「仕分くる」）もしてやれるような人間でなければならない。家の中においても「旦那様」と呼んでくれる使用人もなく、女房の給仕で食事をするようでは所帯持ちとは言わないのだ、と述べているのです。

(ⅲ) 日本型雇用システムの成立──このような「のれん分け」に代表される「家族的経営」はより一般的には、雇用と賃金を通しての従業員の生活保障と、その見返りとしての使用者への忠誠という形態をとっていくことになり、日露戦争後の資

◆第1部 理論編

本主義経済の発展が本格化し、第一次世界大戦後の工業化の進展の中で、大企業を中心に成立し、総力戦であった第2次世界大戦と、戦後の高度経済成長を経て、日本全体の企業に普及していったものと考えられているのです。このような雇用慣行においては、会社に就職した従業員は、一つの会社で定年とされる年齢まで継続して勤務することを望み（いわば「終身雇用」）、これに対し企業も配置転換や職場内研修を通して、内部育成される人材の処遇に適した、人事・賃金システム（いわば「年功賃金」）を整え、そのための労働条件交渉のための従業員組織（いわゆる企業内（別）組合）を整備することにより成り立っており、このように「三種の神器」は、日本的雇用慣行の成立発展に相互補充的な機能を果たしてきたのです。

(ⅳ) 労使協調路線——日本的雇用慣行は前述した通り、主として大企業を中心に成立し、第二次世界大戦後における総力戦を経て、敗戦後のGHQの戦後改革の中で、戦前の日本の軍国主義的な政治経営体制を支えるものとして、打破の対象とされ、財閥解体、団結権の法認、治安維持法の撤廃などの相次ぐ戦後改革の中で再編されることになります。しかしながら戦後の混乱期における一連の政治経済政策の推進に伴う激しい労使紛争を経て、企業側は「人員整理だけは避けたい」と考えるようになり、また労働者・組合側も「解雇による犠牲者は出したくない」との意識を持つようになり、その結果として、雇用保障を重視し、可能なかぎり団体交渉やあっせん、調停で労使紛争を解決するという労使協調路線が築かれるようになり、このような経緯の中で、終身雇用制が大企業の正規社員を中心に広がっていくことになり、やがて法の分野に

おいても後述する通り、「社会的に相当とされる、合理的な理由がない解雇は解雇権濫用として無効」という判例法理が次第に形成されていくことになるのです。

　かくしてこのような日本的雇用慣行は、やがて高度成長を経て大企業のみならず中小企業を巻き込む形で、日本独自の雇用慣行として普及し、我が国の雇用政策の中にも浸透し、このようにしていわば経済社会の運営の理念としての「日本型雇用システム」は発展していくことになったのです。

(3)「日本型雇用システム」の発展
(i) 石油ショック──日本型雇用システムの真骨頂は、1970年代のいわゆる石油ショックにより高度成長が終焉を迎えた時期に発揮されたといえるでしょう。即ち石油産出国（OPEC）による石油停止にはじまる不況（いわゆる石油ショック）は、先進諸国の経済成長が安価な石油に依存しているものであり、経済成長は自然でも無限でもないことを白日の下にさらすことになり、かくして経済成長は、エネルギーなどの資源や人口などの制約要因によって左右されるものであり、これらの適切な管理である財政、金融、所得、雇用などの複数の政策手段による総合的な政策調整（＝いわゆるポリシーミックス）が必要なことが、多くの国々で自覚されるようになっていったのです。

(ii) ジャパン・アズ・ナンバーワン──この時期、先進諸国では、石油価格に連動して物価が上昇し、同時に景気後退による需要減から、いわゆるスタグフレーションが発生し、雇用の面では、とりわけ欧米諸国を中心に大量の失業者を抱え込むことになったものの、日本ではこの局面で対処するポリシーミックスに成功し、この危機を乗り越えていくことになるの

◆第1部　理論編

です。即ち我が国では、従来賃上げの仕組みとして定着していた春闘に際して、労使双方は安定した労使関係を用いて、賃金上昇率を労働生産性上昇率の範囲に抑え込むと共に、政府は雇用保険法を制定する一方で、雇用調整助成金の活用などにより、大企業に対して解雇抑制的な政策をとることを要請し、このような政策手段によって、日本を高度成長から安定成長経済への軌道に乗せ、70年代〜80年代にかけて良好な経済パフォーマンスを実現し、一時的には世界中から「ジャパン・アズ・ナンバーワン（Japan As No.1）」なる「称号」すら付与されることとなったのです。これらのポリシーミックスこそが、既に述べた通り日本型雇用慣行の普及を背景とし、それ故に実現することができたものだったのです。

2　「新自由主義」時代の雇用システム

（1）新自由主義時代の到来

（i）新自由主義とは？——1970年代の石油ショックは、先進諸国を物価高と経済不況のスタグフレーションに陥れ、街には失業者があふれる状態となり、前述した通り、この危機から我が国は日本型雇用システムにもとづく雇用政策を展開する中で、いち早く脱出することに成功し、欧米諸国の中でも、ドイツ、フランスを中心とした大陸諸国は、EC→EU（ヨーロッパ経済協力機構）の拡大強化を通して乗り切りを図りましたが、イギリス、アメリカを中心としたアングロサクソン諸国は、いわゆる新自由主義政策によってこの危機を乗り越えようとしたのです。

　戦後資本主義は、ケインズ主義や福祉国家が目指した政策に代表されるように、大きな政府＝大きな企業＝大きな労働

◆ 第 3 章 ◆ 「労働世界」の変容

組合のミックスによって、むき出しの市場力を規制する政策であり、このようなシステムによって先進諸国は、かつてカルブレイスが『ゆたかな社会』(1958年)で述べ、日本で一時流行した「一億総中流」という言葉に代表されるように、経済政策と経済成長を両立させるものでしたが、石油ショックを契機としたスタグフレーションは、これらの考えを失墜させるものとなります。

かくして「赤字財政の拡大は、政策介入による自由な企業活動抑制などは、ケインズ主義や福祉国家政策の失敗である」とされ、この克服として、80年代にはイギリスのサッチャー、アメリカのレーガン、日本の中曽根といった、新自由主義に基づく政権が相次いで誕生すると共に、チリなどの一部の発展途上国では、70年代から先験的な形で新自由主義の政策が始まっていったのです。

(ⅱ) 新自由主義の「思想」──新自由主義は、合理的な経済人を前提(仮定)としたミクロ経済学のうえに、自由な市場活動に基づいて、市場の見えざる手による資源分配こそが効率的であると主張するマクロ経済学を発展させたのであり、例えばフリードマンらは、市場メカニズムが機能すれば失業は自ずと解消するとして、経済の活動には、供給サイドの改善政策こそが重要であり、産業政策よりも規制緩和や減税を主張したのでした。更にまたハイエクらは、市場における選択こそが自由の基礎であり、政府による介入は個人の自由を奪うとして、福祉国家が貧困の撲滅を目ざして、国民皆保険や年金制度など社会保障制度の充実により、「飢えからの自由」などの社会権をも重視してきたことに対して、真っ向から挑戦し、例え貧困をなくすなどのよい目的のためであっても、政

◆第1部　理論編

府が他者のお金を使うことは究極的には個人の自由を奪うことになり、隷従への道につながると主張したのでした。

(iii) 新自由主義の経済政策——このような考えに基づいて、新自由主義は再分配政策に代えて、富の創出にこそ力を尽くすべきであり、それによって、最終的には富の恩恵が貧しい人々にも享受できるようになる（トリクル・ダウン＝雨だれ）と主張したのでした。このような新自由主義の経済学と思想は、必然的に市場重視、政府軽視へとつながるものであり、とりわけ現代国家に特有の政治の迷走による政策不信もまた、国民の新自由主義への共感を助長し、かくして90年代以降、新自由主義はおりからのアメリカ発のグローバリズムの影響もあり、世界へと広がることになり、日本でもいわゆる90年代のバブル崩壊を経て、2000年代に入り小泉政権時代の構造改革、規制緩和政策が一世を風靡することになり、今日に連なるいわば新自由主義時代が到来することになるのです。

(2) 新自由主義時代の雇用システム

(ⅰ) ハイロード型 VS ローロード型——そもそも資本主義の動因は、経済成長による利潤追及にありますが（M. ウェーバー）、その方法は新自由主義の時代とそれ以前とでは真逆のものといえるでしょう。即ち、新自由主義到来以前の、いわゆる石油ショックまでの戦後資本主義の利潤追求方法は、「ハイロード」型といえ、これに対して新自由主義の方法は「ローロード」型と呼ぶことができるでしょう（Sergenberger & Pike）。ハイロード型は、製造業を中心とした技術革新によって比較的高い賃金により生産性を向上させ、高い品質の製品を大量に生産し、競争に打ち克つことによって利潤追求を図る方式ですが、他方ローロード型は、グローバル競争時代を迎え、

◆ 第3章 ◆ 「労働世界」の変容

低賃金を武器に競争に打ち克つものであり、製造業などは廉価な労働市場を求めて発展途上国へ移転し、先進国では主としてITや知財、金融などを中心とした利潤追求を行うものであり、いわばバブル依存型による経済成長戦略といえます（図表）。

(ⅱ) ローロード型と雇用システムの関連――では、新自由主義時代の成長、利潤追求戦略は雇用システムにどのような影響を与えることとなったのでしょうか？戦後資本主義時代の雇用システムは、前述した通り企業の生産向上に応じた賃金を支払い、これに対して労働者は企業の生産性向上に貢献することが前提とされたものでしたが、新自由主義時代の雇用システムは、経営者が労働者をリストラし、賃金を抑制することによって利潤を拡大し、株価を上昇させ、利潤を追求するというものであり、そのためには雇用の流動化、労働者市場の自由化が不可欠とされることになります。

　新自由主義的な政策は、労働市場の自由化を求めると共に金融の自由化を求め、機関投資家による投資／投機を奨励し、金持ち減税やストック・オプションなどを通し、富者に有利な経済システムを推進するものであり、いわば「努力した者」への報酬を与えることにより富を創出する政策です。このような政策は、当時製造業が衰退していた英米の経済、とりわけ金融業に多大な富をもたらすことになりましたが、他方製造業中心の日本においては、むしろバブルを煽り、やがて90年代のバブル崩壊を受けて「失われた20年」などと言われる、長い経済停滞の時代へと入っていくことになり、このような新古典派経済学／新自由主義に領導されたローロード型の経済システムは、2008年のいわゆるリーマン・ショックにより

◆ 第1部 理論編

(図表) 利潤追求方式のスキーム

〈戦後資本(ケインズ・社会民主)主義レジーム(ハイロード)〉

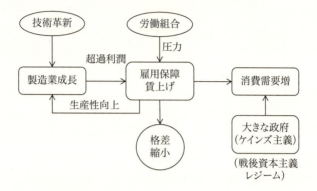

〈新自由主義レジーム(ローロード)〉

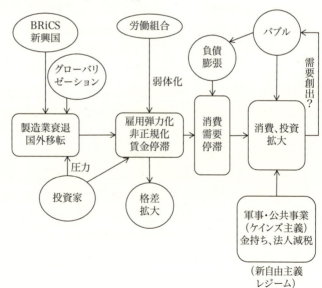

(参照 Sengenberger and Pike, 1991)

◆ 第3章 ◆ 「労働世界」の変容

終焉を迎えることになるのです。

　しかしながら、リーマン・ショックを経た現代においても、2010年代に入り我が国のいわゆるアベノミクスに代表されるように、依然として経済成長至上主義的な政策がとられ、しかもこのような政策は、今や雇用政策に深く浸透しているのです。そこで以下には新自由主義の政策に基づいて、我が国で1980年代以降今日まで行われてきた、いわゆる「規制緩和」政策をみてみることにしましょう。

（3）「規制緩和」政策——2つの軸での改変

　今日の我が国の社会では、アベノミクスに代表される株高や景気回復の一方で、非正規雇用に代表される格差と貧困が広がっていますが、そのおおもとには、前述したローロードレジーム、新自由主義の利潤追求レジームに基づき、非正規雇用を増大させるという財界の雇用戦略と、それを擁護するために政府が労働法規を改定してきた、いわゆる「規制緩和」政策があります。とりわけサブプライム・ショックによる金融危機に伴って、自動車、電機など輸出大企業が急速な売り上げ減となり、それを契機として2008年秋以降に拡大した「派遣切り」などへの非正規雇用の解雇・雇止めは、直接的には、労働者派遣法の規制緩和が大きな原因となっていますが、2011年発生した東日本大震災を機に、一層の広がりを見せている正規社員のリストラ拡大は、1990年代に始まった雇用社会の変容と労働諸法規の規制緩和による影響が大きいといえ、更に今日アベノミクスのもとで、いわゆる労働時間規制、ホワイトカラー・エグゼンプション（WH）の導入などの緩和が新たな焦点となってきています。そこでこれらの背景を再度確認しておくことが必要となります。

　我が国の雇用社会における規制緩和は、主として労働者保護法制

◆第1部　理論編

の公的基準の緩和・弾力化を通して行なわれてきましたが、それは次に述べる通り2つの軸で進められてきたものなのです。第1は雇用形態（期間）の改変であり、とりわけ派遣労働と有期雇用に対する規制緩和や非労働者化を通して、低賃金の非正規労働者を飛躍的に増加させており、第2は雇用内容の改変であり、労働時間に対する規制緩和、弾力化を通して、特に女性労働者の活用を図り職場進出を促進するものでしたが、他方ではこれらの改変は、正規ホワイトカラーの「自発的」労働や長時間労働を増加させ、その結果として、職場におけるストレスの増加による過労死、いじめ（ハラスメント）、自殺等を招来させていくことになり、今日の雇用・家族・ケアのあり方に深刻な問題を提起していくことになるのです。

（4）雇用形態の改変

（ⅰ）雇用形態・期間の改変——近年の我が国における雇用社会の変容の特徴は、雇用形態の著しい変化であり、それによって労働者の「非正規化」「非労働者化」が進展していることです。特に非正規労働者は1990年代には労働者全体の20％であったものが、2014年には約4割に達しており、その原因としてグローバル競争の中で、近年強化されてきた雇用の流動化政策の下、主として企業側の要請に基づき、いわゆる安上がりで雇用調整がしやすい非正規労働者を多用してきたところに求めることができるでしょう。

　更にまた非正規労働者のこのような量的拡大は、同時に質的変化ももたらしており、労働者の側では、かつての家計補助から主たる生活維持のための労働者が増加し、他方企業の側には、かつての補助的業務から、従来正社員が担ってきた中核的業務に従事する労働者が増加しているにもかかわらず、大部分の非正規労働者は、依然として低賃金と不安定な雇用

◆第3章◆「労働世界」の変容

の中で、企業内で正社員よりも低い「身分」として処遇されてきており、とりわけ女性労働者や若年労働者が、その中心的存在となっているのです。

このように規制緩和政策は、有期雇用や間接雇用などの非正規労働者を拡大促進し、更には近年の「限定正社員」導入の動きにみられるように、労働者層の一層の多層化・多様化を進展させる動因となっているといえるでしょう。それ故非正規社員とりわけ女性や若年労働者にとっては、雇用の安定と均等待遇という、いわばディーセント・ワーク理念に基づく処遇実現が課題とされるようになっているのです。

具体的に雇用形態の改案は次に述べる通り、派遣労働の解禁と有期雇用の規制緩和の2方面で行われてきました（→Ⅱ-Q1～Q14）。

（ⅱ）派遣労働の規制緩和——雇用形態の改変は、派遣労働の解禁にはじまります。派遣労働は1985年の労働者派遣法により合法化されましたが（派遣対象業務13業務）、施行時の1986年には16業務、1996年改正には26業務に拡大し、遂に1999年改正により一部（港湾、建設、警備）を除いて原則自由化（ネガティブリスト化）され（派遣可能となった業務の派遣期間の上限は1年、26業務は3年）、さらに2000年には紹介予定派遣が解禁され、2003年（2004年3月施行）には派遣期間の上限規制が緩和されるともに（26業務については撤廃、それ以外については3年）、物の製造業務への派遣が解禁され（2007年2月末までは派遣期間は1年、3月以降3年を上限）、紹介予定派遣における事前面接の解禁などの規制緩和が進むことになりました。

このように派遣労働が量的質的な変貌を遂げる中で、その

◆ 第1部　理論編

弊害も目立つようになり、特に 2008 年リーマン・ショック後の不況の中で、多数の派遣労働者が突然解雇されて社会問題化する中で（いわゆる「派遣切り」、従来の企業外在型リストラの典型）、派遣労働法制の抜本的見直しが求められる事態となり、2012 年改正で、初めて法律の名称と目的に「派遣労働者の保護」が明記されると共に、親企業などの「関係派遣先」への派遣割合を 8 割に制限し、事業所毎のマージン率の開示が義務づけられ、社会問題化していたいわゆる日雇い派遣（日々または 30 日以内の期間を定めて雇用する労働者の派遣）が原則禁止され、更に違法派遣の場合には、派遣先が労働契約の申込みをしたものとみなす制度の創設（2015 年施行）などがなされ、派遣労働者の保護へとシフトしていくこととなったのです。

しかしながら前述した通り 2015 年 9 月に施行された派遣法では、派遣を専門的・原則的な業務に限定して、常用代替を防止しようとしてきた派遣法の考え方そのものが転換され、全ての業務について、同一業務を単位とする派遣受入期間から個人単位の期間（3 年）に変更して、派遣先が派遣労働者を入れ替えつつ（但し派遣先で無期労働契約が締結してる場合には、入れ替えもなしに）、派遣労働を長期に亘って利用することが可能となりました。

このような派遣労働の拡大は、派遣先企業や人材派遣業にとってはメリットとなるものですが、他方では正規社員の雇用の縮小を招くだけでなく、労働者全体の働き方を不安定化させ、我が国の長期雇用を前提とした雇用慣行に大きな転換をもたらすものであり、家族とケアとの関わりでも大きな影響を及ぼす可能性があり、今後の動向に注視する必要があり

ます。

(ⅲ) 有期雇用の規制緩和——また有期雇用の規制緩和は、1998年労基法改正により、有期労働契約の上限を、専門職や一定の事業の完了、60歳以上について、従来の1年から3年に引き上げ、さらに2003年（2004年1月施行）には、有期労働契約全体の上限が3年に延長され（専門職らは5年に延長）、これによって派遣と同様に、有期雇用契約が急速に増加していくことになります。

　元来労働者を雇用する使用者は、事業が継続する限り労働者を必要とし、他方労働者の側も、賃金に依存して生活する以上、長期に亘って雇用されることを期待するのが一般的であり、それ故に雇用の原則的形態は無期雇用とされているものですが、景気変動による労働力需要の変化や、解雇制度の潜脱、更には繁忙期などでの労働力の確保など、主として使用者の都合により、有期雇用が広く利用されてくるようになりました。

　このような雇用の現状の中で、上述した規制緩和により、1日、1ヶ月、半年、1年、3年など、さまざまな期間の有期契約が急速に増加するようになり、近年の調査（総務省統計局「平成24年度就業構造基本調査」）によれば、雇用者全体の22.6％（非正規労働者の過半数52.7％）を占めるに至っており、その結果有期労働者には、雇用の不安定性、更新の不確定性だけではなく、無期契約と比較して、労働条件の格差などさまざまな問題が生じてきているのです。とりわけ有期契約の更新に際して、使用者による更新拒否がリストラの手段として用いられてきており、これに対して法実務では、従来一定の場合に、使用者の更新拒否について解雇法理の類推適用を

◆第1部　理論編

認める判断法理が形成されてきていましたが、2008年のリーマン・ショックを契機として、いわゆる濫用型リストラが急増することになり、新たな法的規制として2012年労契法改正がなされることになりました。

(iv) 改正労契法——2012年労契法改正では、有期労働契約に関して（1）雇い止めを規制する判例法理を確認する規定（19条）、（2）5年超で反復更新される場合、労働者に無期雇用への転換申込権付与（18条）、（3）契約期間が異なることによる不合理な労働条件の禁止（20条）の3つの規定が新設されました。しかしながら、（1）の規定は有期雇用自体を制限するものではないことから、更新を前提としない有期雇用（＝不更新合意）や、更新を予定しつつ、その期間や回数をあらかじめ設定（上限設定）することによって、労働者を入れ替えながら、長期に亘って有期雇用の労働力を利用することは可能とされ、この点では、我が国の法規制は、合理的な理由がある場合に限定して有期契約を認めている、ヨーロッパ主要国の法制（特に独、仏）などの、いわゆる「入口規制」とは決定的に異なっており、また（2）の規定は、かえって5年以下の有期雇用を誘発し、労働者の雇用生活を不安定化する懸念すら生じさせているのです。

　更には前述した通り、今日多くの企業においては、技術革新や合理化に伴い多数の下請労働が使用されており、また経営上のリスクを分散するために、数次に亘る請負関係、リース、ジョイントベンチャー等が採用されており、それに伴って労働関係が複雑多様化するようになっており、しかも今日ではIT革命の進展により、テレワークやアウトソーシングにより、個人請負・委任という形式で、専属的に登録先会社に

◆ 第3章 ◆ 「労働世界」の変容

使用される、自宅勤務者やフリーランスの独立自営業者が多数存在するようになってきており、規制緩和政策は、このような雇用形態・期間の変容に、一層拍車を加えるものとなっているといえるでしょう。

(5) 雇用内容(労働時間)の改変
(i) 雇用内容の改変——雇用内容の中でも労働時間制の改変についてみると、1980年代以降多くの先進諸国では、従来の緩やかながらも着実な時短の流れが逆転し、労働時間が長くなりはじめたことが指摘できます。我が国では周知のとおり、もともと年間総実労働時間は、主要先進国中最高であったところ (1985年、2112時間)、90年代を通して緩やかに減少傾向を辿りつつありましたが (2002年、1841時間)、2002年以降は正規社員(一般労働者)を中心に労働時間はむしろ増加し、2000時間前後で推移しており、依然として先進諸国で最も長時間労働の国の1つにとどまっているのです(図表)。

このような傾向の背景には、まずこの間の主として経営側の要請に基づく労働時間規制に対する規制緩和政策があり、変形労働時間制導入や裁量労働制の一般労働者への拡大などのいわゆる労働時間の「弾力化」を指摘できるでしょう。労働時間の弾力化は、1987年労基法改正により、変形労働時間制とともに、裁量労働制による「みなし労働時間制」が導入され、1998年には企画業務型裁量労働制が導入され、ホワイトカラー全体への拡大が可能となり、2000年には対象事業場の拡大導入要件も緩和されました。

さらに2005年6月9日経団連は、ホワイトカラー・エグゼンプションの導入を提言し(年収400万円以上の労働者を対象)、2006年には、経済財政諮問会議の民間議員らは、労働市場改

◆ 第1部　理論編

（図表）就業形態別労働者1人平均年間総実労働時間の推移（年度）

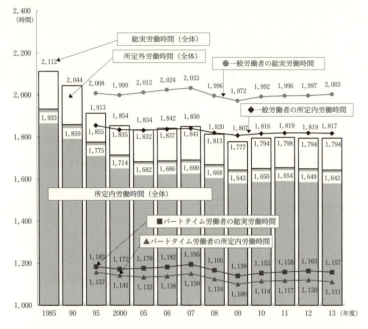

資料：厚生労働省「毎月勤労統計調査」（事業規模30人以上）より

革（労働ビックバン）と称して、成長力強化による人材活用戦略として、「ワーク・ライフ・バランス」のスローガンの下に、ホワイトカラー・エグゼンプション導入の提言がなされ、当時は労働組合をはじめとする世論の反発で導入が見送られたものの、アベノミクスのもとで再び導入が図られようとしているのです。

（ⅱ）雇用の「女性化」——70年代以降、女性の職場への大量進出やパート、派遣、契約社員等の非正規労働者の激増、更には成果主義の導入などによるマネジメントの変革の中で、職

場環境が著しく変化し、労働者個々人の負担の増加により正規社員を中心に残業を余儀なくされ、長時間・過密労働の増加につながっているといえるでしょう。特にグローバリゼーションの進展の中で、生産過程のみならず、あらゆる分野で国際的な競争が激化しており、とりわけ、サービス部門ではこの傾向は顕著であり、近年ではインターネットの普及を背景に、通信コストの低下や業務効率向上をめざして、オフショアと呼ばれる、企業の業務の一部や全部を海外に委託、移管することが盛んになっており、ソフトウェア、コールセンター、会計、法務などの業務の海外移転が、このような長時間・過密労働の拡大に拍車をかけているといえるでしょう。

（6）「ローロードレジーム」と雇用社会の変容

（ⅰ）雇用社会の「歪み」——ここまでは、ローロードレジーム・新自由主義の利潤追求システムに基づく、労働法規の規制緩和政策をみてきましたが、これにより今日次にみる通り、雇用社会は大きな変容を遂げるに至っています。我が国では、雇用と働き方・働かせ方にかかわる労働基準（労基法、労組法など働き方のルール）が、歴史的に脆弱であることが指摘されていましたが、それに加えて前述した規制緩和政策によって、これらのルールが一層脆弱化したことに注目すべきでしょう。

次頁〈図表〉①は、主たる雇用のタイプを配置したものであり、労働条件のうち横軸に労働時間や安全に関する労働基準をとり、縦軸に雇用・賃金に関する労働基準をとった場合、今日の日本の雇用の働き方、働かせ方の特徴は、全体としてⅠのフェーズの働き方が減少し、それに比してⅡ～Ⅳフェーズに属する労働者が大幅に増加するという、「ゆがみ」をもつものとなっていることを指摘できるでしょう。すなわち第1

◆第1部　理論編

(図表)　①〈雇用の劣化と働きすぎの構図〉

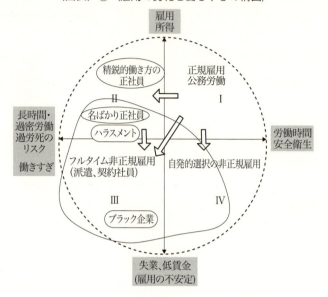

②〈ディーセント・ワークの構図〉

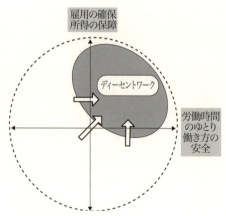

(参照：拙書『労働相談入門』2011)

に、Ⅲのフェーズが広範に広がっていることであり、その下方には雇用関係をあいまいにされた個人事業主が位置し、第2に、正規雇用であってもⅠフェーズに位置する「わりとマシ」な働き方が減り、Ⅱフェーズの方に膨らんでいることであり、さらに第3に、ⅡとⅢフェーズの間に正規雇用と非正規雇用が重なる部分（いわゆる「名ばかり正社員」）が生まれ、第4に、Ⅱ、Ⅲフェーズの周辺に、新規学卒者をはじめ、離職した失業者やこれから仕事につこうとする人たちが雇用機会を待ちかまえているといえるでしょう。

（ⅱ）歪みの背景・要因——このように我が国の雇用社会の特徴は、Ⅲフェーズの肥大化であり、その内実は雇用の「劣化」／「歪み」といえるでしょう。具体的にはいつ仕事を失うかわからない有期雇用、職とともに住まいから追われるリスクをかかえた派遣労働者、労働災害に罹災しても補償されないまま泣き寝入りさせられる契約社員などであり、とりわけこうした不安定な雇用の典型的な存在が、「日雇い派遣」であり、数年前から社会問題となったのは、その極端なまでの不安定性に多くの人が憤りを抱いたからでしょう。

　さらにⅢフェーズの働き方の問題点は、そこから正規雇用への転換を希望しても、ますます難しくなっていることです。これは今日企業が正規雇用の採用を抑制していることが大きな要因ですが、さらに派遣業者などⅢフェーズに働く人たちを対象とするビジネスができあがり、この世界を営利対象とする業者が少なからず存在することにも注視しなければならないでしょう。今や日本全体で就業労働者に占める非正規雇用の比率は40％に達しようとしており、半失業・不安定就業の世界が広がりにより雇用の劣化が進むと、それがいわば

◆第 1 部　理論編

「社会標準」化することになり、雇用劣化の社会標準化は内需拡大による安定した経済の実現に逆行し、少子化を加速する要因にもなり、家族とケアの在り方に大きな影響を与えるものとなると思われるのです。

　しかもⅢフェーズの拡大に伴う雇用の劣化は、Ⅰ、Ⅱフェーズに属する正規雇用の働き方にも少なからず影響を及ぼしています。職場のなかで正社員の数が縮小し、これまで正社員が担ってきた仕事を派遣社員や契約社員、パートが代替するようになると、残された正社員には大きなプレッシャーになることは明らかであり、正社員だから成果を上げなければならないということで、自ら進んで長時間労働に追い込むようになり、成果主義的人事管理はそうした圧力をよりいっそう強くしてきています。近年、男性正社員のなかで週60時間以上働く人の割合は3割近くに増加しており、特に、20代、30代で長時間働く人が目立っていますが、週60時間働くということは、週休2日制とすると毎日4時間残業（「過労死ライン」すれすれ！）することであり、4時間残業をしたうえに通勤時間が加わるという働き方は、当然のことながら過労死や過労自殺増加の要因になるでしょう。このようにⅢフェーズのいわゆる半失業・不安定就業が増加することで、正社員の精鋭的働き方に拍車がかかり、そのことが正社員の数を縮小する要因となるという悪循環が進んでおり、こうして、相対的に高所得の正規労働者も、細切れ的雇用を強いられている低賃金・非正規雇用も、「雇用と働き方・働かせ方」の視点から見るならば共に困難な状況に置かれており、両者は対立的関係ではなく、「メダルの表と裏の関係」にあるとも言えるのです。

（ⅲ）正規雇用の「劣化」——また、正規雇用と非正規雇用が重な

る部分にいる、正社員であるとは名ばかりの「周辺的正社員」が目立つようになったことであり、例えば正社員でありながら、定昇なし、ボーナスなしという求人もあり、女性社員の44.9％は年間所得200万円未満であり、これは単身者であれば生活保護水準以下となっているのです（国税庁「民間給与実態統計調査」2009年版）。更に今後、雇用の場として期待されている介護分野でも、労働条件は「名ばかり正社員」にきわめて接近しており、介護という仕事に情熱をもっている若者でも、将来の生活設計が描けないほど賃金が低く、変則勤務に加え労働時間も長いため将来に展望を失って離職する人が後を絶たない状態にあります。

　しかもⅡ、Ⅲフェーズの周辺には、新規学卒者や離職した失業者が仕事を求めて待機しており、2015年3月の新規学卒者の就職内定状況は大卒で91.9％であり、これは就職氷河期の2000年3月卒業（91.1％）に次ぐ低さであり、困難な状況に直面して就職活動を断念した人はこの数字に含まれておらず、現状はもっと深刻といえるでしょう（リクルート調べ）。新規学卒者たちは、Ⅰフェーズの人間らしい働き方ができる職を望んだとしても現実には難しく、何よりⅡフェーズに入ることができればよし、それもなければ、当面、アルバイトや契約社員で食いつなぐしかないと覚悟を決めてしまうのが現実であり、企業の面接で断られつづける厳しさに耐えかねて「就活」を断念したため、就職内定率の対象から除外された多くの若者たちがおり、リストラにあって再就職をめざしている人たちも同じような状況であり、こうしてⅢフェーズの世界が広がっていくことになるのであり、Ⅰフェーズを目指した抜本的な雇用対策、雇用社会の変革が求められている

◆第1部　理論編

ゆえんなのです。
（iv）若者雇用促進法——2015年成立した「若者雇用促進法」においては、特に新卒者の募集を行う企業に対し、企業規模を問わず、応募者等からの求めがあった場合には、①青少年の募集・採用に関する状況、②労働時間などに関する状況、③職業能力の開発・向上に関する実施状況など省令で定める事項について情報提供を行うことが義務化され（2016年3月1日施行）、さらに、一定の労働関係法令の違反がある事業所に対し、ハローワークが新卒求人票を不受理とすることができるようにもなりました。

◆ 第4章 ◆
「生活(家族)世界」の変容

1 「生活世界」と家族
(1)「生活世界」

　私達が今日生活を送るに際して、生存の維持に不可欠なものと、それには直結しないまでも必要とされるものとがあり、それらに対応するシステムや制度として、前者については「経済、労働」と「家族」があり、後者については、治安、安全、芸術、学問、社交などに関するものがあります。本書では、これらのうち、前者の「経済・労働」と「家族」に関するシステムや制度が、社会経済構造の変動やそれに伴う人々の意識の変化の中で、大きく変容してきていることに注目し、それらを検討するものですが、特に本章では「家族」に焦点をあてて論ずることにしたいと思います。

　「生活世界」という言説は、一般には科学的認識の基礎となる、体験される知覚的経験の世界のことを意味する哲学用語ですが(フッサール)、ここではより日常的な用語として、私達の日常生活を構成する、「消費」「家族」「社交(人々との社会的きずな)」などに関するシステムや規範の総体を意味するものとしておきます。ちなみに前述した治安や安全、経済や労働も、「生活世界」に含まれることはいうまでもありませんが、本書の関心との関わりでは、既に第3章で「労働世界」については述べており、本章ではもう一方の核である「家族」を中心に、必要なかぎりでその他の領域も述べていくことにしましょう。

◆第1部　理論編

（2）家族の変容

　今日「家族」とそのシステムは大きな変革期を迎えていると言われていますが、それはどのようなことを意味するのでしょうか？詳しいことは後述することとして、家族は社会生活を営む上で、最小かつ最も基礎的な人間の集団であり、私達は多くの場合、生まれてから成人するまでの期間、主として両親を中心とした家族に育てられ、食事、団欒、余暇など様々な生活行動を共にし、家族を中心とした人々との触れ合いの中で、人間として必要な社会規範意識などを身につけて成長し、やがて老齢期に入ると子や孫等の家族と共同生活を共にしつつ、人生の最期を迎えることが多いと言えるでしょう。このように家族は、一緒に暮らすにせよ、離れて暮らすにせよ、今日まで人類の歴史の中で、他の社会集団（例えば民族など）では代替不可能な特別な存在とされてきており、個人の生活や意識に大きな影響を与え続けてきているものです。

　ところでこのような家族の役割が近年急速に変化してきていると言われており、例えば国民生活白書は「家族の役割（つながり）」として、「休息、やすらぎ」「子供を産み育てる」「相互扶助」「生活の糧」をあげつつ（人々の約7割はこのうち「休息、やすらぎ」を求めており、その他は2～3割と低い）、近年これらの役割がいずれも低下してきており、特に同居家族の場合、家族が共同で過ごす時間や何らかの行動を行う頻度を、量的変化で計数化して調査したところ、その低下が著しく、その原因として家族構成員の行動の「個別化」を指摘していることが注目されます（「平成19年度国民生活白書」）。

　白書の調査によると、同居家族が一緒に過ごす時間が近年とりわけ減少しており、特に働きざかりの30～40歳代の男性の約3割は、家族と過ごす時間が少なく、また父親の4人に1人は、平日ほとん

◆第4章◆ 「生活（家族）世界」の変容

ど子供と接する機会がなくなっており、それには労働時間の長さが大きな影響を与えており、具体的には、特に20歳代の男女、30〜40歳代の男性層が、家族と過ごす時間が短くなっていることが指摘されています。このように家族との交流量が、年代、性別、労働時間によって異なっており、その中でもとりわけ我が国の場合、父親が平日子供と過ごす時間が少ないことが、際立っており、「労働

（図表）家族と過ごす時間が短いのは20代男女と30代、40代の男性

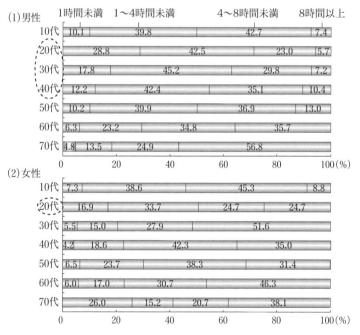

（備考）1．総務省「社会生活基本調査」（2001年）により特別集計。
2．男女年齢層別に家族と一緒の時間を集計したもの。
3．対象は、15歳以上の男女。

◆第1部　理論編

（図表）我が国では父親が平日子どもと過ごす時間が少ない

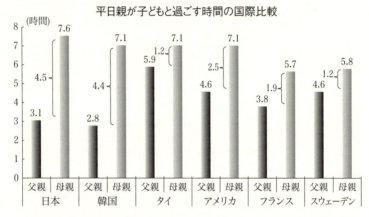

（備考）1.　独立行政法人国立女性教育会館「家庭教育に関する国際比較調査」（2006年）により作成。
　　　　2.　各値は小数点以下第二位を四捨五入している。
　　　　3.　回答者は、0～12歳までの子どもと同居している親、またはそれに相当する人（1世帯で一人）、日本1,013人、韓国1,009人、タイ1,000人、アメリカ1,000人、フランス1,001人、スウェーデン1,026人。

世界」が、私達の日常生活に大きな影響を与えていることが明らかとなってきているのです（図表）。

　そこで本章ではこれらについて検討をしていくことになりますが、その前にそもそも家族は今日までどのような役割、機能を有してきたのかをみてみることにしましょう。

2　家族とは何か——家族概念の諸相
（1）家族とは——多様な概念
　家族とは何なのか？と問われて私達がとっさに「一緒に暮らしている親族のこと」「夫婦と未成熟の子供で構成された集団」などという考え方が思い浮かぶことでしょう。これに基づいて家族を定義

◆ 第4章 ◆ 「生活（家族）世界」の変容

づけるとすれば、「夫婦や子供など配偶関係や血縁関係によって結ばれた親族関係を基礎にして成立する小集団」ということができるでしょう。一般に定義や概念というものは、時代や社会と共に変容するものであり、所詮は不十分さを免れるものではなく、いわばある社会現象の内容を画定するための便宜としてなされるものですが、このように定義づけられた家族概念は後述する通り、いわば「核家族」といわれるものに典型的なものであり、それ以外にも多様な概念を構成することができるのです。

そのような例として私達は直ちに例えば、近年主としてヨーロッパ各国で法制化されるに至っている同性婚や、我が国でも増加しつつある「事実婚（非法律婚）」「夫婦別姓」を指摘することができ、あるいは近年顕著となってきている「晩婚化」「非婚化」（例えば我が国では生涯未婚率が、1965年には男性1.5%、女性2.53%と事実上「皆婚社会」であったものが、約半世紀を経た2010年には、男性20.14%、女性10.61%に上昇している）や「少子高齢化」の流れの中で、親と成人子供との同居（30歳代未婚者の7割近くに達している）や、高齢親（多くは母親のみ）と成人子供夫婦とその孫との同居などの「核家族」の「変形型」が増加していることを指摘できるでしょう。

他方では経済のグローバル化に伴う企業活動の地理的な拡大などにより、主たる家計維持者がそれぞれ遠隔地での単身生活を余儀なくされたり（1980年代頃までは、妻が専業主婦として、普段は子供と共同生活をし、夫は国内遠隔地での単身赴任をし、週1回程度帰宅することが多かったものの、近年は国内外いずれを問わず、夫婦それぞれが家庭の生活維持者として、遠隔地での単身若しくは子供との共同生活をするケースが増加している）、あるいは少子高齢化に伴って介護を必要とする高齢者の増加に伴い、親夫婦と子供夫婦がそれぞれ近距離で生活をしつつ、定期的に介護などを目的とした共同生活をする

◆ 第1部　理論編

(子供夫婦と親夫婦が、普段は車で一時間程度の距離の所で独立した生活をしているものの、週末は子供夫婦が親夫婦のところに戻って共同生活をする) など、上述した典型的な「核家族」とはかなり隔たりのあるものを多数認めることができるようになってきているのです。

とりわけ我が国では、2011 年発生の東日本大震災とそれに続く福島第一原発放射能被災で、今なお (2014 年 4 月現在) 約 30 万人超の人々が避難生活を余儀なくされていますが、日本全国に散らばったこれらの人々の避難先の大半は、親、兄弟、子供など何らかの「家族」に関わっており、ここでは家族におけるネットワーク機能が働いており、いわば「核家族」の「拡大版」をみてとることができるでしょう。他方では「家族難民」という言葉に表されるように、身よりのない高齢者や、主として都市部の若者の未婚化、単身化による「独居者」が増加し、いわば核家族の「縮小版」もしくは「家族崩壊」というべき現象も広がっているのです。

このように家族は優れて文化的な概念であり、それ故、時代や社会、地域、階層により複数かつ多様な形態をとることになりますが、ではそのような中に、何らかの共通の要素を見いだすことができるでしょうか？この点についてみると、家族は大半の人々にとっては、自らの出生から死に至る人生のステージの大部分において、最も身近な日常生活の基盤であり、また社会にとっては、次世代社会成員の再生産と過去から未来に引き継ぐ基層文化の継承作用を担う社会的機能を果たしてきており、客観的にはこれからもこのような役割を担っていくものと思われ、私達はこのような家族の役割の中に、家族という社会的・文化的存在の共通項をみてとることができるでしょう。

(2)「核家族」とは

家族はこのように多義的な概念であり、かつ多様な形態をとると

◆ 第4章 ◆ 「生活（家族）世界」の変容

しても、前述した通り最大公約数的なものとしては、「核家族」というものの中にいくつかの要素を抽出することができるのです。この点については、社会学や文化人類学の分野で多くの知見が形成されてきており、その中でも今日まで、主として家族が個人の人生や社会の秩序維持にとってどのような機能を果たしているかという観点から、家族の役割の説明をしてき（定義づけ）ている点が参考になるでしょう（もっともこのような、いわば機能的な面に着目しての定義づけには、構築主義やフェミニズムなどからの批判がありますが、今日まで、このような機能的定義づけが有益なものとして承認されているといえます）。

その中でも、G. P. マードックが提示した「家族」概念は、家族の中でもいわゆる「核家族」（nuclear family）を、前述した通り、一対の夫婦とその子供からなる社会集団と規定し、人間社会に普遍的に存在する自己同一性と境界を維持する、安定した最小の親族集団として、より複雑な家族形態の基礎的な要素と位置づけ、このような「核家族」は、歴史普遍的に地域、社会を超えて存在してきたものとしています。マードックはそのうえでこのような社会集団の独自の機能として、生殖、生産、生活、教育などをあげ、通常これらの機能を遂行するためには、居住の共有と最小限の人間関係（通常、夫婦、親子、兄弟姉妹という3対の関係）を必要不可欠なものとし、これらで構成される人間集団である「核家族」を基礎単位として、そのヴァージョンとしてたとえば「複婚家族」（夫婦関係の拡大）、「拡大家族」（親子関係の拡大）、その反対の「縮小家族」（単身）などのさまざまな家族の諸相が説明できるとしたのです。

家族は、このような人間が生活するうえでの基礎的な単位に位置づけられて、社会の維持発展と個人の生存にとって必要な独自の役割を果たすことになるというわけです。即ち、家族は一般的な社会

◆ 第1部　理論編

成員の再生産と補充、生活の維持、成員の社会化、活動の動機づけなどさまざまな役割を果たすことになり、これらの内容や程度は、それぞれの歴史、地域、社会構造などによって深く影響づけられることにもなり、そこから前述した家族形態の多様化が導き出されることになるのです（家族の機能については後述）。

（3）家族と法制度

家族はこのように人類の歴史と共に古い、いわば普遍的な人間集団であり、それ故に人間社会で構成されている国家や地域社会との関わりが問題とされることになります。このような家族と国家／社会との関わりの中で、家族に関する行動様式や準則が形成されることになり、このようないわば社会規範の総体を、我々は家族制度若しくは家族法と呼んでいるのです。

家族制度は種々の意味で用いられていますが、本書では家族と国家／社会との関連を意味するものとして用い、ここでは、家族制度は社会に存在する家族の共同生活を支配する秩序のことであり、家族法は、そのような家族に存在する行動準則やルールなどの総体の法的表現とみることができます。家族は前述した通り社会によって多様な形態をとることは不可避なことであり、それ故に多様な家族秩序／法が登場することになり、他方では家族も人間集団であることから、近年に至って、社会の定着による人権意識の浸透に伴ってそれを構成する個々人の人間の尊重、個人としての尊厳が求められるようになってきており、その結果これらの家族のもつ2つの性格──いわば国家／社会の基礎単位としての社会的性格vs個々人によって構成されているという個人的性格──は相互に矛盾したりする面をもつことになり、その中でも近年後者の側面が強調されるようになってきている点が注目されるでしょう。

このようなものの最たるものが、家族とジェンダーとの関わりと

◆第4章◆「生活(家族)世界」の変容

いえるでしょう。ジェンダーは後述する通り、社会的文化的性差を意味しており、歴史的にこのようなジェンダー格差の中で、女性達は社会的政治的に差別と排除の対象とされてきましたが、「家族」をめぐってはとりわけこのようなジェンダー格差が深刻な問題を提起し、いわば「人」としての尊厳、個人としての尊厳が著しく損なわれてきたと言えるでしょう。即ち前述した家族の役割とされる生殖、生産、生活、教育などの機能の大部分は、今日いわゆる「ケア」の問題として論じられているものですが、これらは歴史的には、専ら女性によって担われてきたことは争いようのない事実だったのです。人間の尊厳や個人の自由が尊重されることのなかった、いわゆる封建時代などの前「近代」的社会においては、家族は、「家長」である父親や夫のいわゆる「家父長的支配」とよばれる封建的、人的支配の下にあり、家族内において生活、養育等のケア活動は、専ら女性の役割とされてきていましたが、「近代」がはじまった19世紀以降、西欧諸国を中心として家族法が制定された後においても、伝統的に社会で形成されてきた、このような家父長的前近代的遺制は広範に残存し、それを前提として、家族は、私的領域としての「自律」が保障され、国家はその自律に対しては不介入との原則がとられてきたのです(「法は家族に入らず」!)。したがってこのような家族法においては、家族構成員である個々人(特に女性達!)は家庭内では、個人の自由や人間の尊厳などの法原則の埒外にあり、その結果家庭内暴力などは、法的保障や権利の対象とされることはほとんどなく、離婚の自由も事実上制約され、またいわゆる性別役割分業意識が広範に存在する中で、女性達は家庭内において、実質的な平等や個人の尊厳、個人の自由を享受することが少なかったのです。

このような状況はやがて20世紀後半に入り、女性達の職場への

◆第1部 理論編

進出や市民社会の定着に伴う人権意識の広範な浸透の中で、男性中心となっていた家族秩序／法が急速に変容を迫られることになってきました。具体的には後述する通り、家族の結合形態が従来は、異性愛結合を前提とされてきていたものが、これとは別の、同性愛結合などさまざまな性的指向を前提とした結合が、ヨーロッパを中心に承認されるようになってきており、また、伝統的な宗教上の制約その他の社会的意識から、破綻しても当然には婚姻が解消されないものとされてきていた離婚制度においても、いわゆる破綻主義離婚法が世界的な傾向となってきているのです。

我が国においても近年夫婦別姓を求める運動や訴訟がくり返し起こされるようになり、また、2013年に入り、最高裁での婚外子相続分差別違憲決定（2013年9月4日最大決）、家事事件手続法の施行（同年1月1日）、いわゆる「ハーグ子奪取条約」への加盟（同年5月22日）、東京地裁での成年被後見人選挙権違憲判決（同年3月14日）、生殖補助医療（不妊治療）に関する日本生殖医学会の卵子提供／凍結保存認容指針（同年8月23日）など、重要な動きが相次いでおり、これらはいずれも、人間の尊厳／個人の自由の観点からの家族法の変容ととらえることができるでしょう。

しかしながら他方では、今日でも多くの女性達は、現実には婚姻中の家族の中においてケアの分担を余儀なくされており、このような家庭内での格差是正のためには、いわゆるワーク・ライフ・バランス政策が本格的に推進する必要があり、また、離婚に際しても、このようなケア責任を担ってきた女性達が、にわかに自立した生活を送るには経済的社会的に多くの困難があり、女性が自立した生活を確保するための一層の各種施策の進展が求められているのです。

◆ 第4章 ◆ 「生活（家族）世界」の変容

3　家族・家族像とその変容

（1）我が国の家族・家族像

　我が国の憲法は「婚姻は、要請の合意のみに基づいて成立し、夫婦が同等の権利を有することを基本として、相互の協力により維持されなければならない」と規定し（24条1項）、同条2項は「配偶者の選択、財産権、相続、住居の選定、離婚並びに婚姻及び家族に関するその他の事項に関しては、法律は、個人の尊厳と両性の本質的平等に立脚して、制定されなければならない」と定め、これを受けて民法は「婚姻は、戸籍法（中略）の定めるところにより届け出ることによって、その効力を生じる」（739条1項）と規定し、いわゆる事実婚や同性婚を廃して、異性婚、法律婚を採用すると共に、家族に関する基本的なルールは、民法ではなく戸籍法に規定することにしているのです。

　ここには、夫婦及びその間の子を含む婚姻共同体を一つの「家族」ととらえ、その家族を法的に保護しようとする考え方（＝家族像）をみてとることができます。即ち法的には、夫婦は婚姻共同体という家族を維持するために働き、協力すべきとされ（夫婦の同居協力扶助義務。民法752条）、社会的事実としても、多くの場合、夫婦は相互に、生計を維持するために働き、家事を負担し、親戚付き合いや近所付き合いを行うほか、様々な雑事をこなし、あるいは今日いわゆるケアといわれる長期間の肉体的・経済的負担を伴う育児を行ったり、高齢となった親その他の親族の面倒をみることになる場合もあり、そして子は、このような夫婦の協力により養育されて成長し、やがて子自身も、夫婦間の協力とは性質・程度は異なるものの、事実上何らかの形でこれらに協力するのが通常であり、前述した家族に関する法制度は、このような家族そして家族像が広く浸透し、人々の意識の中に当然視されることが背景となっていたとい

えるでしょう。

しかしながら、このような家族と家族像は今日、大きく変容しており、そのことを示したのが、次に述べる 2013 年 9 月に出された最高裁決定です。

(2)「家族」／「家族像」の変容

2013 年 9 月、我が国の最高裁は注目すべき判決を下しました（最大決平成 25.9.4 判時 2197 号 10 頁）。民法は婚外子の法定相続人を婚内子の 2 分の 1 と規定していたことから（900 条 4 号但書）、この規定が憲法の定める法の下の平等に反するとして、たびたび争われてきたケースで、最高裁は違憲判決を下し、次のように「家族」と「家族像」の変容を論じています。

まず相続制度について、「相続制度は、被相続人の財産を誰に、どのように承継させるかを定めるものであるが、相続制度を定めるにあたっては、それぞれの国の伝統、社会事情、国民感情なども考慮されなければならない。更に現在の相続制度は、家族というものをどのように考えるかということと密接に関連しているのであって、その国における、婚姻ないし親子関係に関する規制・国民の意識等を離れこれを定めることはできない」とします。そのうえで、現在の親族・相続制度が定められた戦後の民法改正について、「昭和 22 年民法改正の経緯をみると、その背景には『家』制度を支えてきた家督相続は廃止されたものの、相続財産は嫡出の子孫に承継させたいとする気風や、法律婚を正当な婚姻とし、これを尊重し保護する反面、法律婚以外の男女関係、あるいはその中で産まれた子に対する、差別的な国民の意識が作用していたことがうかがわれる」と論じています。

しかしながら、このような「家族」もしくは「家族像」の変遷が起こってきたとして、「昭和 22 年民法改正以降、我が国においては、

◆第4章◆ 「生活（家族）世界」の変容

社会、経済状況の変動に伴い、婚姻や家族の実態が変化し、その在り方に対する国民の意識変化も指摘されている。すなわち、地域や職業の種類によって差異のあるところであるが、要約すれば、戦後の経済の急速な発展の中で、職場生活を支える最小単位として、夫婦と一定年齢までの子供を中心とする形態の家族が増加」し、「平成期に入った後においては、いわゆる晩婚化、非婚化、少子化が進み、これに伴って、中高年の未婚の子供がその親と同居する世帯や単独世帯が増加していると共に、離婚件数、特に未成年の子を持つ夫婦の離婚件数及び再婚件数も増加するなどしている。これらのことから、婚姻、家族の形態が著しく多様化しており、これに伴い、婚姻、家族の在り方に対する国民の意識の多様化が大きく進んでいることが指摘されている」と述べてるのです。

一般に家族に関する法制度については保守的と解されてきた我が国の最高裁が、このように「家族」と「家族像（国民の意識）」の変化を認めたことは注目に値することと言えるでしょう。

(3) 家族と「個人の尊厳」

上記最高裁決定は、婚外子の相続分差別が争われたケースですが、そこでは、「個人の尊厳」という観点が多用されていることにも注目する必要があるでしょう。決定は、例えば次のように述べています。「昭和22年民法改正時から現在に至るまでの間の社会の動向、我が国における家族形態の多様化やこれに伴う国民の意識の変化、諸外国の立法の趨勢及び我が国が批准した条約の内容と、これに基づき設置された委員会からの指摘、嫡出子と嫡出でない子の区別に関わる法制等の変化、更にはこれまでの当審判例における度重なる問題の指摘等を総合的に考察すれば、家族という共同体の中における個人の尊厳が、より明確に認識されてきたことは明らかであるといえる。そして法律婚という制度自体は、我が国に定着していると

◆第1部　理論編

しても、上記のような認識の変化に伴い、上記制度の下で、父母が婚姻関係になかったという、子にとって自ら選択ないし修正する余地のない事柄を理由として、その子に不利益等を及ぼすことは許されず、子を個人として尊重し、その権利を保障すべきであるという考えが確立されてきているものということができる」としています。

　ここでは「個人の尊厳」という価値それ自体ではなく、「個人の尊厳」に対する国民（人々）の認識の明確化が強調され、裁判における重要な判断指針とされているのであり、私達が家族／家族像の変化を検討するに際して、人々の認識とその変化が判断指針とされていることをみてとることができるでしょう。家族は前述した通り、それ自体歴史的文化的な所産であり、その時代や社会の人々の価値観や意識等に大きく左右されるものであることを前提とすれば、このような指摘は当然のことではありますが、今日、家族／家族像の見方において、「個人の尊厳」に対する人々の認識の明確化が指標として加わったことは、いわば市民社会の定着に伴う人権意識を表出するものとして、注目すべきことといえるでしょう。

4　家族の機能／役割と変化

（1）家族の機能／役割

　家族の機能／役割は、一般に家族を構成する内部の家族メンバーと、それによって構成される外部の社会の存続維持のために果たすべき活動を意味しており、前者は対内的（又は対個人的）機能、後者は対外的（又は対社会的）機能と呼ぶことができます。このような家族の機能・役割は、前述した通り時代・地域・社会によって異なっていますが、今日では一般に①生殖／情愛、②生産、③生活、④教育、⑤保護（ケア）、⑥地位付与、⑦宗教等があり、それぞれが対内的機能と対外的機能を有していると指摘されています。対内

◆第4章◆ 「生活（家族）世界」の変容

的には、①は家族メンバーの性的情愛や子孫をもつ欲求を充足し、②は生活資源の獲得であり、③は生活維持や文化的欲求の充足であり、④は知識・技能の伝達であり、⑤は疾病、老齢に対する監護・介護によるケア活動であり、⑥はメンバーを社会的に位置づけ、⑦は構成員の精神的安定化に資するものとされ、対外的機能としては、いずれも社会の維持発展と秩序維持にとって重要な役割を果たしてきたものです。

しかしながら今日このような家族の果たす機能は、次に述べる通り、社会の変容と共にその役割も変化してきています。

（2）家族の機能・役割の変化

家族の機能・役割は、家族規模の縮小が進展すると共に、性的・情愛・養育・保護・消費生活などの役割が増加すると共に、その他は外部（社会）化されるという機能変化をもたらしているといえましょう。即ち、資本制社会の進展と共に、農漁業中心から鉱工業やサービス業中心の社会に変容する中で、家族メンバーが一体となって農漁業や小規模経営などの生産活動に従事するケースが少なくなり、他方家族の個々のメンバーが労働者として、企業組織で収入を得る形態が圧倒的となる中で、家族規模は、いわゆる三世代同居の拡大家族から核家族へと変容するようになり、現代の家族においては、直接的な生産機能が著しく縮小し、それにかわって、いわば「労働者の再生産」（＝生殖）という変質した生産機能を担うようになってきており、この点が後述する通り、家族とそのメンバーが新たな役割と負担を負うことになってきているといえるでしょう。

また今日では、さまざまな娯楽・レジャー・観光産業等の発達や家族メンバーの生活の多様化の中で、かつてのような一家団欒などの機能が著しく減少しており、更に冠婚葬祭や盆暮れ、正月などの時期を除くと、家族における宗教的活動はほとんど存在しなくなっ

◆第1部　理論編

ており、「○○家」などという家族の地位は、わずかに冠婚葬祭などで用いられるにすぎず、家族メンバーにとっては、それぞれ所属する会社や学歴（例えば「○○社の社員」「○○大学卒業」など）などが社会的地位の表象とされており、このように家族の地位付与や宗教的機能などはほとんど消滅するようになっているといえるでしょう。

　他方、学校教育の普及の中で、家庭内での技能の伝授等の役割はうすれてきたものの、反対に高学歴化に伴う教育費が大きな負担となっており、形を変えた教育機能の増大をみることができるでしょう。

　更に家族メンバーの生命・財産・病気・高齢・失業などに伴う負担は、警察を始めとする司法行政制度や医療福祉等の社会保障制度の発達の中で、家族内での負担が大幅に減少していますが、他方では今日ケアと呼ばれる、幼児期の養育・高齢者介護が家族の大きな負担となってきており、とりわけ働く女性達にとって、いわゆるワーク・ライフ・バランスをいかに推進するかが大きな政策課題とされているように、保護・福祉機能は、家族における新たな機能と役割（それに負担！）として検討すべきテーマとなっているといえるでしょう。

　保護・福祉・ケアなどの活動には、金銭的・人的・精神的なものが必要とされていますが、これらのどれか一つ欠けても、十分な役割を果たし得ないものであり、家族がこのようなケア活動に関与しようとする場合、励ましや慰め等の精神的ケアを行えば良いというものではなく、人的・金銭的負担が不可欠となることは疑いのないところであり、現実には家族の規模が縮小する中で、これらの家族がこれらの負担に耐えられなくなってきていることは明白であり、社会保障を中心とした社会的支援が不可欠なゆえんなのです。

◆第4章◆ 「生活(家族)世界」の変容

(3) 家族の役割と社会保障

このように現代社会では、家族規模が縮小する中で、家族機能の中でもいわゆるケアの役割の重要性が増すと共に、縮小した規模の家族メンバーの新たな負担となってきており、このような家族における役割の変化と負担の増大の中で、社会保障の重要性が改めて強調されなければならないでしょう。特に近年の急速な少子高齢化社会の進展の中で、生老病死、とりわけ育児・介護のケア活動の負担が増加しており、家族としての機能を果たすうえで、社会保障の(いわば下支え的な)役割はますます増してきているといえるのです。

元来社会保障は、国民の生存権や最低生活の制度的保障のみならず、所得の再分配、経済安定化等の機能を有しており、中でも社会保障が果たすべき国民の生存権と最低生活の制度的保障については、憲法は「すべて国民は、健康で文化的な最低限度の生活を営む権利を有する。国はすべての生活部面について、社会福祉、社会保障及び公衆衛生の向上及び促進に努めなければならない」として、私達が健康で文化的な生活を維持できるようにするための国の責務を規定しており(25条)、家族生活を支えるうえでの大きな役割を求めているのです。このように今日社会保障制度は、多くの人々が生活を送るために働き、家族の営みを十分に機能させるためには、不可欠な制度となっているのです(→6頁)。

(4) 伝統的(異性愛)家族モデルとその変容

近現代社会の家族のモデルとされる、異性愛を前提とした夫婦と未成熟の子を中心とした家族制度は、19世紀初頭のフランス民法(1804年)に淵源を発するものですが、そこでの実態は、夫と父の権力を特徴とする典型的な「家父長的」家族制度であり、このような特徴はその後、19世紀後半制定のドイツ民法や日本民法にも踏襲され、更に日本民法は「戸主」の強大な権力を加えた「家」制度

◆第1部 理論編

として、20世紀中葉まで存続したのです。しかし第2次世界大戦を契機として、わが国の家族制度は、個人の尊厳と両性の平等をうたった憲法（13条、24条）の理念に基づいた民法の親族・相続編の大改革によって再編させられ、その内容は当時の世界の先端に位置づけられるものであったのです（もっとも男女別婚姻最低年齢や妻のみの再婚禁止期間等、平等原則からみて不十分なものもあった）。

やがて20世紀後半に入り、社会の変化の中で西欧諸国を中心に多様なライフスタイルの選択を求める動きが生ずるようになり、異性愛を前提とした家族とは異なるものとして、以下に述べる通りホモ、レズ、同性婚などいわゆる性的マイノリティの権利を法律上承認する動きが広がってきています。

（5）**性的マイノリティ（LGBTI）と「同性婚」**

（ⅰ）性的マイノリティ（LGBTI）——性的マイノリティ（LGBTI）は、レズ（女性同性愛者）、ゲイ（同性同姓愛者）、トランスジェンダー（体の性と心の性が一致しない状態）、インターセックス（体の性の発達が典型的異性愛とは異なる状態）の人たちの総称（略称LGBTI）のことであり、このような人々の、異性愛とは異なる形態の婚姻は、長い間タブーとされて法的に認められていなかったものですが、近年ヨーロッパを中心に相次いで認証されるようになってきています。

「同性婚」は、一般に性別のカテゴリーが同じもの同士が、異性愛と同じように性的な親密さを基礎として、家族関係を形成することを意味しており、前述したLGBTIの人々の婚姻形態であり、同性間の婚姻を法律に認めるには2つの方法があります。

1つは法律上の婚姻の定義をジェンダーレスにして、婚姻を「愛情や性的な親密さに基づいた両当事者間の関係」と定

◆ 第 4 章 ◆ 「生活(家族)世界」の変容

義するものであり、オランダやベルギーなどはこの方法です。もう一つは異性愛とは別枠の婚姻制度を創設し、異性愛結婚の夫婦に認められる権利の全部若しくは一部を同性カップルにも認める制度であり、一般にパートナーシップ法などと呼ばれ(結婚を同居、協力、扶助、貞操などの相互尊重義務と生活財の共有、遺産相続権や社会保障受給権などを規定した、一種の民事契約関係とみなすもの)、デンマーク、ノルウェー、スウェーデン、イギリス、ドイツ、フランス、アメリカでも 17 州とワシントン DC で認められています(2014 年 4 月現在。)。

(ⅱ) 同性婚——他方では LGBTI は今日も根強い差別と偏見にさらされており、世界保健機関(WHO)が同性愛を病気からはずしたのは、1993 年に入ってからでした。

今日でも同性愛者を刑罰で処罰(死刑を含む)する国が、依然として現在 82 カ国あり、しかも増加傾向にあり、近年ではロシアが「同性愛プロパガンダ(宣伝)禁止法」を制定しており、アフリカでは 38 カ国で違法とされ、日本、中国、韓国はじめアジアでも、性的マイノリティの権利に関する特定の法律がほとんどない状況です(→ 13 〜 18 頁)。

(6) 多様な婚姻の形態承認を!

わが国の憲法も「婚姻は両性の合意のみに基づいて成立する」(24 条)と異性愛婚姻のみを法的に承認し、また、婚姻手続は戸籍法の手続に従ってなされ(届出婚主義、民法 739 条、戸籍法 74 条)、夫婦の氏につき同一の「氏」を称するものとされ(同氏同戸籍、一戸籍一夫婦、三代戸籍禁止の原則)、その結果ジェンダーの組み込まれた男性優位の社会関係の中で、女性は事実上夫の「氏」を名のることを余儀なくされています。これに対して 1980 年代ころから、個人の呼称としての「氏」を自ら決定する権利を求める運動がおこ

るようになり、1985年批准された女性差別撤廃条約でも、夫と妻の同一の個人的権利として「姓及び職業を選択する権利」が含まれることとされ（16条1項g）、爾来今日まで夫婦別姓や選択的別姓を求める裁判や立法化が絶えず俎上に登るようになっているのです。

また離婚制度についても、西欧諸国を中心に、宗教上の制約等から近年に至るまで離婚の自由が認められていませんでしたが、1960年代以降、裁判所の関与により子供や配偶者に対する生活保障等のケアを条件として、いわゆる「有責主義」から「積極的破綻主義」へと移行するにつれ、わが国でも1987年、最高裁が一定の条件の下での有責配偶者の離婚請求を認めるようになり、更に近年「5年別居」やいわゆる「1／2」ルールの導入構想が議論されているのです。

このように個々人のライフスタイルの多様化の進展に伴って家族形態の多様化が進行していますが、それと同時に「ジェンダー」の組み込まれた社会関係の中で、女性達は今日でも政治、経済、雇用、市場、家庭等いたるところで劣位の立場におかれているのが現状があり、婚姻制度や離婚制度の改革に際しては、このような現況の改善、変革が同時になされるべきなのです。

とりわけ、前述した多様な婚姻・家族の形態を認め合うことは、誰でもが個人として尊重される権利を有している以上、当然の権利とされるべきでしょう。

5　家族と親子

（1）親　子

親子について、我が国の民法では、血族（725条）のうち、いわゆる血のつながりのある実親子（自然親子）と養子縁組による養親子（法定親子）が規定されています（772、792条）。

◆ 第4章 ◆ 「生活(家族)世界」の変容

　実親子関係は、出生によって開始され(但し、「胎児は、相続については、既に産まれたものとみなす」とされて、分娩によって開始されます。886条)、戸籍法上の手続きがなくとも、出生という事実があれば、血族としての身分関係を取得するものとされています(最判昭50.4.8)。もっとも非嫡出子の場合、母子関係は分娩の事実によって生じますが(最判昭37.4.27)、父子関係は父による認知が必要とされます(民法779条)。実親子関係は、いずれかの死亡によって消滅し、子が特別養子になったときも消滅しますが(817条の9)、父母の離婚や再婚は原則として親子関係に影響することはありません。

　養親子(法定親子)関係は、養子縁組によって開始され(727条)、この場合養子と実家との関係は断絶されず、特別養子制度のみが断絶されることになります(817条の2、9。尚、フランス法、ドイツ法、英米法では、養子縁組により実家との関係は断絶される)。養親子関係は、死亡、離婚、養子縁組取消により消滅します。

　親子関係において、親の最も重要な権限は、未成年の子に対する親権をもつことであり(818条)、その他にも親子は、相互扶助(730条)、扶養義務(877条)、相続権(887条、889条)などの重要な権利義務を相互に保持するのです。

　ところが、近年上述のうち、とりわけ親権に関して次に述べる通り、子の利益を重視する立場からの重要な法改正がなされるようになってきています。

(2) **親子の法の変容──「子の利益」重視へ**
(ⅰ) 親権──親子関係の法の中でもとりわけ重要なものは、未成
　　年の子を監護教育する親権であり、父母に帰属する身分上、
　　財産上の権利義務の総称です。親権は歴史的には子に対する
　　支配権的性質を有するものでしたが、今日では父母が共同で
　　子の保護をするという保護的性質が強くなり(民法820条)、

◆ 第1部　理論編

　更に子供の権利条約が締結された以降では、子供は単なる保護の対象としてではなく、人権の享有・行使の主体として捉えるべきものとされ、世界的にも、例えばイギリス法では監護権（custody）を親責任（parental responsibility）に改められ、またドイツ法でも親の権力（elterliche Gewalt）から配慮（elferliche Sorge）へと改正されるなどしているのです。我が国でも近年親権に対しては、子の利益を強化する方向で、次に見る通り実体面、手続き面での重要な立法がなされています。

(ⅱ) 児童虐待法制の整備——我が国では家族や高齢者、障害者等に対する虐待防止を目的として、既に児童虐待防止法（2000年）、DV防止法（2001年）、高齢者虐待防止法（2005年）、障害者虐待防止法（2011年）が制定され（これらはその後数次の改正がなされ、適用対象者についても、DV防止法では交際相手、高齢者虐待防止法では施設従事者、障害者虐待防止法では施設従事者、使用者まで拡大されている）、個人の尊厳・尊重と人格的自由の要請に基づく法改正・制定がされてきていました。

　このような立法動向の中で、家族の中における児童の権利の擁護を目的として、2011年には民法の改正がなされ（2012年4月施行）、ここでは前述した親権に関する重要な法改正が行われています。即ち、親権行使の理念として「子の利益のために」監護教育することが明文で規定され（民法820条）、新たに親権の一時停止制度が創設され（2年間、834条の2）、親権、管理権の喪失・一時停止の審判について、子本人に申立権が認められることになりました（834条、834条の2、835条）。また未成年後見について、複数又は法人による後見人選任が認められることとされ（840条）、更に離婚時の子の監護に関する事項として、面会交渉と養育費の分担を明示しつつ、

◆第4章◆ 「生活（家族）世界」の変容

「子の利益を最も優先して考慮」すべきことが明記されたのです（766条）。

このように我が国の法制度において、「子の利益」を法律に明示することを通して、家族の中における子供が個人として尊重されることをめざすものとなっているのです。このように実体法で認められた「子の利益」は、民法改正と同時期に成立した家事事件手続法（2011年5月成立、2013年1月施行）でも明示されており、手続上も子の法的地位は大きく変化しているのです。

（iii）家事手続法における「子の利益」——我が国では、従来家族をめぐるトラブルに対処するものとして、家事審判法がありましたが（1947年制定）、前述した子供の権利条約の批准や、離婚事件における子を巡る紛争の激化等の中で、家事事件手続法が制定施行されることになりました（家事審判法は廃止）。その中でも子供の主体性の保障や子の意思尊重を目指して、種々の手続きの中に「子の利益」が明言されており、例えば前述の民法一部改正に対応した、親権喪失、停止等の審判の子への原則告知（170条。例外として子の年齢及び発達の程度その他一切の事情を考慮したうえで「子の利益」を害す場合には、告知を要しない）、審判の結果から強く影響を受ける子本人に裁判所への手続参加の機会を保障するために、一定の家事事件については、母親などの法定代理によらずとも、未成年者本人の手続能力を認め（151条、168条、118条）、手続参加制度を充実させているのです。

このように子供をめぐる法的紛争について、今日の法制が「子のための親子法」「子の手続参加の保障」という方向に向けた動きを示していることに注目すべきでしょう。

第5章
ケア——労働と家族のはざまで

1 ケア活動とは

(1) ケアとは

　現代の家族は、家族規模が縮小して核家族が中心的存在になり、女性が労働者として企業組織で収入を得るようになるにつれ、かつては、その大部分が女性によって担われていた、ケアと呼ばれる幼児期の養育、高齢者や病者の介護などの支援が大きな問題となってきています。とりわけジェンダー格差が、依然として広範に残存している我が国においては、おりからの少子高齢化社会の中で、このようなケア活動が、働く女性達にとって新たな負担となってきており、いわゆる「ワーク・ライフ・バランス（＝WLB）」が、家族と労働の双方の法領域に影響を与えるようになってきているのです。そこで本章では、これらの問題を検討してみることにしましょう。まずケアとはそもそもどのようなものを意味しているのでしょうか。

(2) ケアの本質

　「ケア care」は周知のとおり、今日広義には、看護、介護、保育などの対人サービスのみならず、ペットなどの動物に対する世話や配慮、気配り、メンテナンスなど、いわば乳幼児の世話からペットや衣服の管理まで意味するものとされていますが、狭義には、看護、介護、保育などの対人サービスを意味してます。ケアは我が国では一般に「幼児や高齢者、病者などを看護したり世話すること」（広辞苑）とされており、近年介護保険制度の導入と共に急速に普及す

るようになってきた用語であり、ここでは主として技術的／身体的側面に焦点があてられていますが、欧米諸国では、技術的／身体的側面のみならず「気遣い、気配り」等といった感情的側面を含めた行為として用いられることが一般です（近年我が国でも、東京オリンピックの開催決定を機に、「おもてなし」等の言葉が流行しているのは興味深いことです）。例えばM. メイアロフは、この点について「1人の人格をケアすることは、最も深い意味で、人が成長したり、自己実現をすることを援助することである」と述べているのです。即ち、ケアは人間の存在が脆弱 vulnerable なものであることを認識したうえで、他者（幼児、病者、高齢者、障害者など）の成長や自己実現を尊重しようというものであり、社会的な存在である人間に対する、包括的な生命、健康、生活援助活動を意味しているのです。

　このようにケア活動は、年齢や、障害の程度や、保険適用の有無などの制度政策上の要因などにより、保育、介護、看護、養護などという言葉で使い分けられていますが、本来の機能に着目した場合、共通の概念として把握すべきものなのです（図表）。このようなケア活動は従来、「労働世界」でも「生活世界」でも、前述した通り主として女性即ちジェンダーに関わるものとされ、とりわけ生活世界である家族においては、女性は家庭の内外でのケア活動を通して、子どもや配偶者の世話をしたり、病気や障害や年齢から生活に支障をきたす家族成員の世話活動を担ってきていたのであり、これらはいわば無償の「シャドーワーク」（I. イリイチ）とされてきたものでした。

（3）ケア活動の多様性

　このようなケア活動は、近代技術の発達の中で医療が飛躍的に発達すると共に、治療補助としての看護の専門性と必要性が増加することとなり、各国では家族看護から分離したものとして、専門職で

◆ 第 5 章 ◆ ケア——労働と家族のはざまで

(図表) ケア活動

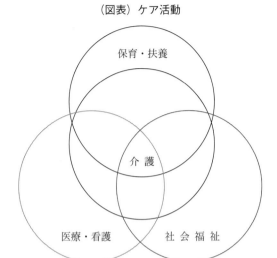

ある看護職が普及していくことになり、このようにしてまず看護が「社会化」されていくことになります。しかしながら幼児保育や高齢者介護などその他のケア活動は、20 世紀後半に大量の女性達が労働者として「労働世界」に登場してからも、近年の少子高齢化時代を迎えるまで、その大半は前述した通り家庭内でもっぱら女性達によって担われてきていたものでした。

　保育は、乳幼児等の児童を保育し養育てることであり、通常は子供の命を守り衣食住の世話をするという看護の機能と、言葉や生活に必要なことを教える教育の機能を併せもち、看護と教育が一体となった概念ですが、前述した通り核家族や共働き夫婦の増加による家庭での扶養力が低下する中で、家庭外での保育施設 (＝保育所など) が整備されるようになり、今日、我が国を含む各国では、何らかの形で国や自治体が関与する公的保育制度を発達させてきており、

◆第1部　理論編

保育士、幼稚園教諭やベビーシッターなどがこれらの業務に従事しているのです。

また高齢化社会の進展の中で、病弱や生活能力の低下に伴う高齢の要介護者が増加し、特に認知症高齢者の激増が深刻な問題となってきていることから、生活援助としての介護の社会化の必要性が自覚されるようになり、我が国でも2000年から実施されている介護保険制度により施設内、在宅でのさまざまな介護サービスが実施され、これらの業務は介護福祉士やホームヘルパーに担われるようになってきているのです。

また近年従来の身体障害者や知的障害者に加えて、職場における長時間・過密労働やパワハラ・いじめ等の蔓延の中で、うつ病等の精神疾患に罹患する人が急増しており、これに対して自己決定支援やノーマライゼーションの必要性が自覚されるようになり、2000年から民法改正により成年後見制度が実施されており、更に2014年には、障害者権利条約の批准に合わせて、障害者総合支援法が施行され、障害者支援の拡大がなされるようになってきています。

これに対して労働世界においても、1991年には「育児休業」法が制定され、更に1995年改正により介護休業制度が実施されるようになり、また2003年には次世代育成支援対策推進法が制定され、後述する通り、職業生活と家庭生活の調和（ワーク・ライフ・バランス＝WLB）政策の推進が行われるに至っているのです（→Ⅱ-Q22～Q27）。

2　介護と保育

本稿では、労働と家族の狭間にあるケア活動の中心的テーマである介護（特に高齢者）と保育について述べることにしましょう。

◆ 第5章 ◆ ケア――労働と家族のはざまで

（1）**介護とは**

　介護（とりわけ高齢者介護）は、今日ケア活動の中心テーマとなっていることは誰しもが認めるところです。我々にとっては死は免れることのできない事柄であり、死に至る過程で起こる心身の衰えによる、日常生活を送ることが困難になった時、私達は他者からの介護を必要とすることになります。介護はこのように社会的存在である人間に対する一定の価値を伴ったコミュニケーションを伴う活動であり、したがってこのような行為は介護サービスを行う担い手の専門性に強く依存することにもなるのです。

　前述した通り、ケアに関わる対人サービスの専門性は、技術的、身体的な作用に加えて、コミュニケーション活動を伴うものであり、いわば「魂」のやり取りという共通性を有しているのです。介護について言えば、例えばヘルパーが寝たきりの高齢者に寝返りをうたせる際に、畳の上の布団かベッドかでやり方を変え、相手方の気持ちや感情、身体の状態を考慮しながら行うことが必要であり、一見単純に見える作業過程の中でも、ヘルパーと利用者相互間に、感情作用を伴ったコミュニケーションが必要とされるのです。

　また、ヘルパーが料理を作る場合でも、食事の内容や食べ方への配慮が必要とされることになり、このように介護の特質は、相手の状態を読み取って対応するという、いわば「表情を読む」ことが求められているのであり、これらの特質は、次に述べる通り、とりわけ高齢者介護においては、より一層求められているのです。

（2）**介護の特質**

　高齢者介護は、加齢に伴い心身機能の低減に対応したサービスを提供する行為であり、したがって必然的に次に述べる通り、生活能力の低減や疾病に対応したものであることが求められることになります。

◆第1部　理論編

（ⅰ）生活能力の低減への対応——加齢に起因する心身機能の低下は、当然のことながら、起居、食事等日常生活能力の低減を伴っており、それに対する介護サービスも、本人の身体介助、生活改善、精神的援助、相談援助等生活全般に亘っており、介護保険法にも介護サービスは「総合的かつ効率的に提供されるよう配慮して行なわなければならない」（2条3項）とされているのです。

（ⅱ）疾病への対応——加齢に伴う心身機能の低下は、多くの場合疾病に起因しており、それ故歴史的にも、介護は医療や保健看護等と共に発展してきており、介護保険法も「加齢に伴って生活する心身の変化に起因する疾病等により、要介護状態になり」、「必要な保健医療サービス及び福祉サービスに係る給付を行」うに際しては、「医師との連携に十分に配慮して行われていなければならない」（1条、2条）とされているのです。

　このように今日介護サービスは、先進諸国においては社会保障、福祉制度における公的サービスとして位置づけられるようになってきており、我が国では、憲法25条、13条等の要請に基づき、国家や自治体の公的責任であると共に、個人が人間としての尊厳である生活を営むべき社会的要請に基づくものとされているのです。

(3) 保育とは

保育は、前述した通り、介護や看護と共にケアの典型とされているものであり、周知の通り、歴史的には女性の役割の典型とされるものでした。例えば、乳幼児についてみると、母親が授乳し、乳幼児がこれを摂取消化して育つ過程で、母親は乳幼児の泣き声を聞き分けつつ、乳幼児とのコミュニケーションをとることになります。更に子供の発達成長に応じて、必要な支援活動を行っていくことに

◆ 第5章 ◆ ケア──労働と家族のはざまで

なり、我が国を含む各国では、主として就学前の子供について、家庭内における保育のみならず、介護と同様、社会保障、福祉制度における公的サービスと位置づけるようになってきています。我が国では、このような公的サービスは、児童福祉法によって市区町村に保育施設を整備する第一次責任を負わせ、全国一律の最低基準の設定と保護者の所得に応じた負担(いわゆる応能負担)により、保育のナショナル・ミニマムが保障されてきていました(同法24条2項)。

ところが近年の規制緩和の流れの中で、これらの保育分野への企業等の算入が認められるようになり、更に女性の職場進出や少子高齢化が急進する中で、保育施設である保育所に対する需要増(いわゆる待機児童の発生と蔓延)と、教育施設である幼稚園に対する需要減が同時進行するようになり、いわゆる「税と社会保障の一体改革」の目玉の一つとして、2015年4月から、「子供・子育て新支援制度」が導入されることになりました。2016年4月から、本格運用される新制度は、介護保険制度類似の制度であり、保護者が、子供を保育園や幼稚園、認定こども園、認可外保育所などの施設や自治体に保育の申し込みをする際に、「支給認定」(要保育度認定)を受けることが要件とされており、公的保育サービスの在り方が大きく変わろうとしており、今後も注視する必要があります。

(4)介護と保育

介護と保育では、このようにケアとしての共通性を備え、今日では、公的サービスとして提供されるようになってきていますが、異なる面も大きいと言えます。保育の対象は幼年期の子供であり、身体の排泄物を、汚れ若しくはタブーの対象とみなす観念や、性機能、性器官、性別役割、性差などのいわゆるジェンダー観念の形成によって、自己の身体のイメージやアイデンティティを獲得していくことになります。

◆第1部　理論編

　他方介護の対象は、成人（とりわけ高齢者）であり、保育の対象とされた人々が目指した事物を、既に獲得した人たちであり、したがって、これらの人々には、保育では対象とされることのない、「羞恥心」「当惑」「不浄感」「性的おぞましさ」など様々な否定的感情が生起し（とりわけ認知症の人々）、例えば日常生活で「寝たきりにはなりたくない」「下（排泄）の世話にはなりたくない」という言葉に代表されるような関係が、介護における相互関係を規定していくことになります。介護関係ではこのような、その社会でタブーとされている観念が、大きな意味を有していることに留意する必要があるのです。

3　ケアと家族

（1）ケアと家族

　ケアは今日、前述した通り、医療保険制度、公的保育制度、介護保険制度、成年後見制度など、さまざまな社会的サービスにより「社会化」（＝外請化）されるようになってきていますが、そのことは当然に、家族成員の責任や負担の軽減を意味しておらず、その歩みは跛行的（例えば高齢者介護など）であるといえるでしょう。

　一般に他者からのケアを必要とする人（障害者、病者、幼児者、高齢者など）は、一時的若しくは恒常的に他者に依存させざるを得ない状態にあり、しかもケア活動を行う者にとっては、ケアを必要とする人々の要求は、依存状態の性質上予測不可能なことが多いと言えます。例えば、子どもが乳幼児期の場合、もっぱら母親が授乳をしつつ養育し、やがて保育所や幼稚園に通うようになると、両親の共同保育が進展しつつも、突発的な発熱等の際には、多くの場合母親が付添介助を行い、学童として通学するようになっても、事故や傷害など突発的事態の場合に呼び出しを受けるのは、多くの場合母

親なのです(民法714条、820条など)。このように保育や看護がいくら「社会化」されても、幼児期の養育や子どもの病気の端緒や事故、ケガなどは家族の対応に委ねられ、しかもその大半は母親によって担われることになるのです。

同様のことは高齢者や障害者に対する介護や後見においても言えるのであり、特に我が国では、要介護者や障害者の場合、施設等の不足からその多くが在宅介護サービスであり、認知症高齢者(平成26年度で約460万人)、知的障害者(同約70万人)、精神障害者(同約270万人)の多くは、家庭にて在宅サービスを受けているのです。しかもこれらの人々の日常活動も前述した幼児保育と同様に、予測不可能なことが多く、家族の中でこれらの介護や介助を担う人々はこれらに対して大きな負担を担うことになるのです。

(2) ケア活動

このようにこれらの人々に対するケア活動は、それ自体が①労働と休息の区分が明確でない24時間の継続労働であり、しかも②機械化が不可能なため、絶えずケアを必要とする人々からの生理的欲求や心理的反応をキャッチし続け、神経の休まる暇がないこと、③ケア活動自体がコミュニケーションが役に立たず、新しいコミュニケーションの開発に苦労しなければならないこと、④ケアを必要とする人々の行動を予測しにくいため気を休める暇がないことなどであり、これらのケア活動に要求される能力は、共感性、配慮性、献身性などと名づけられ、前述したとおり、従来いわば「愛の労働」とされて、無償で「母性」を担う女性の特性とみなされてきたものなのです。

このようにケア活動は、ケアを必要としている人々の予測不可能な要求(=依存)に対して、絶えず答えようとしなければならないという性質を有しており、それ故にケア活動は極めてストレスの強

◆第1部　理論編

いものとならざるを得ないものなのです。

　そこで労働世界においても、前述した WLB を推進するためのさまざまな施策が実施されつつあり、このような支援措置の一つが、育児介護休業制度であり、育児や介護を要する家庭を抱える労働者が、退職することなく一定期間休業することができるようにするため、男女双方の労働者に、共通の休業の権利を保障するものですが、実際には育児休業取得率は、男性労働者の場合 1.5% 程度に留まっており、男性労働者の多くが、育児や家事への参加を希望しながらも長時間労働に追われ、仕事優先の生活を送っている現状にあります。また次世代支援対策推進法は、一定数（現在では 100 人超）の従業員を抱える事業主に対して、WLB 推進の行動計画策定、届出、公表、周知義務を課しており（100 人以下の中小企業は努力義務）、このほかにも、労基法上の時間外労働、深夜業の制限（37 条）や育児時間の規定（67 条）なども、WLB に寄与するものといえるでしょう。

　そこで WLB 政策はどのような背景のもとに行われるようになったのかを次にみてみることにしましょう。

4　ワーク・ライフ・バランス

（1）WLB とは

　WLB の理念は「ワーク（仕事）」と「ライフ（生活）」の「バランス（均衡）」、換言すれば「人間らしい（ディーセントな）労働と生活」を実現させるというものであり、本来の WLB の必要性は極めて高いものがあります。このような WLB 実現のためには、「労働世界」における特に女性の「活用」、「生活世界」における家族を中心とした「ケア」、そして両方にまたがっての「正義」の要請が、各国では今日的テーマとして浮上することになりますが、我が国で

◆ 第5章 ◆ ケア──労働と家族のはざまで

は、後述する通り依然として深刻な長時間労働の存在が、WLB実現を阻む大きな要因となっていると言わざるを得ません。

WLBの理念に基づき、我が国では2007年12月策定の「仕事と生活の調和憲章」及び「行動指針」（ワーク・ライフ・バランス推進官民トップ会議決定）、2010年4月の労基法改正（時間外60時間超の50％割増、有休の時間付与など）、同年6月の育児・介護休業法改正（短時間勤務制の導入、介護看護回数拡大など）、WLB憲章・行動指針の数値目標化などの一連の施策が実施されており、いまやWLBは、労働関連政策や、官公庁・民間企業の人事管理における重要なキー・コンセプトとなっているばかりか、個々の労働者の人間として「生き方」を再考する契機として、今後のあるべき日本の経済社会を支える理念の一つとなっているといっても過言ではありません。

WLB憲章・行動指針は、WLB実現を目指す3つの柱を規定しています。第1は、「健康で豊かな生活のための時間が確保できる社会」であり、家族や友人、自己啓発や地域活動などに参加し、豊かな生活が築けるような働き方が必要であるとし、長時間労働の半減、年次有給休暇の完全取得などを目標として、第2は、「多様な働き方・生き方が選択できる社会」であり、子育てや介護など、個人の置かれた状況に応じた柔軟な働き方が選択できることが必要であるとし、育児休業の取得率の向上を、第3は、「就労による経済的自立が可能な社会」であり、仕事につくことで暮らしの経済的な基盤を確保し、結婚や子育てなどの希望を実現できる社会を創ることが重要であるとし、不安的雇用の安定化や、高齢者や女性の就業率を上昇させることなどが挙げられています（→32〜36頁、Ⅱ-Q22〜27）。

（2）WLBの現状

ところで上述した意味でのWLBの理念の実現のためには、労働

◆ 第1部 理論編

時間の制限、雇用の保障、家庭生活における育児、介護の保障を目指した戦略が必要とされますが、この点をめぐって、今日わが国の労使双方には大きな隔たりがあり、労働側は、労働時間の規制に加えて、雇用（賃金を含む）の大幅な改善を求めているのに対して、経営側は、「賃金よりは雇用重視」の観点から、コスト削減・労働の効率化により実現しようとしており、ジェンダーをめぐり、「正義」「ケア」「活用」が複雑にからみ合っています。

　この点につき労働者のライフステージやライフサイクルは、まず働き方に規定されることから、このような「憲章」及び「行動指針」が描く社会の実現にとってポイントになるのは、結局は第2の「多様な働き方・生き方が選択できる社会」ということになり、これがWLB政策実現の鍵になるといえるでしょう。即ちWLB政策のターゲットとして主として念頭に置かれている人々は、①長時間労働を強いられている（主として男性の）正社員労働者、②出産・育児などでキャリア中断を余儀なくされる（主として女性）労働者、③不安定・低賃金の非正規労働者ですが、「多様で柔軟な働き方」推進にとっては次に述べる通り、①のフルタイム正規労働者、③非正規労働者は、ほとんど効果を期待し得ないといえるでしょう。

　まず①についてみると、長時間労働削減、年休完全取得を柱とした時短政策は、現実には残業前提の仕事の中では、週休等の休暇拡大は安価な残業へのインセンティブが働き、かえって平日の労働時間延長を拡大し、家族とのふれ合いの時間を減少させることになり、「生活世界」を犠牲とした「労働世界」を助長するものとなっています。また③についてみても、周知の通り非正規労働者の比重は傾向的に増加し、今や雇用労働者の4割に達しており（2014年現在、40.0%、厚労省調べ）、安定的な「ワーク」が保障されていない状況にあることは明白です。

◆ 第5章 ◆ ケア──労働と家族のはざまで

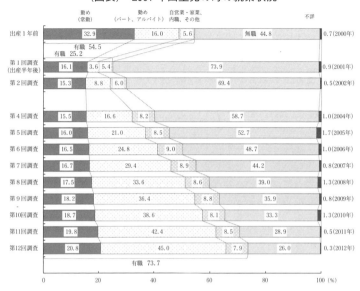

(図表) 2001年出生児の母の就業状況

注：1) 第1回調査から第12回調査まですべて回答を得た者のうち、ずっと「母と同居」の者（総数27,101）を集計。
2) 第3回調査は母の就業状況を調査していない。
資料出所：厚労省『第12回21世紀出生児縦断調査（平成13年出生児）』（2014年）より作成。

　最終的に②についてみると、育児休業等の促進による就労支援策は、現実には男性の育児休暇取得率が極端に低いこと（平成26年度は2.3％で前年より0.3％上昇）や、出産を機に子育てを理由に退職する女性労働者が多数を占めていること（出産女性の就業状況を追跡調査したものによると、正規社員は出産後半数が退職し、その後パート・アルバイト等の非正規となっている。図表）などから、結局のところ、WLBが有効に機能しているのは、②のうち、「出産し、育児休暇を取得しつつ、フルタイムで働く女性労働者（約3割）」という、一

◆第1部　理論編

部の人々に限定されており、今日のWLB政策は全体として「失敗」していると言わざるを得ないのです。

(3)「活用」——ダイバーシティ・マネジメント——の推進

(ⅰ) ダイバーシティ・マネジメントとは——何故このような状況になっているかと言えば、結局のところ、前述したWLB政策の視点とされてきた(1)「正義」(2)「ケア」(3)「活用」のうち、現実には多くの企業では、(3)「活用」が、いわゆるダイバーシティ・マネジメントの名の下に重視・推進されていることに起因すると言えるでしょう。近年、大企業を中心にグローバル戦略として、一層の「生産向上、労働の効率化」が推進されており、その中に女性の活用、ワーク・ライフ・バランスが位置づけられるようになってきているのです。

　元来、ダイバーシティ（マネジメント）とは、多様な人種を擁するアメリカにおける社会統合政策に端を発しているものであり、当初は、1964年公民権法により、人種差別撤廃をめざして企業に機会均等が義務付けられ、いわゆるアファーマティブ・アクションによって、これまで差別を受けてきた少数民族や女性に対する優遇措置も義務付けられ、これらの政策推進をめざす戦略、スローガンとして採用された概念だったのです。

(ⅱ) ダイバーシティ・マネジメントとWLB——やがて80年代以降のグローバル化に伴う経営戦略の再編成をよぎなくされた企業が、業績回復をめざして取り組んだ組織変革の柱の一つが、組織の柔軟性を大きくし、従業員の問題解決能力の向上を目指すものとして重視しされるようになり、多様な人材の活用、即ちダイバーシティ・マネジメントが人事経営戦略と

して位置づけられるようになってきたのです。

とりわけ、90年代以降、ME・IT革命の進展の中、女性の活用による経営の再建に成功した企業が、IT産業をはじめさまざまな分野で現われるようになり、ダイバーシティ・マネジメントが注目されるようになってきたのです。

このようにダイバーシティ・マネジメント（Diversity Management）は、今日、個人や集団間に存在するさまざまな違い、即ち多様性（diversity）を組織内外の競争優位の源泉として生かすことを目的として、文化や制度、慣習などの変革をめざす経営戦略を意味するようになっているのです。

以上に述べた通り、現実のWLB政策は、各企業においては、ダイバーシティ・マネジメントの一環として、より一層の女性の「活用」の視点で推進されており、しかも、大半の企業においては男性のライフスタイルの変革がないまま、女性が、従来通り家事・育児責任の大半を担い、職場においては、男性同様の仕事の成果を求められ、一層の責任と負担の増加（「マッチョ化」「男性化」！）を強いられており、本来の意味でのダイバーシティ・マネジメントの実現をめざすものとなっておらず、女性の「活用」は、WLB政策の意義と限界を示していると言わざるを得ません。

（4）真のWLBを目指して
（ⅰ）WLB政策の限界——正規・非正規の格差——なぜWLBを目指した諸政策がほとんど効果をもちえず、その背後にはどのような構造的な問題があるのでしょうか。WLBを語る際にしばしば、前述した通り「多様な働き方」を認めることが必要であるという主張がなされています。働く人のさまざまな事情、ライフコース、個人的な希望などに応じ、従来の仕事一

◆ 第1部 理論編

辺倒のフルタイム正社員のかたちにとらわれない、短時間労働を含めた多様な形態の働き方を促していくことが、仕事と家庭生活や個人の生活、さらには地域社会への参加などとの両立を可能とする、というわけです。実際、もし人々が自らの希望に基づき「多様な働き方」を選ぶことが可能であり、現に選んでいるのであれば、WLBの実現は難しいことではないと言えるでしょう。

　しかし、現在の日本の状況で、「多様な働き方」を通じてWLBを達成することが難しい最大の問題は、正規労働者と非正規労働者の間に、きわめて大きい格差が存在することなのです。パートタイム労働者や派遣労働者の圧倒的多数は、フルタイム労働者の補完的な位置づけしか与えられておらず、賃金や雇用保障をはじめとするあらゆる待遇において正社員労働者より劣るばかりか、景気が悪化すればまっさきに職を失うのであり、この格差が存在するかぎり、正規労働者が非正規労働者への移行を「自発的」に選択することは、ほとんど期待できないことになります。例えば出産などのライフイベントを機に、正社員が「労働と家庭生活の両立」を実現させようとし、パートタイムに移行するならば、労働条件の大幅な低下はまぬがれず、それどころか、フルタイムからパートタイムへの移行は、往々にして「片道切符」であって、フルタイムへの復帰は保障されません。このようなフルタイムとパートタイムの間に横たわる深い溝があるかぎり、WLBのためとはいえ、自発的にパートタイムに移行する人は少なく、結局不本意でも正社員にとどまるか、あるいは労働市場そのものから退出して子育てに専念する、という二者択一が迫られる人が多いのは、このような事情によるといえるでしょう。

◆ 第5章 ◆ ケア──労働と家族のはざまで

　WLB の充実した生活を望んでいても、正社員以外の雇用形態が不安定かつ低賃金であるならば、安心して「多様な働き方」を選ぶことは難しいことになります。したがって WLB を実現する重要な前提は、パートタイム労働者などの非正規労働者の待遇の改善、そして可能なかぎりその「正規化」を進めることであり、これが実現してはじめて、正規労働者は、必要以上の労働条件の低下に直面することなく、各人の状況に応じたさまざまな働き方を積極的に選びとることができるのではないでしょうか。非正規労働者の待遇改善や「正規化」は、非正規労働者自身の経済的な自立を促し、WLB 実現の可能性を広げるとともに、正規労働者にとっても、所得水準や雇用保障の点で大幅な待遇の低下を招くことなく、多様な労働形態を選ぶ可能性がひらけることによって、やはり WLB の観点から大きな意味があるといえるでしょう。

（ii）WLB 実現の方策──このような理解を前提とするならば、真の WLB を目指すためには、「労働世界」と「生活世界」両面に亘って、男女、夫婦が相互に平等に市民としての役割と責務（シティズンシップ）の同権化を求めることであり、そのためには具体的には次のような政策の実現が必要といえるでしょう。

　第1は何よりも「正義」の視点であり、「労働世界」においては前述した通り処遇の同権化が不可欠であり、同一労働同一賃金の原則、アファーマティブアクション、正規、非正規との格差是正等が実現されなければならず、また「生活世界」においては、長時間労働の規制による自由な生活時間の確保や、賃金、雇用の保障によるディーセント・ワークの実現が必要とされることになります。

◆ 第1部　理論編

(図表)「正義」・「ケア」・「活用」とジェンダー

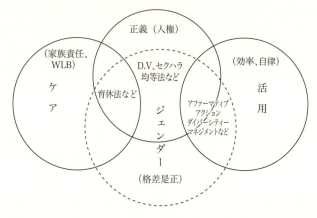

　第2は「ケア」の視点であり、「生活世界」における家事・育児・介護等のケア活動を、単に男女の役割「負担」と捉えるのではなく、市民である男女それぞれの責務（シティズンシップ）と把捉されるべきであり、これにより性別的役割を克服すべきことが可能となるでしょう。

　第3は「活用」の視点であり、第1の視点に立って「労働世界」における男女同権化をすすめ、「正義」の視点に基づき「活用」がなされるべきです。

　そもそも労働者の自由な選択は、できる限り保障されなければならず、そのためには、雇用政策や家族政策の観点から特定の就労パターンを優遇することがあってはならないし、特定の就労パターンをとることにより生じる不利益については、積極的に是正するという基本姿勢が堅持されなければならないのです。例えば、男性も育児介護休業がとれるように、男女の待遇格差を是正することは喫緊の課題であり、また、

◆ 第5章 ◆ ケア——労働と家族のはざまで

時間外労働や深夜労働免除の制度は、配偶者や他の家族が育児や介護を担える状況にあるときなどに、免除請求を制限していますが、そのような判断は本来権利の主体である労働者に委ねるべきだと思われます。

　WLB は、私達の「生活」と「労働」の基本理念として位置づけられるべきテーマであり、このような理念に基づいて、1日のうち労働に費やされる時間以外の部分は、労働者の家庭生活や私的生活に供される貴重な時間であり、その侵害の防止と積極的確保が、新しい時代の労働時間法制ならびに解釈論に求められているのです。このように WLB は今日、労働者（とりわけ女性！）に対してきわめて大きな影響を与えるものなのであり、真の WLB の実現を目指すことが喫緊の課題となっているといえるのです。

◆ 第2部 実例編

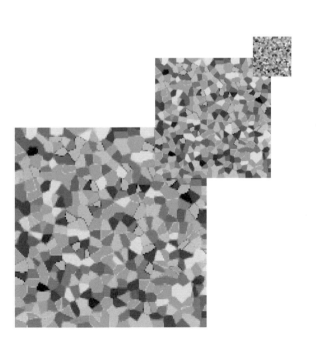

第6章
QA——具体事例から考える

I ジェンダー

Q1　性同一性障害又は性別違和

Aさんは、入社後に性同一性障害と診断をされ、家裁で女性名への名称変更を認められたので、会社に対し女装での勤務を申し入れたところ、拒否された。そこでAさんは会社の指示に反して女装をして出勤したところ、会社は服務規律違反としてAさんを懲戒解雇にしたが、許されるのでしょうか。

A　Aさんは性同一性障害で女性名への変更が認められており、したがって女装での出勤は服務規律違反とはならず、懲戒解雇は許されません（→15〜17頁）。

解　説

1　性同一性障害又は性別違和とは

性同一性障害又は性的違和とは、「性の自己意識（心の性）と生物学的性別（身体の性、解剖学的性別）が一致しない状態」という医学的な疾患名のことであり、このような疾患をもつ人について、我が国の法律では、「生物学的には性別が明らかであるにもかかわらず、心理的にはそれとは別の性別であるとの持続的な確信を持ち、かつ、自己を身体的及び社会的に他の性別に適合させようとする意思を有する者」と定義されています（性同一性障害者の特例法2条、2003年7月成立、2004年7月16日施行。同法により、下記の通り、一

107

定の要件を満たす者につき、家庭裁判所の審判により、法令上の性別の取扱いと戸籍上の性別記載を変更できるようになった。注1)。

このように性同一性障害は、例えば女性なのに自分は「本当は男なんだ。男として生きるのがふさわしい」と考えたり、男性なのに「本当は女として生きるべきだ」と確信する現象であり、このような障害を有する人々は、諸外国の統計等から推測して、男性の場合、3万人に1人、女性の場合10万人に1人の割合でいると言われており、我が国の場合、現在日本精神神経学会がまとめたガイドラインに基づき診断と治療が行われており、性別適合手術も医学的かつ法的に適正な治療として実施されています（注2)。

2 トランスジェンダー

ところで、性同一性障害又は性的違和は、性的少数派とされるいわゆるLGBTIの一つであるトランスジェンダー trans gender に含まれるものです。トランスジェンダーは、性自認のレベルに応じてさまざまなものがあり、「身体」と「精神」との乖離が最も大きい場合は、トランスセクシュアル trans sexual と呼ばれ、身体と精神とのズレや違和による苦痛が大きく、日常生活にも困難をきたすことから、ホルモン療法や手術療法により異なる性への移行が求められ、法的にも性別変更を要する状態の人々から、そこまでは至らない場合には、トランスベスタイト trans vestite 又はクロスドレッサー cross-dresser と呼ばれ、異性の服装を身につけることによって性別の違和感を緩和できる状態の人々まで様々です。

我が国でいわゆる「性同一性障害」と呼ばれるのは、トランスセクシュアルのうち、医師の診断を受けたうえでの病名であり、2003年「性同一性障害の性別の取扱に関する法律」により、これらの人々は、戸籍上の性別変更が可能とされていますが、国際的には、近年精神疾患の診断、治療に際して、「障害」という言葉の持つ差別やスティグマへの配慮から、「性同一性障害」Gender Identity Disorder という用語を廃止し、性的違和 Gender Dysphoria という用語に変更されていることに注目する必要があるでしょう。

◆ 第6章 ◆ QA——具体事例から考える〔Ⅰ ジェンダー〕

3 性別違和（DSM第5版）

DSM第5版（2013年）は、青年及び成人の性別違和 Gender Dysphoria（302.85（F64.1））として、前述した我が国の性同一性障害と同様の病状とされるものが以下のように示されています。

「A. その人が体験し、または表出するジェンダーと、指定されたジェンダーとの間の著しい不一致が、少なくとも6ヵ月、以下のうちの2つ以上によって示される。

（1）その人が体験し、または表出するジェンダーと、第一次および／または第二次性徴（または若年青年においては予想される第二次性徴）との間の著しい不一致

（2）その人が体験し、または表出するジェンダーとの著しい不一致のために、第一次および／または第二次性徴から解放されたい（または若年青年においては、予想される第二次性徴の発現をくい止めたい）という強い欲求

（3）反対のジェンダーの第一次および／または第二次性徴を強く望む。

（4）反対のジェンダー（または指定されたジェンダーとは異なる別のジェンダー）になりたいという強い欲求

（5）反対のジェンダー（または指定されたジェンダーとは異なる別のジェンダー）として扱われたいという強い欲求

（6）反対のジェンダー（または指定されたジェンダーとは異なる別のジェンダー）に定型的な感情や反応をもっているという強い確信」

特に治療に際しては、精神的サポート、カムアウトの検討、実生活経験、精神的安定の確認等の精神的治療を行ったうえで、本人が身体的治療への意向を希望する場合は、更に慎重な診断のうえで、ホルモン治療、乳房切除術、性的適合手術（家族、パートナーへの説明や20才以上であることが要件）を行うものとし、このような治療の究極の目標は、社会の中で自らの希望する性別で生活していくことにある、とされているのです（注3）。

◆ 第2部　実例編

4 性同一性障害と服装規定

　性同一性障害者は、服装についてみると、大多数の人々と同様にあくまでも性の自己意識に基づく服装ということになり、したがって本件では、性同一性障害であるAさんは、女性性の自己意識に基づく服装をすることになり、いわゆる男性装といわれる性的嗜好や服装の好みに基づくものではありません。しかしながら現実には、性同一性障害者が、「男装」や「女装」と誤解されることがあり、本件もそのような背景があったものといえるでしょう。

　男性として雇用された従業員が、性同一性障害との診断を受けて女性への転換を認められ、女性の服装、化粧をすることや、トイレ、更衣室での女性として扱って欲しいと申入れたにもかかわらず、使用者に拒絶されたことから、女性装で出勤したところ、懲戒解雇されたケースで、裁判所は「債権者は、本件申出をした当時には、性同一性障害（性転換）として、精神的、肉体的に女性として行動することを強く求めており、他者から男性としての行動を要求され又は女性としての行動を抑制されると、多大な精神的苦痛を被る状態にあったということができる。そしてこのことに照らすと、債権者が債務者に対し、女性の容姿をして就労することを認め、これに伴う配慮をしてほしいと求めることは、相応の理由があるものといえる。」として解雇を無効としています（昭文社事件・東京地決平14.6.20労判830号13頁）。

　このように性同一性障害についてはまだまだ社会に偏見があり、これらを克服していくことが求められているのです。

（注1）　家裁での性別変更の審判は、（1）20歳以上であること、（2）現に婚姻していないこと（但しこの場合、事実婚・内縁は「婚姻」に含まれない。婚姻している性同一性障害者が性別を変更した場合、いわゆる同性婚ということになり、我が国では認められていない）、（3）現に未成年の子がいないこと（審判を受けた者が後に養子縁組により子をもつことは可能）、（4）生殖腺がないこと又は生殖腺の機能を永続的に欠く状態にあること（性ホルモンの影響や子供が産めることによる法的問題が生じるため）、（5）その身体

◆第6章◆ QA——具体事例から考える〔Ⅰ ジェンダー〕

について他の性別に係る身体の性器に係る部分に近似する外観を備えていること（公衆浴場などでの社会的混乱を生じないために考慮されたもの）の場合なされることになります。性別の取扱いの変更の審判を受けた場合、民法その他の法令上、他の性別に変わった者とみなされ（男→女、女→男）、変更後の性別として婚姻や養子縁組などが可能となります（4条）。尚この効果は不遡及となりますので、例えば過去に妻又は夫であったなどで、審判前に生じていた身分には影響しないこととされています。

(注2)　ちなみに「同性愛」は「恋愛の対象がどちらの性別にあるか」という性的指向に関する概念であり、また「異性装」（男装、女装）は服装の好みや性的嗜好などによるもので、これらはいずれも性の自己意識に基づくものではなく、性同一性障害とは全く異なる概念である。

(注3)　DSM-5 444〜445頁参照。DSM-5では、「指定されたジェンダー」という語を用いて、性分化疾患の人々も含みうるとしており、また「反対のジェンダー」や「異なる別のジェンダー」を含めることに性別2元ではなく、多様な性をベースとしていることが主な改訂内容となっています。

Q2　同性婚

同性カップルが結婚することはできるのでしょうか？

Ⓐ　我が国では同性カップルが結婚することは、法的には認められていません。世界各国では、同性婚合法化の流れとなっており、近年LGBTIといわれる性的少数派に対する人権意識の高まりの中で、同性婚の法制化を求める声が高まりつつあります（→17〜18頁）。

解　説

1　同性婚　　同性婚は、同性間の結婚のことであり、一般に男女間の夫婦と同程度若しくは類似の法的保護を受けるもののことであり、このような制度の利用者は、一般に同性愛者（LGB）であるところ、法は、歴史的には①敵視→②無視若しくは放任→③

法的承認→憲法的編入の段階をたどってきているとされています。

特に近年のLGBTIに対する人権擁護要求の高まりの中で、国際的には、2008年12月国連総会においてはじめて、激しい議論の末に、「性的指向と性自認に関する権利」宣言がなされ、爾来今日まで、同性婚の合法化をめぐっては、これを推進していこうとする主としてEU諸国等と、これに反対する立場のカトリック教会やイスラム諸国との間で論争が続いている状態にあります。

2 我が国の場合

我が国の場合、同性婚を明示的に禁止する法律はないものの、民法や戸籍法では、同性婚の制度は設けられてはいません。

憲法上の権利か否かについては、憲法24条1項に、「婚姻は、両性の合意のみに基づいて成立」と規定されていることから、一般的には憲法上の権利とは解されていませんが、他方では、同じく憲法上の権利である「個人の尊厳」(24条2項)、「幸福追求権」(13条)、「性別に基づく差別の禁止」(14条1項)を根拠に、同性婚を認めようとする見解もあります。尚、最高裁では、今日まで同性婚の合憲性判断をしていません。

民法は婚姻の成立要件として、「婚姻は、戸籍法（中略）の定めるところにより、届け出すことによってその効力を生じる」(739条1項)とされて、異性カップルのみで成立するとは規定していないものの、戸籍法では、婚姻の届書に記載する事項として、「夫婦が称する氏」と規定し、同性婚を想定していないものと解釈されています。したがって日本においては同性婚を認めるためには、少なくとも戸籍法改正が必要とされるでしょう（注1）。

このように我が国では、憲法解釈を含め、民法、戸籍法の規定上、同性婚を認める取り扱いをしていないことから、事実上、養子縁組制度が代替機能を果たしている現状です。即ち、養子縁組は、成人の年長者が養親となることで成立することから（民法792、793条など）、同姓間パートナーの場合、養子縁組の形態がしばしば利用されてきたのです。しかしながら、遺産相続に際しては、片方の親族から養子縁組無効の訴えが想定されることから、諸外国で実施され

ているパートナーシップ（シビル・ユニオン）法などの明確な立法化が望まれる状況にあると言えるでしょう（諸外国の立法動向について、第4章参照）。

3「パートナーシップ」条例

このような中で渋谷区では、我が国の自治体初の試みとして、2015年4月1日施行の条例で、同性カップルに対して一部、結婚に相当する関係を認める「パートナーシップ証明」を実施しています。同証明では、パートナーシップを「男女の婚姻関係と異ならない程度の実質を備える関係」と定義し、同姓カップルが、アパートの入居や病院での面会を断られるケースなどに配慮し、不動産業者や病院に、証明書を持つ同姓カップルを夫婦と同様に扱うよう求め、条例に違反した場合には是正勧告、事業者名公表がなされることになっています（注2）。

(注1) 尚、戸籍法113条に基づく戸籍訂正を求める前提として、同性婚は民法742条の「婚姻をする意思がないとき」に該当し無効とした審判例として、佐賀家審判平11.1.7家裁日報51巻6号71頁。
(注2)「証明書」は同年10月28日から交付されている（2015年10月28日付朝日新聞）。

Q3 「結婚退職」制と性差別

> Aさんは結婚することになりました。これまで、Aさんの会社では女性社員は結婚したら退職することが慣例となっていましたが、働き続けたいと思い会社に申し出たところ、遠くの支店に転勤することを条件にされましたが、その支店に通勤することは通勤不便なためとても無理です。退職せざるを得ないのでしょうか。

A 均等法6条は、労働者の配置（業務の配分及び権限の付与を含む。）等について、性別を理由として差別的な取り扱いをしてはいけない旨を定めており、もちろん結婚を理由として、女性にのみ退職を強要したり、不利益な配置転換をすることは禁止されて

◆第2部　実例編

います。このような行為は性差別に該当しますので、会社に対して不利益な配置転換を行わないよう強く抗議しましょう（→24〜26頁）。

解　説

1 均等待遇の原則　憲法14条は、法の下における平等の原則を掲げ、労使関係においてこれを実現するため、労基法は「使用者は、労働者の国籍、信条又は社会的身分を理由として、賃金、労働時間その他の労働条件について、差別的取扱をしてはならない」(3条)と規定し、さらに「使用者は、労働者が女性であることを理由として、賃金について、男性と差別的取扱いをしてはならない」(4条)と定めています。しかし、労基法3条の差別的取扱いの禁止には、性別という文言を欠き、また同法4条は、男女同一価値労働・同一賃金の原則に基づき、女性であることを理由とする賃金の差別的取扱いを禁止しているものの、男女の賃金以外の差別的取扱いについて触れていないため、性別を理由とした昇進・昇給・解雇などの差別的取扱いは、いわば「法の谷間」とされたことから、多くの争いが生じることになり、判例法理において、解雇や退職などをめぐる合理的な理由のない差別的取扱いはいずれも公序良俗に反して無効とされるようになりました（注1）。

そこで判例や均等待遇の原則の趣旨を明確にするため、1985年（昭和60年）に均等法が制定され、同法は2度の改正を経て現在では、事業主に対して、募集・採用から解雇に至る雇用の全ステージでの差別や間接差別、妊娠・出産等を理由とする差別を禁止すると共に、セクハラ防止措置やポジティブ・アクションの推進などが規定されています（注2）。

こうして現在、わが国の性差別禁止法制は、女性への賃金差別を罰則付きで禁止する労基法4条と、募集・採用から解雇・退職に至る賃金以外の男女差別を一般的に禁止し、違反に対して調停などを予定する均等法という2つの柱から成り立っていますが、これらは

◆第6章◆ QA——具体事例から考える〔Ⅰ ジェンダー〕

相互に排他的ではないので、たとえば職務配置上の差別や昇進・昇格上の差別が賃金差別をもたらす場合には、均等法違反と同時に労基法4条違反が問題とされることになるのです。

2 差別取扱いの禁止

均等法6条は、労働者の配置（業務の配分及び権限の付与を含む。）、昇進、降格及び教育訓練、福利厚生、労働者の職種及び雇用形態の変更、退職の勧奨、定年及び解雇並びに労働契約の更新等について、性別を理由として差別的取扱いをしてはならないと規定し、これを受けた行政指針はその具体的な例を指示しています（「労働者に対する性別を理由とする差別の禁止等に関する規定に定める事項に関し、事業主が適切に対処するための指針」（平 18.10.11 厚労告 614 号。注 3）。

本問で使用者の提示した条件はこのような規定に明白に違反するもので、厳しく指摘して是正させましょう。

(注1) 結婚退職制に関する住友セメント事件・東京地判昭 41.12.20 労民集 17 巻 6 号 1407 頁、定年差別に関する日産自動車事件・最三小判昭 56.3.24 民集 35 巻 2 号 300 頁など。

(注2) 均等法は事業主に対して配置・昇進・教育訓練、福利厚生、定年、解雇、降格、職種変更、パートへの変更などの雇用形態の変更について差別的取扱いをすることを禁止し、①〇a 募集・採用にあたり、一定の身長、体重または体力を要件とすること、〇b コース別雇用管理制度における総合職の募集・採用にあたり、全国転勤を要件とすること、〇c 昇進にあたり転勤経験を要件とすることなどのいわゆる「間接差別」を禁止し、②妊娠・出産等を理由とする不利益取扱いを禁止し、③セクシュアル・ハラスメント防止のための措置、④女性労働者の妊娠中および出産後の健康管理に関する措置を講ずべきことを義務付け、⑤男女間の格差解消のための積極的取組み（ポジティブアクション）の推進などを定め、⑥同法に基づく行政官庁の是正指導に応じない場合には企業名が公表され、報告を求めたにもかかわらず報告をせず、または虚偽の報告をしたときには、過料に処せられることとされています（33条）。

(注3) 即ち、①一定の職務への配置に当たって、その対象から男女のいずれ

◆ 第2部　実例編

かを排除することで、例えば営業の職務、秘書の職務、海外で勤務する職務等、一定の職務への配置に当たって、その対象者を男女いずれかのみとすることなど、②一定の職務への配置に当たっての条件を男女で異なるものとすることで、例えば女性労働者についてのみ、婚姻したこと、一定の年齢に達したこと又は子を有していることを理由として、企画立案業務を内容とする職務への配置の対象から排除することなど、③一定の職務への配置に当たり、能力及び資質の有無等を判断する場合に、その方法や基準について男女で異なる取扱いをすることで、例えば一定の職務への配置に当たり、人事考課を考慮する場合において、男性労働者には平均的な評価がなされている場合にはその対象とするが、女性労働者は特に優秀という評価がなされている場合にのみその対象とすることなど、④一定の職務への配置に当たり、男女のいずれかを優先することで、例えば営業部門への配置の基準を満たす労働者が複数いる場合に、男性労働者を優先して配置することなど、⑤配置における業務の配分に当たって、男女で異なる取扱いをすることで、例えば男性労働者には通常の業務のみに従事させるが、女性労働者については通常の業務に加え、会議の庶務、お茶くみ、そうじ当番等の雑務を行わせることなど、⑥配置における権限の付与に当たって、男女で異なる取扱いをすることで、例えば男性労働者には一定金額まで自己の責任で買い付けできる権限を与えるが、女性労働者には当該金額よりも低い金額までの権限しか与えないことなど、⑦配置転換に当たって、男女で異なる取扱いをすることで、例えば合理化のための出向を女性労働者のみに限ったり、女性労働者についてのみ、婚姻又は子を有していることを理由として、通勤が不便な事業場に配転することなどがこれに該当します。また前述した通り結婚を理由として、女性にのみ退職を強要したり、不利益な配置転換をすることは禁止されています。

Q4　セクハラの対処法

> 職場の上司である課長は仕事中に体に触ったり、しつこくメールをよこしたり飲食に誘ってくるが、断ると人事評価が下げられそうで困っている。どうしたらよいでしょうか。

🅐　本問は明白なセクハラ行為であり、上司はセクハラとして

◆第6章◆ QA——具体事例から考える〔Ⅰ ジェンダー〕

法的責任が問われることになるので、毅然とした態度をとるべきです（→26頁、以下 Q13 迄同様）。

解説

1 セクハラ　セクシュアル・ハラスメント（セクハラ）は、一般に「相手方の意に反する不快な性的言動」のことを意味しており、職場などで主として男性の上司や同僚が加害者となり、女性が被害者になることが圧倒的に多いものです。セクハラはそれ自体は古くから存在した社会現象ですが、わが国では1980年代から、とりわけ女性の権利意識の高揚やアメリカ法の影響により関心が高まり、多くの訴訟が提起されるようになってきたものなのです。

セクハラは上述のとおり「相手方の意に反する性的言動」と定義され、男性に対するセクハラも対象とされています（典型的には人事院規則10-10、尚均等法は格別その概念や定義を定めることなく、セクハラが行われないよう、事業主が雇用管理上必要な配慮をすべきことを定めています。均等法11条）。

セクハラの類型としては均等法上、上司等が性的関係を迫り拒否されたことを理由に解雇などの不利益を加える「対価型（代償型）」（パワハラと重複します）と、職場環境を侵害する「環境型」とに区別されていますが（平18.10.11厚労告615号2（5）（6））、裁判上問題とされるのは、主として環境型が多いといえましょう（注）。

セクハラは法的には、一般に人格権あるいは性的自己決定権の侵害と評価されており、セクハラの直接行為者は、上司であれ同僚であれ、不法行為の要件が満たされるかぎりその責任を負うことになり、さらに企業内であれ企業外であれ（特に宴席や帰宅途上など、いわゆる「アフター5」）、業務遂行に悪影響を及ぼすことがあるので、行為者に対する解雇や懲戒処分の制裁が有効とされる場合が多いといえましょう。またセクハラがなされた場合、直接の行為者のみならず、使用者も責任を負うことがあります（民法415条・709条・

◆第2部 実例編

715条など)。

したがって設問では上司の行為は明白なセクハラであり、本人には不法行為の責任が発生し（民法709条）、また会社にも均等法上の措置義務があるほか（均等法11条）、使用者責任や債務不履行責任が発生することがあります（民法715条・415条）。

2 セクハラへの対処　本問では上司の行為がセクハラであることを明らかにして、「やめてほしい」とはっきり明示し、相手に誤解を与えないような行動をとる必要があります。相手が誤解すればその後も執拗に同じ行為をくり返すことになるので、相手に嫌だと感じていること、行為をやめなければ、会社の相談窓口等に相談する意思があることを明言し、その際、セクハラを受けた日時、場所、具体的なやりとり、周囲の状況、その後の相手との交渉経過などを記録や録音しておくとよいでしょう（なお、メールのやりとりは相手も記録しているので、相手に迎合的な発言や不用意な発言をしないように注意が必要になります。Q5参照）。

(注) 前者の例としては例えば、上司からのセクハラを拒否した女性が、報復として仕事をはずされた兵庫セクハラ〔国立病院〕事件（神戸地判平9.7.29判時1637号85頁、労判726号100頁など）、後者の例としては、例えば上司や同僚などが労働者（特に女性）の身体を触ったり（前掲・ニューフジヤホテル事件など）、労働者の異性関係のうわさを流したり（前掲・福岡セクハラ事件など）、ビデオで女性更衣室の盗み撮りをした（京都セクハラ〔呉服販売会社〕事件・京都地判平9.4.17判タ951号214頁、労判716号44頁など）があります。

Q5　セクハラの発生要因・「迎合メール」

> セクハラの被害にあうと、よく「本当に嫌なら抵抗できたはずだ」「なぜ逃げなかった」などという声が聞かれますが、どのように考えたら良いのでしょう。メールでの内容はどのように考えたらいいのでしょう

◆ 第6章 ◆ QA——具体事例から考える〔Ⅰ ジェンダー〕

A セクハラは職場や大学、教育現場など、上下の力関係のあるところで、上司や教員が自らの「権力」を濫用して行うものであり、このような場合、被害に遭う部下や学生は、拒絶できないのです。

いわゆる「迎合」メールについても、このような観点から考えるべきです。

解　説

1 セクハラの発生要因　セクハラは、性に着目したハラスメントの一種であり、発生要因としては、職場や大学等での力関係を背景として自らの性的欲望や性的趣向を満足させようとするものであることは、今日広く知られるようになってきており、我が国をはじめ世界各国では職場や大学等で起こるセクハラに対する法的規制が強められつつあります。しかしながら他方ではセクハラに関しては、依然として「偏見」や「誤解」が広範に流布しており、しかもこれらの「偏見」(今日まで男性中心の社会の中で形成されてきた性差別意識に基づくもの) や「誤解」(偶然発生した「事例」を一般化・普遍化することによって形成される認識) は、事実によって論証されたものでないにもかかわらず、セクハラの発生要因を支える社会的背景をなしているものといえるのです。

設問は、セクハラが問題となった場合に必ずといってよいほど聞かれる声です(しかも「加害者」のみならず、時として「被害者」を支援する人々からも聞かれることがあるのです)——「人は相手から不快なことをされた場合、直ちに逃げたり抵抗したりするものである——という「社会通念」は、我々の意識を大きく支配しているだけでなく、このような「通念」は最近に至るまで裁判所をも支配し、セクハラの成否、事実認定をめぐって大きな桎梏となってきていたのです。その一例として次のケースを挙げることができるでしょう。

◆ 第2部　実例編

> 　大学の女性研究員が、上司である男性教授とともに出張先のホテルに宿泊していたところ、自室を訪ねてきた教授から突然ベッドに押し倒される等の強制わいせつ行為を受けたとして訴えたケースで、一審判決は、教授が行ったとする強制わいせつ行為に対する女性研究客員の対応やその直接の言動について、不自然な点が多々あるとして、女性研究員の主張を退けましたが（秋田地判平 9.1.28 判時 1629 号 121 頁）、これに対して二審判決は「性的被害者の行動パターンを一義的に経験則化し、それに合致しない行動が架空のものであるとして排斥することは到底でき」ず、「原告は、被告に対し個人的にかなり悪感情を抱いていたとしても、少なくとも被告が職場の上司であり、仕事を続ける限り、今後も日常的に被告とつきあっていかねばならないことや、被害を公にし難いのが性的な被害の特色であることに照らせば、強制わいせつ行為は受けたものの、ことを荒だてずにその場を取り繕う方向で行動し、第三者に悟られないように行動するということも十分あり」え、「原告は事件後間もなく身近な者に被害体験を抽象的にではあるが話しており、職場においても第三者からみて不自然なものを感じさせたり、転職を依頼する等、職場における原被告の関係が著しく変化しているように見えること等、原告が事件によって実際に性的被害を受けたと推認しても無理のないような間接証拠も存在する。」旨判示して女性研究員の主張を認めました（秋田県立農業短大事件（仙台高秋田支判平 10.12.10 判時 1681 号 112 頁））。

　一審判決の判断の前提は、他者からの攻撃に対して、どのような状況においても「勇敢」に立ち向かったり、直ちに回避行動をとることが可能な人や、そのようなことが可能な状況の場合には当てはまるものかもしれませんが、人は常にそのように振る舞うことができるとは限らず、とりわけ職場や大学等で支配従属関係にある者からの攻撃に対しては、様々な不利益を考慮して「被害者」が抵抗できない状況に置かれていることになるという事情を配慮しないものでした。さらにこの判決は、セクハラの大半は、「偶然」発生するものではなく、「計画的」なものであるということも見逃しています。特に性的関係を迫るケースの場合、〈性的誘惑→性的関係や接

触の強要〉というプロセスをとりますが、そのプロセスに時間的な長短はあっても、その過程は、「加害者」が「被害者」を「計画的」に「誘惑」をし、その行為を徐々にエスカレートさせて、第三者等のいない「密室」で性的関係や接触を強要するプロセスをたどるものであり、このプロセスにおいて「被害者」が拒絶（＝不服従）の態度を貫くことは、「被害者」の受ける雇用や教育研究上の不利益を考慮すると極めて困難な場合が多いのです。

2 迎合メール　セクハラの事実が争われる場合、メールが「加害者」側から提出されることがありますが、メールの文言がしばしば相手に対して迎合的であることが多いことから、その評価は慎重になされるべきです。この点について、労災認定の判断基準に際して提出された厚労省の報告書が参考になります。

「迎合メール」など —— セクハラに関する労災認定基準

> （4）その他心理的負荷の評価に当たり留意すべき事項
> 　セクシュアルハラスメント事案の心理的負荷の強度を評価するに当たり、（中略）次の事項への留意が必要であることを示すべきである。
> ア　被害者は、勤務を継続したいとか、行為者からのセクシュアルハラスメントの被害をできるだけ軽くしたいとの心理などから、やむを得ず行為者に迎合するようなメール等を送ることや、行為者の誘いを受け入れることがある。このため、これらの事実から被害者の同意があったと安易に判断するべきではないこと。
> イ　被害者は、被害を受けてからすぐに相談行動をとらないことが多いが、この事実から単純に心理的負荷が弱いと判断すべきではないこと。
> ウ　被害者は、医療機関でもセクシュアルハラスメントを受けたということをすぐに話せないことが多いが、初診時にセクシュアルハラスメントの事実を申し立てていないことのみをもって心理的負荷が弱いと判断すべきではないこと。
> エ　行為者が上司であり被害者が部下である場合、行為者が正規職員であり被害者が非正規労働者である場合等、行為者が雇用関係上被害者に対して優越的な立場にある事実は心理的負荷を強める要素となりうること。

◆ 第 2 部　実例編

資料出典：厚労省「精神障害の労災認定の基準に関する専門検討会、セクシュアルハラスメント事案に係る分科会」平成 12 年 6 月 28 日報告書

Q6　セクハラの「判断基準」

セクハラの違法性判断は、「誰」を基準としてなされることになるのでしょうか。

A　ハラスメントによる精神的被害は、一般に原則として「被害者」の「主観」を基準として違法判断がなされることになり、これはセクハラにかぎらず、パワハラについても同様です。

解　説

1　被害者の「主観」が原則

ハラスメントは、一般に、相手方に対する不快な（望まない、好まない）言動（ストレッサー）により、身体的精神的苦痛を与える行為であり、それにより相手方はうつ病等のメンタル不全を発症させることになりますが、では、ここでのハラスメント行為の評価は「誰」を基準としてなされることになるのでしょうか？

ハラスメントが身体的侵害（強制わいせつやレイプ、暴力など）の形態をとる場合は、「被害者」の身体被害の発症により明白となりますが、精神的攻撃（無視、仕事を与えないなど）をとる場合には、行為態様のみでは評価を確定することができず、当事者の関係や被害者の個性（ストレス耐性など）等が評価判断に大きな影響を与えることになるのです。

ハラスメントが相手方に対する不快な言動により身体的精神的苦痛を与える行為である以上、相手方（＝被害者）の主観を出発点とすべきことは当然のことですが、この場合、違法性判断に際して、被害者「個人」を基準にすべきか、「被害者と同様の立場にある人々」（＝平均的な被害者）を基準にすべきかが問題とされることになります。この点について我が国の立法（男女雇用機会均等法）や

◆第6章◆ QA——具体事例から考える〔Ⅰ ジェンダー〕

判例は、職場におけるハラスメントが「力関係」を背景として発生することに着目しつつ、おおむね違法性判断については客観的な判断をすべきであるとして、原則として「平均的な被害者」を基準としているといえるでしょう（もっとも人事院規則は、被害者「個人」に着目しており、実際上は、被害者「個人」であれ「平均的な被害者」であれ、ほとんどの場合違いがないといえるでしょう）。

この点では次に述べる通り、セクハラに関して、人事院規則 10-10 やセクハラ指針（「事業主が職場における性的な言動に起因する問題に関して雇用管理上講ずべき措置についての指針」平成 18 年厚労省告示第 615 号）が参考となるでしょう。

2 セクハラの「判断基準」

人事院規則がセクハラ判断基準として、「性に関する言動に対する受け止め方には個人間や男の女間で差があり、セクシュアル・ハラスメントに当たるか否かについては、相手の判断が重要である」（人事院規則 10-10 の運用について（通知）と述べて、被害者側の主観を基準としており、妥当なものと言えます。

ちなみに、男女雇用機会均等法 11 条の事業主の措置についての通達（「改正雇用の分野における男女の均等な機会及び待遇の確保等に関する法律の施行について」平成 18 年 10 月 11 日雇児発第 1011002 号）では、「『労働者の意に反する性的な言動』及び『就業環境を害される』の判断に当たっては、労働者の主観を重視しつつも、事業主の防止のための措置義務の対象となることを考えると一定の客観性が必要である。具体的には、セクシュアル・ハラスメントが、男女の認識の違いにより生じている面があることを考慮すると、被害を受けた労働者が女性である場合には『平均的な女性労働者の感じ方』を基準とし、被害を受けた労働者が男性である場合には『平均的な男性労働者の感じ方』を基準とすることが適当であること。ただし、労働者が明確に意に反することを示しているにも関わらず、さらに行われる性的言動は職場におけるセクシュアル・ハラスメントと解され得るものであること」とされています（「第 3 事業主の講ずべき措置」「1 (2)イ⑤『性的な言動』及び『就業環境が害される』の判断基

◆第2部　実例編

準」)。

　しかし職場や教育現場等のいわば「閉ざされた政治空間（＝閉鎖圏)」において、上司や教員などが権力関係を利用して行うセクハラゆえ、部下や学生たちが「明確に意に反することを示」せない場合が多いことが問題とされるべきであり、このような判断は、事実上そのような場合を放置する可能性につながるものでしょう。また、男女雇用機会均等法が、セクハラ防止を事業主の「措置義務」としている趣旨からも、「平均的な労働者の感じ方」としているのは適切とは言えないでしょう。なぜならば、被害を受けた個々の労働者に対する行為の違法性が問題とされる場合で、「平均的」という判断基準を持ち込むことは、規定の裁判規範性をうすめるものであり、セクハラ防止の強化を図る立法趣旨を損なうものといえるからです。

Q7　セクハラと労災補償

Aさんは上司からセクハラをされて、うつ病になって休職を余儀なくされていますが、労災として認められるのでしょうか。

A　セクハラが原因でうつ病等の精神疾患に陥り、休職等を余儀なくされた場合、労災認定がなされます。

解説

1　精神疾患と労災認定　精神疾患は、仕事や私生活でのストレスとそれに対する個人の対応力の強さとの関係で発病に至ると考えられており、その発病が仕事による強いストレスによるものと判断できる場合、労災認定がなされることになります。したがって仕事によるストレス（業務による心理的負荷）が強くても、私生活でのストレス（業務以外の心理的負荷）が強かったり、既往症やアルコール依存など（個体側要因）が関係している場合には、どれが発病の原因なのかを医学的に慎重に判断しなければならないのです。そこで厚労省は次の通り業務上外認定に際して

◆第 6 章◆ QA——具体事例から考える〔Ⅰ ジェンダー〕

の認定基準を示して、判断しています（厚労省「心理的負荷による精神障害の認定基準について」平 23.12.26 基発 1226 第 1 号）（注 1））。

① 認定基準の対象となる精神障害を発症していること——「ICD-10」（= 国際疾病分類第 10 回修正版）第Ⅴ章「精神および行動の障害」のうち、主として F2 から F4 に分類される精神障害が対象とされ、認知症や頭部外傷による障害（F0）とアルコールや薬物による障害（F1）は原則として除外され、またいわゆる心身症は除外されます。設問のうつ病（F3）や急性ストレス反応（F4）などが典型例となります。

② ①を発症する概ね 6 カ月の間に業務による強い心理的負荷（= ストレス）が認められること——発症前概ね 6 カ月の間に起きた業務による出来事について、「業務による心理的負荷評価表」（一部抜粋「図表」）により、「強」と評価される場合、②を満たすことになります。但し、設問のようなセクハラのように、出来事が繰り返されるものについては、発症の 6 カ月前に始まり継続していた場合は、発症時からの心理的負荷が評価の対象とされます。

③ ①が業務以外の心理的負荷や個体側要因により発症したと認められないこと——私生活でのストレス（例えば離婚や家族の死亡など）や、精神障害の既往症やアルコール依存状況などが、①の原因となっているか否かが判断の対象となります。

以上の通り、① + ② + ③を総合判断して、労災認定がなされることになり、特に②で用いられる認定基準の「心理的負荷評価表」には、具体的な出来事のもつ平均的な心理的負荷の強度（修正要素も含む）が、Ⅰ、Ⅱ、Ⅲにランクづけされ（〔Ⅰ〕は日常的に経験する一般的問題とならない程度のもの、（〔Ⅲ〕は人生の中でまれに経験することのある程度のもの、〔Ⅱ〕はその中間とされる）、これに基づいて、業務による出来事と出来事後を一連のものとして総合評価し、「強」とされた場合（③に該当しないかぎり）には、「業務上」の認定がなされることになるのです（業務による心理的負荷の評価が、「弱」や「中」とされた場合には、その段階で「業務外」とされることになる）。

◆ 第2部　実例編

2　セクハラと「認定基準」

認定基準の「心理的負荷評価表」では、パワハラ・いじめは、「(ひどい) 嫌がらせ、いじめ又は暴力を受けた」として（項目29）「Ⅲ」に分類され、またセクハラ（同36）は「Ⅱ」に分類されています。

即ち、ⅰ強姦や本人の意思を抑圧してのわいせつ行為、ⅱ胸や腰などへの身体接触を含むセクハラが継続して行われた、ⅲ身体接触を含むセクハラで、継続していないが会社に相談しても適切な対応がなく、改善されなかった。又は会社へ相談後、職場の人間関係が悪化した、ⅳ性的な発言のみだが、人格を否定するような内容を含み、かつ継続してなされた、ⅴ性的な発言が継続してなされ、かつ会社がセクハラを把握しても対応がなく、改善されなかった場合には、「強」とされて労災認定されることになります。

これに対してⅰ胸や腰等への身体接触を含むセクシュアル・ハラスメントであっても、行為が継続しておらず、会社が適切かつ迅速に対応し発病前に解決した場合、ⅱ身体接触のない性的な発言のみのセクシュアル・ハラスメントであって、発言が継続していない場合、ⅲ身体接触のない性的な発言のみのセクシュアル・ハラスメントであって、複数回行われたものの、会社が適切かつ迅速に対応し発病前にそれが終了した場合には、「中」として認定されないものとされています。

同じく前述した厚労省発表では、セクハラが問題とされた件数は45件であり、うち24件が労災認定されています。

いうまでもなくこの新認定基準においても、全てのいじめ・パワハラ等のハラスメント事案を救済するものではありませんが、旧指針の抽象的記述と比較して具体的な記述となり、業務起因性が認められやすくなった点は前進であり、今後の労災請求、認定、運用の改善が期待されるところです。

設問のように、上司からセクハラをされてうつ病になった場合、心理的負荷の強度が「強」とされ、労災認定されることになるでしょう（注2）。

(図表)「業務による心理的負荷評価表(抜粋)」

出来事の類型	具体的出来事	平均的な心理的負荷の強度 I/II/III	心理的負荷の総合評価の視点	心理的負荷の強度を「弱」「中」「強」と判断する具体例 弱	中	強
⑤対人関係	(ひどい)嫌がらせ、いじめ、又は暴行を受けた	☆(III)	・嫌がらせ、いじめ、暴行の内容、程度等 ・その継続する状況 (注)上司から業務指導の範囲内の叱責等を受けた場合、上司と業務をめぐる方針等において対立が生じた場合等は、項目30で評価する。	【解説】部下に対する上司の業務指導の範囲を逸脱し、又は同僚等による多人数が結託しての言動について、その内容、程度、経過と業務指導からの逸脱の程度により「弱」又は「中」と評価 【「弱」になる例】・上司の叱責の過程で業務指導の範囲を逸脱した発言により不快感を覚えた(客観的には嫌がらせ、いじめとはいえないものも含む)	【「中」になる例】・上司の叱責の過程で業務指導の範囲を逸脱した発言があったが、これが継続していない ・同僚等が結託して嫌がらせを行ったが、これが継続していない	○ ひどい嫌がらせ、いじめ、又は暴行を受けた 【「強」である例】・部下に対する上司の言動が、業務指導の範囲を逸脱しており、その中に人格や人間性を否定するような言動が含まれ、かつ、これが執拗に行われた ・同僚等による多人数が結託して人格や人間性を否定するような言動が執拗に行われた ・治療を要する程度の暴行を受けた
	上司とのトラブルがあった	☆(II)	・トラブルの内容、程度等 ・その後の業務への支障等	【「弱」になる例】・上司から、業務指導の範囲内の指導・叱責を受けた ・業務をめぐる方針等において、上司との考え方の相違が生じた(客観的にはトラブルとはいえないものも含む)	○ 上司とのトラブルがあった 【「中」である例】・上司から、業務指導の範囲内である強い指導・叱責を受けた ・業務をめぐる方針等において、周囲からも客観的に認識されるような対立が上司との間に生じた	【「強」になる例】・業務をめぐる方針等において、周囲からも客観的に認識されるような大きな対立が上司との間に生じ、その後の業務に大きな支障を来した
	同僚とのトラブルがあった	☆(II)	・トラブルの内容、程度、同僚との業務上の関係等 ・その後の業務への支障等	【「弱」になる例】・業務をめぐる方針等において、同僚との考え方の相違が生じた(客観的にはトラブルとはいえないものも含む)	○ 同僚とのトラブルがあった 【「中」である例】・業務をめぐる方針等において、周囲からも客観的に認識されるような対立が同僚との間に生じた	【「強」になる例】・業務をめぐる方針等において、周囲からも客観的に認識されるような大きな対立が同僚との間に生じ、その後の業務に大きな支障を来した
	部下とのトラブルがあった	☆(II)	・トラブルの内容、程度、同僚との業務上の関係等 ・その後の業務への支障等	【「弱」になる例】・業務をめぐる方針等において、部下との考え方の相違が生じた(客観的にはトラブルとはいえないものも含む)	○ 部下とのトラブルがあった 【「中」である例】・業務をめぐる方針等において、周囲からも客観的に認識されるような対立が部下との間に生じた	【「強」になる例】・業務をめぐる方針等において、周囲からも客観的に認識されるような大きな対立が部下との間に生じ、その後の業務に大きな支障を来した
	理解してくれていた人の異動があった	☆(I)		○ 理解してくれていた人の異動があった		
	上司が替わった	☆(I)	(注)上司が替わったことにより、当該上司との関係に問題が生じた場合には、項目30で評価する	○ 上司が替わった		
	同僚等の昇進・昇格があり、昇進で先を越された	☆(I)		○ 同僚等の昇進・昇格があり、昇進で先を越された		
⑥セクシュアルハラスメント	セクシュアルハラスメントを受けた	☆(II)	・セクシュアルハラスメントの内容、程度等 ・その継続する状況 ・会社の対応の有無及び内容、改善の状況、職場の人間関係等	【「弱」になる例】・「○○ちゃん」等のセクシュアルハラスメントに当たる発言をされた場合 ・職場内に水着姿の女性のポスター等を掲示された場合	○ セクシュアルハラスメントを受けた 【「中」である例】・胸や腰等への身体接触を含むセクシュアルハラスメントであって、行為が継続していないもの ・身体接触のない性的な発言のみのセクシュアルハラスメントであって、複数回行われたものの、会社が適切かつ迅速に対応し発病前にそれが終了した場合	【「強」になる例】・胸や腰等への身体接触を含むセクシュアルハラスメントであって、継続して行われた場合 ・胸や腰等への身体接触を含むセクシュアルハラスメントであって、行為が継続していなくても、会社に相談しても適切な対応がなく、改善されなかった又は会社への相談の後に職場の人間関係が悪化した場合 ・身体接触のない性的な発言であって、発言の中に人格を否定するようなものを含み、かつ継続してなされた場合 ・身体接触のない性的な発言のみのセクシュアルハラスメントであって、性的な発言継続してなされ、かつ会社がセクシュアルハラスメントであると把握していても適切な対応がなく、改善がなされなかった場合

◆ 第2部　実例編

(注1) 心理的負荷による精神障害の労災認定については、従来平成11年9月の労働基準局長通達「心理的負荷による精神障害等に係る業務上外の判断指針」(基発第544号（改正平21.4.6基発0406001号))が用いられていましたが、近年精神障害の労災請求件数が大幅に増加して、認定の審査には、平均約8.6か月を要していることから、平成23年12月の通達で、①分かりやすい心理的負荷評価表（ストレスの強度の評価表）、②いじめやセクハラのように出来事が繰り返されるものについては、その開始時からのすべての行為を対象として心理的負荷を評価、③精神科医の合議による判定を、判断が難しい事案のみに限定する等により審査の迅速化を図り、6か月以内の決定を目指し、精神障害を発病した人の認定の促進を図っていくとしています。

(注2) 「心理的負荷表」では、「強」の例として、(1)部下に対する上司の言動が、業務指標の範囲を逸脱しており、その中に人格や人間性を否定するような言動が含まれ、かつこれが執拗に行われた、(2)同僚等による多人数が結託しての人格や人間性を否定するような言動が執拗に行われた、(3)治療を要する程度の暴行を受けた、等が具体例としてあげられている。

Q8　セクハラに対する措置

セクハラをした社員を処分する際に、留意すべき点を教えて下さい。

A　セクハラの行為態様、程度、加害者の社内における地位等に照らして、当該処分に合理性・相当性があるか、手続等が適正になされているかどうか等の点から懲戒処分の有効性が判断されることになります。

解　説

1　措置の基本　ハラスメントの調査は当事者双方の職場での処遇もからむことから、調査の結果、セクハラの事実が確認された場合は、加害者に対する処分や被害者に対する被害回復措置等を行うことになり、具体的には、就業規則その他のハラスメントに関する規定等に基づき、行為者に対して懲戒その他の措置

◆第6章◆ QA——具体事例から考える〔Ⅰ ジェンダー〕

を講じ、併せて事案の内容や状況に応じ、被害者と行為者の間の関係改善に向けての援助、被害者と行為者を引き離すための配置転換、行為者の謝罪、被害者の労働条件上の不利益の回復等の措置を講ずることを検討する必要があります。

しかし、双方の主張の食い違いや第三者の不在等により、セクハラの事実が確認できなかった場合は、速やかに社内における事実調査は終了させ、当事者双方に社外の紛争処理システム（労働審判、紛争調整委員会のあっせん、裁判など）の利用による公正な判断を勧めるべきでしょう。なぜならば、いたずらに社内において事情聴取に時間を費やすことは、かえって当事者間の問題を悪化させたり、被害者のストレスが増悪したりして被害が拡大することがあり、それによって使用者責任が問われることがあり得るからです。

ちなみにセクハラ指針は、（3）イ②で「事実関係を迅速かつ正確に確認しようとしたが、確認が困難な場合などにおいて、法第18条に基づく調停の申請を行うことその他中立な第三者機関に紛争処理を委ねること」が、「関係事実を迅速かつ正確に確認していると認められる例」としています（もっとも、ハラスメントの場合、紛争調整委員会のあっせんを利用するとしても、あくまでも当事者間の任意の解決に委ねられるため、解決を得られないことがあります）。

2 懲戒処分　　（ⅰ）懲戒処分の相当性、妥当性

懲戒処分の有効性判断においては、まず懲戒事由の存在、手続並びに処分の相当性妥当性が必要とされます。労働契約法は、懲戒権が行使される要件として、「使用者が労働者を懲戒することができる場合において、当該懲戒が、当該懲戒に係る労働者の行為の性質及び態様その他の事情に照らして、客観的に合理的な理由を欠き、社会通念上相当であると認められない場合は、その権利を濫用したものとして、当該懲戒は、無効とする」（15条）と規定しており、その内容がハラスメント行為の程度とバランスがとれているか否かを検討する必要があり、懲戒処分の効力が争われた事案において、裁判所は、次に述べるとおりハラスメント行為の態様、程度、加害者の当該会社における地位等に照らして、当該処分に合

◆第2部　実例編

理性・相当性があるか、手続等が適正になされているかどうか等の点から懲戒処分の有効性を判断していますので、この点に留意する必要があります。

> 　会社の男性管理職2名（X_1、X_2）は、派遣労働者等の女性部下2名（A、B、いずれも未婚）に対し、職場において、約1年間に亘って、X_1自らの不貞、相手の年齢や職業、性生活の話をしたり、「俺のはでかくて太いらしいねん。やっぱり若い子はその方がいいんかなあ」「俺達夫婦間ではもう何年もセックスレスやねん」「俺の性欲は年々増すねん」等と、自己の性器、性欲等について極めて露骨で卑猥な内容の発言等を繰り返し、X_2も、上司からの女性従業員に対する言動に気を付けるよう注意されていながら、「いくつになったん。もうそんな歳になった。結婚もせんでこんな所で何してんの。親泣くで」「30才は、もうお局さんやで。」等とA、Bが未婚であることを殊更に取り上げて著しく侮辱的ないし下品な言辞を繰り返した。
> 　原告らの勤務する会社（Y）は、職場におけるセクハラの防止を重要課題として位置付け、かねてからセクハラの防止等に関する研修への毎年の参加を全従業員に義務付けるなどし、セクハラ禁止文書を作成して従業員に配布し、職場にも掲示するなど、セクハラの防止のための種々の取組を行っていたところ、従業員Aらから本件各行為等についての被害申告を受けたことから、Xらに対する事情聴取等を行った上で、本件各行為等を懲戒事由として、X_1につき30日間、X_2につき10日間の出勤停止処分をしたうえで、Xらの等級をそれぞれ課長代理から係長に1等級降格した。
> 　Xらに対する出勤停止処分等について、第1審はこれを有効であるとしたが、原審は、Xらが、従業員Aから明確な拒否の姿勢を示されておらず、本件各行為のような言動も同人から許されていると誤信していたことや、Xらが懲戒を受ける前にセクハラに対する懲戒に関するY社の具体的な方針を認識する機会がなく、本件各行為についてY社から事前に警告や注意等を受けていなかったことなどを考慮すると、本件各行為を懲戒事由とする出勤停止処分は、重きに失し、権利の濫用として無効であると判断した。本判決は次のように判示して破棄自判した。

◆第6章◆ QA——具体事例から考える〔Ⅰ ジェンダー〕

「同一部署内において勤務していた従業員Aらに対し、Xらが職場において1年余にわたり繰り返した上記の発言等の内容は、いずれも女性従業員に対して強い不快感や嫌悪感ないし屈辱感等を与えるもので、職場における女性従業員に対する言動として極めて不適切なものであって、その執務環境を著しく害するものであった」、「しかも、上告人においては、職場におけるセクハラの防止を重要課題と位置付け、セクハラ禁止文書を作成してこれを従業員らに周知させるとともに、セクハラに関する研修への毎年の参加を全従業員に義務付けるなど、セクハラの防止のために種々の取組を行っていたのであり、被上告人らは、上記の研修を受けていただけでなく、上告人の管理職として上記のような上告人の管理職として上記のような上告人の方針や取組を十分に理解し、セクハラの防止のために部下職員を指導すべき立場にあったにもかかわらず、派遣労働者等の立場にある女性従業員らに対し、職場内において1年余にわたり上記のような多数回のセクハラ行為等を繰り返したものであって、その職責や立場に照らしても著しく不適切なものといわなければならない。」。「職場におけるセクハラ行為については、被害者が内心でこれに著しい不快感や嫌悪感等を抱きながらも、職場の人間関係の悪化等を懸念して、加害者に対する抗議や抵抗ないし会社に対する被害の申告を差し控えたりちゅうちょしたりすることが少なくない。」うえ、「上告人の管理職である被上告人らにおいて、セクハラの防止やこれに対する懲戒等に関する上記のような上告人の方針や取組を当然に認識すべきであったといえることに加え、従業員Aらが上告人に対して被害の申告に及ぶまで1年余にわたり被上告人らが本件各行為を継続していたことや、本件各行為の多くが第三者のいない状況で行われており、従業員Aらから被害の申告を受ける前の時点において、上告人が被上告人らのセクハラ行為及びこれによる従業員Aらの被害の事実を具体的に認識して警告や注意等を行い得る機会があったとはうかがわれない。」として、懲戒処分を有効としています（海遊館事件・最一小判平 27.2.26 労判 1109 号 5 頁）。

3 配転命令など　セクハラを原因として、行為者が配転などを受けることがありますが、ハラスメントの行為者

◆ 第2部　実例編

と被害者が同じ職場に就労を続けることは、被害者にとって耐えがたいと判断されるような場合、事業主は、これを解消するため、行為者を他の職場に配転することが必要となるのが一般的であり（「セクハラ指針」でも「事案の内容に応じ、配置転換等の雇用管理上の措置をとること」が指摘されている）、しかも本来懲戒処分相当であるものを、配転で対応するという事業主の配慮もあるでしょう。

したがって、配転の結果、住居の移転を伴う必要が生ずるなど、ハラスメント行為の程度に比較して、不利益の程度が著しく重大な場合には、懲戒処分と同様、その配転命令が争いとなることがあります。

4 再発防止措置

ハラスメントが発生した場合、使用者はハラスメントに対する無理解から、しばしばハラスメント行為を放置し、被害者がさらに追いつめられ自殺に至ったり、あるいは「加害者」に対して懲戒処分や配転等一定の制裁をするものの、申立てをした「被害者」に対しても、「協調性に欠ける」等と称して退職勧奨や解雇等の不利益取扱いをすることがあります（いわば「ケンカ両成敗」！）。

このような行為は、法的にみた場合、ハラスメントを原因とした被害者の人的利益のみならず、職場環境に対する被害を拡大するものであり、使用者はこのような被害拡大を回避する義務を負っているといえましょう。前述した厚生労働省の労災認定に際してのセクハラに関する通知（「セクシュアル・ハラスメントによる精神障害等の業務上外の認定について」平成17年12月1日付基発補発第1201001号）や、セクハラ指針（3）ロ①で、加害者に対して懲戒処分等の措置や加害者の謝罪などと合わせて、当事者間の関係改善に向けて必要な援助や配転、被害者の労働条件上の不利益の回復等の措置を講ずることが規定されているのは、この趣旨なのです。

ところで、このようないじめのエスカレートによる被害や、それを訴えたことによる不利益取扱いの典型は、自殺・解雇・退職勧奨ですが、それにとどまらず昇進・昇格・賃金差別等の不利益取扱いや、いじめのエスカレートによる様々な職場環境の悪化要因が含ま

◆ 第6章 ◆ QA——具体事例から考える〔Ⅰ ジェンダー〕

れることになります。

　使用者はハラスメント被害の再発防止を講ずる義務を負っており、特にいじめやセクハラなどは、それを放置することにより一層行為がエスカレートしたり再発し、それによって従業員のストレスが拡大し被害を一層拡大することが多く、このような観点から見たとき、従業員のストレス拡大の回避義務が近年強調されるようになってきたことは注目されます。

(図表)「セクシュアルハラスメント再発防止に向けた措置を講じていると認められる例

(参考)「セクシュアルハラスメント再発防止に向けた措置を講じていると認められる例（均等法11条指針より）」 ■職場におけるセクシュアルハラスメントがあってはならない旨の方針及び職場におけるセクシュアルハラスメントに係る性的な言動を行った者について厳正に対処する旨の方針を、社内報、パンフレット、社内ホームページ等広報又は啓発のための資料等に改めて掲載し、配布等すること。 ■労働者に対して職場におけるセクシュアルハラスメントに関する意識を啓発するための研修、講習等を改めて実施すること。

●セクシュアルハラスメントに関する相談が寄せられた場合は、たとえ事実確認ができなくても、これまでの防止対策に問題がなかったかどうか再点検し、改めて周知を図りましょう。
●社内で相談しづらい雰囲気がないか、相談の対応状況を検討しましょう。

　　資料出所：厚生労働省「事業主の皆さん　職場のセクシュアルハラスメント対策はあなたの義務です！！」(2013年8月)

Q9　ドメスティック・バイオレンス（DV）の概要

ドメスティック・バイオレンスは何故問題となっているのですか？具体的な内容や実態はどのようなものでしょう。

◆ 第2部　実例編

A　DVは主として女性に対する暴力の一形態であり、社会に残存する性差別やジェンダー格差が大きく影響しています。

解　説

1　ドメスティック・バイオレンスとは

ドメスティック・バイオレンス Domestic Violence（略称DV）は、明確な定義はないものの、一般には夫婦（内縁関係を含む）間で発生するいわゆる「家庭内暴力」のことを指しており、近年は元夫婦や恋人などの近親者間での暴力全般を指すようになってきています。DVによる被害の大半が女性であることから、女性の人権侵害を根絶し、ジェンダー平等な社会実現をめざす観点から、近年法的規制が強化されるようになっており、1993年国連総会は、「女性に対する暴力根絶宣言」を行い、DVに関して、「家庭において発生する身体的、性的および心理的暴力であって、殴打、世帯内での女児に対する性的虐待、持参金に関連する暴力、夫婦間における強姦、女性の生殖器切断およびその他の女性に有害な伝統的慣行、非夫婦間の暴力および搾取に関連する暴力」（2条）を撤廃の対象としています（注1）。

我が国でも、これを受けて後述する通り、DVは2001年制定の配偶者暴力防止法によって規制されるようになってきていますが、「家庭内暴力」は最広義では児童、高齢者虐待等を含むことになり、この場合は一般に Family Violence と呼ばれ、児童虐待防止法（2004年改正）や高齢者虐待防止法（2005年制定）等によって規制されています（注2）。

2「暴力」の内容

DVで問題とされる「暴力」には、身体的、精神的、性的などさまざまな形態のものがあり、典型的には以下のようなものがあります。

（1）身体的なもの──殴ったり蹴ったりなど、直接的な身体に対する有形力を行使するものであり、刑法上、傷害や暴行罪等の対象になり、具体的には手や足で殴る蹴る、髪をひっぱる、首を

◆ 第6章 ◆ QA――具体事例から考える〔Ⅰ　ジェンダー〕

しめる、ものを投げるなどの行為を指します。
（2）精神的なもの――言葉や態度等により、相手の心を傷つけ、うつ病やPTSD（心的外傷後ストレス障害）等の精神障害を及ぼすものであり、刑法上、傷害や侮辱罪等で処罰されることもあり、具体的には「誰のおかげで生活できるんだ」などと言ったり、大声で怒鳴る、無視して口をきかない、人前で馬鹿にする、外で働くなと言ったり、仕事を辞めさせたりする行為を指します。
（3）性的なもの――性行為の強要などであり、具体的には、中絶を強要したり、避妊に協力しない行為を指します。

3「家庭内」暴力の実態

家庭内暴力の被害者の大半は女性であり、実質的には「女性に対する暴力」であり、その理由としては、夫が妻に暴力を振るうことはある程度許されているといった、未だに残存する社会通念や妻に収入がない場合が多いなど、社会におけるジェンダー格差が大きく影響しており、男女

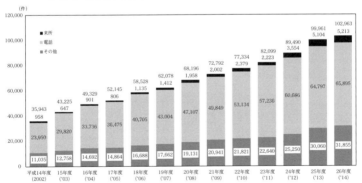

（図表）配偶者暴力相談支援センターにおける相談件数

資料出所：内閣府調べ
備考：配偶者暴力防止法に基づき、都道府県の婦人相談所など適切な施設が、支援センターの機能を果たしています。
　　　市町村が設置している支援センターもあります。相談件数は、平成26年4月1日～27年3月31日の間の、全国の支援センター247か所（うち市町村設置の支援センターは74か所）における件数です。

135

◆第 2 部　実例編

が社会における対等のパートナーとして様々な分野で活躍していく前提として、DV をはじめとする女性に対する暴力は根絶が求められているのです（図表）。

(注1)　小島妙子『DV・ストーカー対策の法と実務』(28〜147頁) 民事法研究会（2014年）
(注2)　「家庭内暴力」は、最広義には Family Violemnceto と呼ばれ、世界保健機構 WHO は、児童や高齢者を含む家族構成員間の虐待 abuse や暴力 violence と定義しており（WHO.World Report Violence and Health,2002）、また、同姓又は異性間の結婚又は同居生活者同士の親密な関係 Intimate Partner での暴力を意味することがあり（WHO）、本書ではこれらを総称するものとし、家庭内暴力 Domestic Violence と呼ぶことにします。

Q10　DV 防止法

同居していた元交際相手から暴力を振るわれていますが、DV 防止法の対象となりますか。同性カップルの場合はどうでしょうか。

A　生活の本拠を共にしていた交際相手からの暴力も、DV 防止法が準用されます（但し、交際解消後の暴力は対象外です）。同姓カップル間の暴力も、DV 防止法の適用を認めた裁判例が登場しています。

解　説

1 DV 防止法の適用　DV 防止法（配偶者からの暴力の防止及び被害者の保護等に関する法律）は、配偶者からの暴力に関する通報、相談、保護、自立支援等の体制を整備し、配偶者からの暴力の防止及び被害者の保護を図ることを目的として、2001 年制定された法律であり、爾来今日まで 2 度の改正を経て、「暴力」の定義、対象者の範囲を拡大しています。

「配偶者」には、婚姻の届出を出していないいわゆる「事実婚」

が含まれ、生活の本拠を共にする交際相手からの暴力についても、DV法は準用され、また、男性、女性問わず、同性カップルの場合についても、「配偶者」として保護命令を発した裁判例があり注目されます（2010年8月31日日経新聞）。

「暴力」は、身体に対する暴力又はこれに準ずる心身に有害な影響を及ぼす言動を指し、離婚後（事実上離婚したと同様の事情に入ることを含む）もひき続き暴力を受けている場合を含みます。尚、保護命令に関する規定については、身体に対する暴力又は生命等に対する脅迫のみを対象としている他、身体に対する暴力のみを対象としている規定もありますので、申立の際は注意が必要です。

2 本問の場合　　同居していた元交際相手についても、生活を共にしていた当時からの暴力が、別れた後も継続している場合には、DV法が準用されます。また、前述した通り、同性間カップルの暴力についても、DV防止法の適用対象となるとした裁判例が登場しており、同性カップルへの結婚に準ずる取扱いを規定した、世田谷区条例などの動向と合わせて、性的少数者（LGBTI）の人権擁護の動きとして注目されます。

Q11 保護命令

保護命令の対象となるのはどのような場合でしょうか？保護命令を出してもらうにはどうしたら良いでしょうか？

A　保護命令は、配偶者からの暴力等により、生命又は身体に危害が加えられる虞が大きいときに、被害者からの申出により裁判所が発するものです。

解　説

1 保護命令とは　　保護命令とは、被害者の生命又は身体に危害が加えられることを防止するために、被害者からの申立により、裁判所が配偶者又は生活の本拠を共にする交際相手

◆第2部　実例編

に出す命令のことであり、5つのタイプがあります。
（1）被害者への接近禁止命令——被害者へのつきまといや被害者の住居（当該配偶者又は生活の本拠を共にする交際相手と共に生活の本拠としている住居を除く。）、勤務先等の近くをはいかいすることを禁止する命令であり、期間は6か月とされています。
（2）被害者への電話等禁止命令——被害者に対し次に掲げる行為を禁止する命令であり、被害者への接近禁止命令と同時又はその発令後に発令されます。具体的には、①面会を要求すること、②その行動を監視していると思わせるような事項を告げ、又はその知り得る状態に置くこと、③著しく粗野又は乱暴な言動をすること、④電話をかけて何も告げず、又は緊急やむを得ない場合を除き、連続して、電話をかけ、ファクシミリ装置を用いて送信し、若しくは電子メールを送信すること、⑤緊急やむを得ない場合を除き、午後十時から午前六時までの間に、電話をかけ、ファクシミリ装置を用いて送信し、又は電子メールを送信すること、⑥汚物、動物の死体その他の著しく不快又は嫌悪の情を催させるような物を送付し、又はその知り得る状態に置くこと、⑦その名誉を害する事項を告げ、又はその知り得る状態に置くこと、⑧その性的羞恥心を害する事項を告げ、若しくはその知り得る状態に置き、又はその性的羞恥心を害する文書、図画その他の物を送付し、若しくはその知り得る状態に置くことがあげられています。
（3）被害者の同居の子への接近禁止命令——被害者と同居する未成年の子へのつきまといや子の学校等の近くをはいかいすることを禁止する命令であり、被害者がその同居している子に関して配偶者又は生活の本拠を共にする交際相手と面会することを余儀なくされることを防止するため必要があると認める場合に、被害者の生命又は身体に危害が加えられることを防止するため被害者への接近禁止命令と同時に又はその発令後に発令されます（子が15歳以上の場合は子の同意がある場合に限ります）。
（4）被害者の親族等への接近禁止命令——被害者の親族その他被害

者と社会生活において密接な関係を有する者（親族等）へのつきまといや住居、勤務先等の近くをはいかいすることを禁止する命令であり、被害者がその親族等に関して配偶者又は生活の本拠を共にする交際相手と面会することを余儀なくされることを防止するため必要があると認める場合に、被害者の生命又は身体に危害が加えられることを防止するため被害者への接近禁止命令と同時又はその発令後に発令されます（親族等の同意がある場合に限ります）。

（5）被害者と共に生活の本拠としている住居からの退去命令――配偶者又は生活の本拠を共にする交際相手に、被害者と共に生活の本拠としている住居からの退去及び住居の付近のはいかいの禁止を命ずる命令であり、期間は2か月とされています。

尚、（1）～（5）の禁止命令に相手方が違反した場合、1年以下の懲役又は100万円以下の罰金に処せられます。

2 申立の方法

被害者は申立書に、配偶者又は生活の本拠を共にする交際相手からの身体に対する暴力又は生命等に対する脅迫を受けた状況等を記して、管轄のある地方裁判所に提出します。

ちなみに被害者が、配偶者暴力相談支援センターの職員又は警察職員に対して上記事項について相談し、又は援助若しくは保護を求めたことの有無及びその事実があればその旨、そうでない場合には、申立人の供述を記載した書面を作成し、公証人の面前で宣誓した上で認証を受け、その書面を申立書に添付することが必要とされています。

（2）保護命令発布の実情

DV防止法により、裁判所からの保護命令は年間約3千件で推移しています（図表）

◆ 第2部 実例編

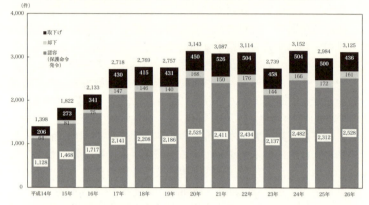

(図表) 配偶者暴力防止法に基づく保護命令事件の既済件数

資料出所：最高裁判所提供の資料より作成
備考：配偶者暴力防止法に基づき、被害者が配偶者からの身体に対する暴力によりその生命又は身体に重大な危害を受けるおそれが大きいときに、被害者からの申立てにより、裁判所が配偶者に対し保護命令を発します。

Q12 ストーカー対策とは

ストーカーとはどのようなものを言うのですか？ストーカー規制法が最近改正されたようですが、ストーカー対策はどのようになっているのでしょう。

A ストーカーは特定の人につきまとう行為を意味しており、我が国では2000年11月にストーカー規制法が施行され、更に2013年改正法では、規制対象と権限が強化されています。

解説

1 ストーカー行為とは

ストーカーは、元来英語で、獲物をこっそり追跡する行為 stalk ストークを意味しており、今日では特定の人にさまざまな理由からつきまとう行為 stalking、その人 stalker と言うようになったものです。

◆ 第6章 ◆ QA——具体事例から考える〔Ⅰ ジェンダー〕

　今日問題とされているストーカー行為は、特定の相手に対して恋愛感情等をもってつきまとう行為のことで、医学的には精神疾患として診断されるものであり、その大半はいわゆる境界性パーソナリティ障害（人格障害、Personality Disorder）に起因する行為とされており、一般に人格の成熟が未熟で、自己中心的で他者の立場に立って物事を考えることのできないタイプに多く、具体的には、他者から見捨てられることを避けようとして、なり振り構わない行為に及び、相手に拒絶された場合には不適切で激しい怒りを発生させ、しかも他者の理想化とこき下ろしの両極端を揺れ動き、不安定で激しい対人関係によって特徴づけられるものです（前掲 DSM-5「精神疾患の分野と診断の手引き」305頁、2014年）。ストーカー行為の大半は、上述した境界性パーソナリティ障害に起因すると言われており、その他妄想に基づくものもありますが（妄想性、自己愛性、反社会性など）、一般的な特徴としては、相手の拒絶に対して過度に敏感な反応し、相手の感情に想像力を働かせず、甘え、思い込み、欲求を暴力などの攻撃に替えて解消することになります。

　ストーカー行為に対する規制は後述する通り、今日では、ストーカー規制法がありますが、それ以外にも、刑法（名誉毀損罪や脅迫罪など）、軽犯罪法、配偶者暴力防止法、児童虐待防止法、迷惑防止条例などがあります。

2 ストーカー規制法の成立

　ストーカー規制法は、2000年11月議員立法により制定施行されたものですが、法施行前は、ストーカー行為に対し、刑法犯、軽犯罪法での規制が一般的であり、弁護士などの第三者を介して当事者間で話し合いのうえ解決することが望ましいものとされ、警察などの公権力の介入は抑止すべきものとされていました（いわゆる「民事不介入の原則」！）。ところが、ストーカーによる被害者が生命の危険に関わる事件にも発展しやすいと認識されるようになり、特に1999年埼玉県桶川市で、ストーカーが女子大学生を殺害した「桶川ストーカー殺人事件」を契機に、警察による介入により、ストーカー行為を特別に禁止する法規制が求められることになったものです。

◆第2部　実例編

　ストーカー規制法施行後、ストーカー被害の相談件数は年間2万件超、ストーカー事案としての取扱件数は1万件超に達しており、依然として深刻な状態が続いており、またストーカーの被害者と加害者の関係は、交際相手（元を含む）からのものが過半数を占め、次いで配偶者（内縁、元を含む）、勤務先関係者など、顔見知りが大半を占めており、ストーカー被害がいわゆる親密な関係者間で発生している現状をあらわにしています。

Q13　ストーカー規制法

ストーカー規制法はどのような内容ですか？分かれた夫がよりを戻したいと私の家にやってきましたが、居留守を使ったところ、「会ってくれるまで何度も来るからな！」と捨てゼリフを残して帰って行きましたが、何とかならないのでしょうか。

A　ストーカー規制法は、恋愛関係に関するつきまとい、ストーカー行為を規制するもので、被害の申出により警察が加害者に警告を発する等するものです。別れた夫がストーカーをする場合は、規制法の対象となります。

解　説

1 ストーカー規制法はどんな法律か

　ストーカー規制法はストーカーに対する必要な規制と被害者に対する支援等を規定しており、規制対象は、恋愛関係に関するつきまとい、ストーカー行為に限定されています。被害者の申出に応じて警察の警告書による警告ができ、この警告に従わない場合、公安委員が禁止命令を出すことができ、命令に従わない場合、1年以下の懲役又は100万円以下の罰金となり、又被害者がストーカーを告訴した場合、6ヶ月以下の懲役又は50万円以下の罰金が科せられます（親告罪）。告訴以外にも、被害の申出により、警察は弁護士の紹介や防犯アラームの貸付などを行うこととしています。ス

◆第6章◆ QA——具体事例から考える〔Ⅰ ジェンダー〕

トーカー規制法は、女性だけではなく、男性も保護対象とされています。

2012年12月に発生した逗子ストーカー殺人事件を契機として、2013年改正法では、(1)つきまとい行為に執拗なメールを追加、(2)加害者の住所地などの警察も、警告や禁止命令を出せるようにする、(3)警告は被害者に告知すると共に、警告しない場合にはその理由を書面で告知する、との規制強化がなされています。

2 規制対象　対象とされるストーカーは、つきまとい等を反復してすることを指しますが、「つきまとい等」は、目的が「特定の者に対する恋愛感情その他の行為の感情」又は「それが満たされなかったことに対する怨恨の感情を意味する」行為とされ、相手方は「当該特定の者又はその配偶者、直系若しくは同居の親族その他当該特定の者と社会生活において密接な関係を有する者」とされる以下の行為を指します（2条）。

(1) つきまとい・待ち伏せ・押しかけ——つきまとい、待ち伏せし、進路に立ちふさがり、住居、勤務先、学校その他その通常所在する場所（以下「住居等」という。）の付近において見張りをし、又は住居等に押し掛けること、

(2) 監視していると告げる行為——その行動を監視していると思わせるような事項を告げ、又はその知り得る状態に置くこと、例えば、「今日はＡさんと一緒に銀座で食事をしていましたね」と、口頭・電話や電子メール等で連絡する（「告げる」）ことや、自転車の前カゴにメモを置いておくなどする（「知り得る状態に置く」）ことなど、

(3) 面会・交際の要求——面会、交際その他の義務のないことを行うことを要求すること、例えば、拒否しているにもかかわらず、面会や交際、復縁又は贈り物を受け取るよう要求することなど、

(4) 乱暴な言動——著しく粗野又は乱暴な言動をすること、例えば、大声で「バカヤロー」と粗野な言葉を浴びせることや、家の前でクラクションを鳴らすことなど、

(5) 無言電話、連続した電話、ファクシミリ、電子メール——電話

◆第2部　実例編

をかけて何も告げず、又は拒まれたにもかかわらず、連続して、電話をかけ、ファクシミリ装置を用いて送信し、若しくは電子メールを送信すること、例えば、無言電話をかけることや、拒否しているにもかかわらず、短時間に何度も電話をかけたりFAXを送り付ける、電子メールを送信してくることなど、
（6）汚物などの送付──汚物、動物の死体その他の著しく不快又は嫌悪の情を催させるような物を送付し、又はその知り得る状態に置くこと。例えば、汚物や動物の死体など、不愉快や嫌悪感を与えるものを自宅や職場に送り付けることなど、
（7）名誉を傷つける──名誉を害する事項を告げ、又はその知り得る状態に置くこと、例えば、中傷したり名誉を傷つけるような内容を告げたり文書などを届けること、
（8）性的しゅう恥心の侵害──性的しゅう恥心を害する事項を告げ若しくはその知り得る状態に置き、又はその性的しゅう恥心を害する文書、図画その他の物を送付し若しくはその知り得る状態に置くこと、例えば、わいせつな写真などを自宅に送り付けたり、電話や手紙で卑劣な言葉を告げて辱めようとすることなど。

　ちなみに上記（1）～（4）については、「身体の安全、保護等の平穏若しくは名誉が害され、又は行動の自由が著しく害される不安を覚えさせるような方法により行われた場合に限る」とされています（2条2項）。

　3　別れた夫からのストーカー行為は？

別れた夫の行動は、前記（1）（3）に該当し、例えば夜中に家に押しかけた場合や、家の玄関前で何時間も居座った場合等、あなたが上記の不安を感じるような態様であれば、同法の規制対象となりますので、最寄りの警察署で別れた夫に対する警告を求めるべきでしょう（4条）。この警告が無視され、分かれた夫が再び同様の行動を行った場合には、公安委員会により、別れた夫の聴聞の上、禁止命令等が出されることになり、禁止命令に違反した場合には、原則として、1年以下の懲役または100万円以下の罰金が

◆第6章◆ QA——具体事例から考える〔Ⅰ　ジェンダー〕

科されることになります（5条、14条1項）。

　もっとも、ストーカー行為（つきまとい等を反復して行うこと。但し、(1)〜(4)の場合、上記不安を覚えさせるような方法であることが必要）は、上記警告や禁止命令等の有無に関わらず、6ヶ月以下の懲役又は50万円以下の罰金の対象となりますので（13条1項）、別れた夫が、その後、あなたの家に何度も押しかけ、あなたが上記の不安を感じたような場合には、最寄りの警察に行って、直ちに別れた夫を告訴し、被疑者として捜査してもらうことができます（13条2項）。

　このように、ストーカー行為は、前記の警告等を求めることと直接告訴することの両方ができますので、使い分けることも一考です。

◆ 第2部　実例編

Ⅱ　労働世界

Q1　業務委託

Aさんはアニメ制作会社と20万円で制作委託契約を結び、会社の指示を受けながら従業員と机を並べて一緒に働いていますが、期限に追われ毎日残業続きです。残業手当を会社に請求できますか。

A　労基法等の労働諸法規は、契約の形式にとらわれず、労働関係の実態に則して判断され適用されます。Aさんが実態として会社に「雇用されている」と認められれば、労基法上の「労働者」として、会社に対して残業代を請求できることになります。

解　説

1　雇用・請負・委任と「従属労働」

　ある人が、他の人（通常は企業）に対して労務を提供している場合、まずその労務提供契約がいかなるものであるかということを決めなければなりません。これを考えるに際してのヒントは市民社会の基本法である民法にあり、民法はこのような契約類型について①雇用、②請負、③委任の三つの典型契約を規定しています。①雇用は、労務提供者（＝労働者）の労務提供そのものが目的とされ、労務受領者（＝使用者）の支配（＝指揮命令）の下に労務の提供を行うものであり、②請負は、労務提供者の労務提供の結果（＝仕事の完成）が目的とされ、労務提供それ自体はそもそも問題とされず、③委任は、労務提供者が自主的な判断（裁量）によって、自らの支配の下に労務提供を行うもの、とされています（民法623条・632条・643条）。これらの例として、①では会社で働く従業員、②では工事の請負業者、③では自営の医者や弁護士などをあげることができます。

　もっともこれらはあくまで抽象的な契約モデルの説明にすぎず、

◆ 第6章 ◆ QA——具体事例から考える〔Ⅱ 労働世界〕

現実の労務提供形態は様々であり、このような民法上の典型契約以外の契約は、一般に「無名契約」と呼ばれ、今日の労働契約は、この意味での無名契約と言えるものであり、その具体的な適用においては、契約の形式にとらわれず、労務提供の実態に則して判断がなされることになります（図表、注1）。

ところで雇用契約は、近現代の資本制社会においては、使用者の生産手段に対する私的所有権及びこれから派生する指揮命令権への労働者の「従属」を作り出しこれに対して労働者は労働条件の向上を求めて様々な運動（＝労働運動）を行ってきており、このような背景の中から「労働法」という法体系が生み出されてきました。実用法学としての労働法は、このような労務提供に関しての「従属関係」に着目し「労働契約」という概念を生み出しているのです。

したがって労働（雇用）契約が請負・委任契約と区別される決定的な要素は、当該労務提供が他者（＝使用者）の指揮監督の下になされているか（＝「従属的労働」）、あるいは自己の計算と責任においてなされているか（＝「独立的労働」）、という点に求められることになります。前者（労働契約）の場合には、当事者間に労働契約関係が存するものとして、労基法等の労働諸法規が適用されることになり、後者（請負、委任など）の場合には、労働諸法規の適用はされないことになるのです。その判断基準としては、実務上一般に「使用従属関係」の有無で決せられるものとされ、その要素として労務提供の態様や場所的・時間的拘束性・代替性・専属性などが重視されてきました（注2）。

このように「労働契約」は、民法上の雇用契約を労働法的観点から把握した概念であり、労契法も、労働契約は「労働者が使用者に使用されて労働し、使用者がこれに対して賃金を支払うこと」について労使が「合意することによって成立する」（6条）と規定し、民法の規定（「雇用は、当事者の一方が相手方に対して労働に従事することを約し、相手方がこれに対してその報酬を与えることを約することによって、その効力を生ずる」、623条）と類似の表現を用いており、この意味では労働法における労働契約は、民法に規定する雇用の特則

◆第2部 実例編

としての性質を有しているといえましょう。

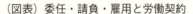
（図表）委任・請負・雇用と労働契約

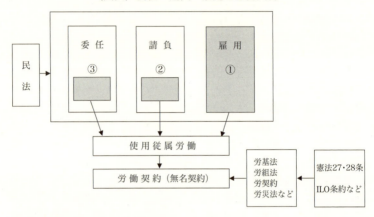

2 「業務委託」契約と労働契約

雇用（労働）契約に該当するか否かは、上述の通り、契約形式ではなく、当該契約に基づいて展開されている労務提供の実態である「使用従属関係」の有無から判断すべきことになります。即ち請負若しくは委任の形式をとった契約でもその実態から見て、雇用＝労働契約と判断される場合には、労働諸規定の適用を受けることになりその指標としては、前述した「使用従属関係」が判断基準となり、このことは近年、労働諸法規や社会保険などの適用回避を目的として、意図的に委任や請負などの契約形式をとる傾向（非労働者化）が強まってきていることからも、特に留意すべきことといえましょう。

本問でAさんは使用者の指揮命令下にあり、したがってAさんと事業所の間には労働契約関係が成立し、Aさんには労基法、労災法等の労働諸法規が適用されることになるでしょう。

(注1) 現在検討がなされている民法（債権法）改正作業において、請負・委

◆ 第 6 章 ◆ QA——具体事例から考える〔Ⅱ 労働世界〕

任・寄託・雇用を包摂する上位概念として「役務提供」なる契約が提言されており注目されます（民法（債権法）改正検討委員会編「詳解債権法改正の基本方針（Ⅴ）（2009年、商事法務）参照」。

(注2) これはあくまで労働法理の適用に関する一般的な基準を意味しており、具体的な労働諸法規の適用に関して、今日まで労基法（労災法を含む）や労組法上の「労働者」か否かをめぐって様々な争いが起こってきています。労基法の適用に関しては、肯定例としては、塗装の技術指導などを行う嘱託（大平製紙事件・最二小判昭 37.5.18 民集 16 巻 5 号 1108 頁）、研修医（関西医科大学研修医（未払賃金）事件・最二小判平 17.6.3 民集 59 巻 5 号 938 頁）などの例があり、否定例としては、証券会社の外務員（山崎証券事件・最一小判昭 36.5.25 民集 15 巻 5 号 1322 頁）、車持ちトラック（傭車）運転手（横浜南労基署長事件・最一小判平 8.11.28 判時 1589 号 136 頁、労判 714 号 14 頁）、いわゆるバイク便の配達者（ソクハイ事件・東京地判平 22.4.28 判時 2091 号 94 頁、労判 1010 号 25 頁。ちなみにバイク便の配達者につき、労働者性を認める通達が出されています。平 19.9.27 基発 0927004 号）などがあります。

また労働法の適用に関しては，自由出演契約（出演発注に対し自由に諾否を決め得る契約）下にある管弦楽団員（CBC 管弦楽団事件・最一小判昭 51.5.6 民集 30 巻 4 号 437 頁）、オペラ公演等に出演する合唱団員（新国立劇場事件・最三小判平 23.4.12 判時 2114 号 3 頁、労旬 1745 号 70 頁）、トイレや洗面場の修理補修を委託されている個人請負業者（カスタマーエンジニア＝ CE）（INAX メンテナンス事件・最三小判平 23.4.12 判時 2117 号 139 頁、労旬 1745 号 81 頁）はいずれも肯定されています（ちなみにプロ野球選手が日本プロフェッショナル野球組織を相手に行った、団体交渉を求め得る法的地位を仮に定める仮処分事件・日本プロフェッショナル野球組織事件は、プロ野球選手の労働者性を前提とした判断をしている、東京高決平 16.9.8 労判 879 号 90 頁）。

◆第2部 実例編

Q2 ボランティア

Aさんはボランティアセンターに登録し、被災地でガレキ処理をしていたところ、足にケガをしてしまったのですが、労災保険は適用されますか。また足の不自由な高齢者の通院介護のボランティアをしていたところ、うっかり目を離したすきに転倒してケガをさせてしまった場合、責任が発生しますか。この場合ボランティアセンターにも責任がありますか。

A ボランティアは自発的意思に基づくものである限り、原則として労災保険の対象外とされます。またボランティアは、たとえ無償活動であるからといって、通常人としての注意義務を果たす責任があり、それを怠った場合には法的責任を問われ、ボランティアセンターも、ボランティアに対する適切な指示を怠っている場合などには法的責任を問われることがあるでしょう。

解 説

1 ボランティア

ボランティア（Volunteer）は、今日一般には社会に起こる様々な問題や課題に対し、個人の自発的な意思（自発性・自主性）に基づいて、金銭的な対価を求めずに（無償性）、社会的貢献を行う（利他性）人々若しくはその活動のことと理解されています。ボランティアは元来、志願兵あるいは義勇兵を意味していましたが、今日では前述した意味で、一般に「自発性・無償性・利他性」を原則とする活動のことであり、近年のボランティア（活動）の多様化の中で、「ボランティア」と称しつつ「自発性」に基づかないもの（学校教育や企業研修の一環など）や実費弁償や一定額の報酬を得るもの（いわゆる「有償ボランティア」）も登場するようになってきており、それに伴ってボランティアの性格も多様なものとなっています（注1）。

このように今日我が国では、地震や台風などの自然災害のみならず、介護施設や病院などでの介助医療活動や観光地でのガイドなど、

◆第6章◆ QA——具体事例から考える〔Ⅱ 労働世界〕

様々な分野で活動しているのが今日のボランティアの特徴といえましょう。

2 ボランティアの「労働者」性

ボランティアは前述したとおり様々な活動形態をとっており、ボランティアと受入事業者若しくは利用者との間に、何らかの契約（委任）関係が成立しているとされる場合から、契約の成立自体を問題となし得ない、単なる人々の日常的接触にすぎないものまで種々であり、その法的性格を検討するに際しては、個々のボランティア活動の実態に即して判断せざるを得ないことになります（図表）。

一般にボランティアは、本問のような活動を自発的意思に基づいて無償で行うことが典型的なケースであり（ただし、交通費等の実費は報酬として含まない）、このような場合、ボランティアと受入事業者（利用者）との間には、ボランティア活動としての役務提供について、原則として無償準委任類似の関係が成立しているとされる場合が多いといえます（民法656条）。したがってボランティア活動は、それが自発的意思に基づく活動である限り（たとえ定額の報酬を得ていても）、自己の責任に基づいて労務が提供されるものとして、原則として、事業者（利用者）との間に「使用従属関係」が認められることはなく、労災保険等の労働諸法規の適用はなく、このような場合、ボランティアを行った人がたとえケガをしたとしても自己負担とならざるを得ないのです（注2）。

これに対して学校教育や企業研修の一環として行われる「ボランティア活動」は、学校や企業との在学契約や労働契約に基づき、教育や研修等の手段としてボランティアを行い、その提供場所として受入事業者（利用者）が指定されているにすぎないものと考えるべきことになり、自発的意思に基づくものとはいえず言葉の用法は別として、本来の意味での「ボランティア」活動とはいい得ないものであり、学校や企業活動の一環として行う「ボランティア」で本人がケガをした場合、前者では学校災害、後者の場合労災として、それぞれ保険適用の対象ということになるでしょう。

◆第2部　実例編

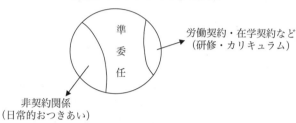

(図表)「ボランティア」の内容

準委任

労働契約・在学契約など
(研修・カリキュラム)

非契約関係
(日常的おつきあい)

3 ボランティアの法的責任

ボランティアが、無償の奉仕活動であるからといって法的責任が軽減されたり消滅したりすることはなく、ボランティアは給付(サービス)内容の履行について、通常人としての職業や生活状況に応じて要求される基本的な注意義務(善管注意義務)を負っているのです(民法400条・415条・644条など)。なぜならば、たとえボランティアといえども、給付内容の履行をしている間は、相手方に損害を与えないように活動することが信義則上要請されるのであり、そのようなものとして通常人としての善管注意義務を負うべきだからです。特に介護サービスにおいては、サービス内容が心身に支障ある当事者(利用者)の介護という、心身の安全確保が要請される者に対する労務提供行為であることから、ボランティアが無償であるとしても、サービス内容の履行につき、心身の安全確保に要請される善管注意義務を負っているといえます。ボランティアは、たとえ無償であるからといって、介護サービスを行っている際は注意義務の程度は軽減されるべきでなく、利用者にケガをさせた場合などは、当該ボランティアは法的責任を問われることになるのです。

　この場合の法的責任の根拠としては、ボランティアと利用者との間に無償準委任契約類似の責任や(民法644条)、不法行為責任とされます(709条。このような場合、利用者の身体的事情等はむしろ「過失相殺」の問題として、損害額の軽減を図るべきでしょう。418条・722条、注3)。

◆ 第6章 ◆ QA——具体事例から考える〔Ⅱ 労働世界〕

(注1) 我が国では古来、地域内部での相互扶助活動が多様に展開されてきており、大正年間からは民生委員など無償で社会奉仕活動を行う制度が構築されてきていましたが、近年では1995年阪神・淡路大震災で全国からボランティアが多数被災地に駆けつけたことから、「ボランティア元年」と呼ばれ、また2011年に発生した東日本大震災においても全国から多数のボランティアが駆けつけ、被災地での医療活動や津波にのまれた地域のがれき処理などに当たっているのです。

(注2) ちなみにこのような場合に備えて、既に民間損保会社などでボランティア保険が売り出されており、そのリスクに対応して二つのタイプがあり、第1はボランティア活動を担う人々が受傷した事故に対応したものであり、第2はボランティア活動中に相手方に加えた事故に対する責任に対応したものです。

　本件のボランティア活動中の事故は、前者に対応するものとして、ボランティア保険の適用対象ということになります。もっとも受入事業者全てが、ボランティア保険に加入しているわけではないので、ボランティア活動をする際には必ず事業者によく確認しておく必要があります。

(注3) 裁判例としては、ボランティアセンターから派遣されたボランティアが左半身麻痺のため10分ほど立っていることはできるものの近位監視歩行が必要な障害者の歩行介助をしていた際、タクシーを呼びに行って5分間ほどいない間に転倒骨折したケースについて、「ボランティアとしてであれ、障害者の歩行介護を引き受けた以上、右介護を行うに当たっては、善良な管理者としての注意義務を尽くさなければならず（民法644条）、ボランティアが無償の奉仕活動であるからといって、その故に直ちに責任が軽減されることはな」く、「歩行介護を行うボランティアには、障害者の身を案ずる身内の人間が行う程度の誠実さをもって通常人であれば尽くすべき注意義務」があるとしつつ、具体的にはボランティアが利用者に的確な指示をしており、必要とされる注意義務は尽くしているとして、ボランティアとボランティアセンターの使用者責任を否定したものがあります（文京区社会福祉協議会事件東京地判平10.7.28判時1665号84頁。ちなみに無償で幼児を預かっていたところ溺死したケースにつき、民法709条の責任を認めつつ損害額について無償性を理由に大幅な減額をした、津地判昭58.2.25判時1083号125頁）。

◆第2部　実例編

Q3　労組法と「労働者」

A社には、正社員やパートの他に各地域に業務委託した委託人がおり、委託期間は1年で、反復更新して長期で15年にもなる人もいます。最近A社の労組合では、これら委託人を労組に加入させる動きがありますが、これら社外の委託人も労組加入ができるのでしょうか。委託人は「一人親方」であり、労働者には属さないという話もありますがどうでしょうか。

A　労組の組合員資格は、組合規約で自由に定めることができます。

労組の最近の傾向として社内のパートは勿論、関連する外部の労働者を労組に加入できるように組合規約を改正し、組合員を拡大する動きが顕著です。「一人親方」ということですが、契約の形式が業務委託であっても、企業組織への組入れがあり、契約内容が会社によって決定されている等の事情があれば、判例でも労組法上の労働者とされています。

解　説

1　組合員の資格　労組法は、組合員の資格について、労働者でない者や使用者の利益代表の加入を認めてはならないとし（労組法2条）、また人種、宗教、性別、門地又は身分を理由として組合加入を拒否してはならないとしていますが（同法5条2項号）、このような法律上の制約を除けば、組合員の資格は、組合規約によつ自由に定めることができます。

2　労組法の「労働者」　労組法の保護を受ける労働組合は、「労働者」が主体となって形成する団体であり、この場合の「労働者」は、職業の種類を問わず「賃金、給料その他これに準ずる収入によって生活する者」と定義されており（労組法3条）、労基法と違って「使用される者」という要件を課していません。したがって労組法上の「労働者」は、一般に労契法や労基法

◆ 第6章 ◆ QA——具体事例から考える〔Ⅱ 労働世界〕

が適用される「労働者」よりも範囲が広いものと理解されており、労基法上の「労働者」（A）には該当しないものの、労組法上の「労働者」（B）に該当する者が出てくることになるのです（図表）。

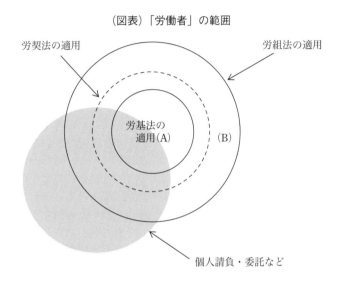

（図表）「労働者」の範囲

このように労組法上の「労働者」（その反対概念としての「使用者」）は、団結活動の保護や団体交渉の促進助成という労組法の趣旨にそって定まってくることになり、判断要素として今日学説等では、その者が①当該企業の事業遂行に不可欠な労働力として企業組織に組み込まれているか、②契約の内容が一方的に決定されるか、③報酬が労務の対償の性質を有するか、④業務の発注に対し諾否の自由がないか、⑤業務遂行の日時、場所、方法などにつき指揮監督を受けるか、等の事情を総合考慮して判断すべきであるとし、特に、①は「組織的従属性」にかかわる要素、②③は「経済的従属性」にかかわる要素、④⑤は「人的従属性」にかかわる要素とされ、その中でも①〜③にかかわる要素を重視すべきであるとする見解が有力と

なっています（注1）。

　最近出された一連の最高裁判決は事例判断にとどまるものであり、一般的な判断基準を明示していませんが、前述した近時の学説等の最大公約数的な見解、すなわち労働組合法上の労働者を、労契法や労基法上の労働者より広い概念であると解することを前提に、人的従属性のみならず組織的従属性や経済的従属性に関わる要素を含め、実態に即して実質的に判断すべきとしています（注2）。

3 業務委託の「労働者」

　労働組合法上の労働者性は、従来、楽団員、映画俳優、プロ野球選手等について問題とされてきましたが、近時はいわゆる非正規化やアウトソーシングが進み、自前の従業員で遂行することが可能な業務を従業員の身分を外した者に行わせ、契約形式を業務委託契約とすることによって、本来使用者が負うべき労働関係諸法に基づく種々の負担を回避しようとする傾向が進んできており、引き続きこのような業務委託の形式による労務提供者の労働者性が問題となることと思われます。労組法は、いうまでもなく、当事者の契約に優越する強行的な規制を行う法規であり、したがって、それら強行法規が適用される「労働者」に該当するかどうかは、当該労務供給関係に関する契約の文言によってではなく、その実態（実際の機能や様相）によって判断すべきことになります。もちろん契約の文言も、実態がどうかについての一つの重要な判断材料ですが、だからといって使用者が、契約の文書を「労働者」に当たらないように整えさえすれば、労組法が課している使用者としての法的責任を免れ得るということであっては、労組法の潜脱を認めることになります。したがって契約関係が、実際には文書どおりに機能していない場合には、その実際の機能のほうに着目して判断すべきことになるのです。

　さらにいえば労基法上の「労働者」と労組法上の「労働者」は、より明確に区別されるべきです。憲法28条による団結権保障を具体化しようとする労組法の性格からして、そこにいう「労働者」は基本的には憲法28条の「勤労者」と同一であり、その範囲は団結権、団体交渉権、団体行動権の保障を必要とする者という観点から

◆ 第6章 ◆ QA——具体事例から考える〔Ⅱ 労働世界〕

判断されるべきであり、したがって、最も重要なのは交渉上の地位の非対等性（経済的従属性）であり、人的従属性（使用従属関係）や企業組織への編入は、不可欠の要件というよりも、経済的従属性を基準とした判断によって、「勤労者」（「労働者」）の範囲が本来の趣旨に反して広がりすぎるのをチェックするための、付随的考慮要素にとどめられるべきでしょう（注3）。

(注1) 労働組合法上の労働者性に関する判例として、CBC管弦楽団事件・最一小判昭51.5.6民集30巻4号437頁があり、民間放送会社との間で「自由出演契約」を締結している楽団員が労組法上の労働者に当たると判断しています。同判決は、労組法上の労働者性について一般的な判断基準を示したものではなく、事例判断にとどまるものですが、諾否の自由の有無について、契約の文言にとらわれることなく、契約当事者の認識を踏まえ、契約の実際の運用に即して、楽団員は原則として会社からの出演発注に応ずべき義務を負うとの判断を示したものです。その他油研工業事件・最一小判昭51.5.6民集30巻4号409頁、阪神観光事件・最一小判昭62.2.26判時1242号122頁、朝日放送事件・最三小判平7.2.28民集49巻2号559頁などがあります。
(注2) 国・中労委（新国立劇場運営財団）事件・最三小判平23.4.12労判1026号6頁、国・中労委（INAXメンテナンス）事件・最三小判平23.4.12労判1026号27頁、国・中労委（ビクターサービスエンジニアリング）事件・最三小判平24.2.21労経速2141号3頁など。
(注3) ちなみに厚労省の労使関係法研究会も、労組法上の労働者概念の基準案「労組法の労働者性の判断基準について」（2011年7月5日）を示しており、それによると労働者概念の主たる判断要素として、①事業組織への組み込み、②契約内容の一方的、定型的決定、③報酬の労務対価性を挙げ契約の実態を重視して総合的な判断をすべきとしています。

◆第2部 実例編

Q4 「限定正社員」とは

最近「限定正社員」制度が広がっているようですが、どのようなものですか。

A 「限定正社員」は、一般の正社員と異なり、「職種」「勤務地」などが「限定」された正社員のことであり、いわば拘束力が低い「そこそこ」の雇用保障がなされることになり、WLの推進には適合的な面もあるものの、リストラなどの対象になりやすく、今後の動向が注視されます。

解 説

1 「限定正社員」制度とは

今我が国の企業では「限定正社員」という名の正社員が広がりつつあり、例えばJIL（独立行政法人労働政策研究・研修機構）が実施した調査（2013年『「多様な正社員」の人事管理に関する研究』労働政策研究報告書NO.158）では、「職種限定正社員（一般職を含む）」のいる事業所は43.5％、「勤務地限定正社員（同）」のいる事業所は37.5％にのぼり、金融、保険、不動産、賃貸、医療、福祉などのサービス業の分野に多いとされています。「限定正社員」は一般に、従来型の正社員とは異なり、職種や勤務地、労働時間等に関して、使用者の包括的な人事権に服することを前提としない正社員を意味しており、職種や勤務地、労働時間等を限定とした上で、企業と期間の定めのない雇用契約を結んで働くことになります。

これに対して従来型の正社員の場合、法実務上、長期契約を維持する手段として、企業には残業、異動、転勤等を命令する強力な権利が承認されてきたことから、あらかじめ仕事や勤務地等の働き方が定まらないという意味で、使用者の包括的な人事権に服し、「無限定」な働き方をするという特徴（＝「無限定正社員」）をもっているとされているのです（注1）。

◆ 第6章 ◆ QA——具体事例から考える〔II 労働世界〕

| 2 限定正社員の「特徴」 |

限定正社員の場合、労働契約であらかじめ職種、勤務地、労働時間が限定されることから、企業は論理的には、それを超えて従業員に異動、転勤、残業等を命じることができないことになり、他方、職種や勤務地の仕事が消滅した場合などには、異動や転勤等で解雇を回避する余地がないことから、従来型の正社員よりも解雇が有効と認められる可能性が高くなるでしょう。

このように限定正社員制度は、労働者側からみると、仕事や勤務地がある限り雇用が保障されるという意味で、言わば「そこそこ」の雇用保障がなされ、また同意なく残業や異動、転勤を要求されないという意味で、「拘束度の低い」働き方という特性を有していることになり、他方企業側から見ると、従来型の正社員のような働き方をさせることができないという「制約」と、業務縮小や事業所閉鎖などの際に、解雇の可能性が広がるという特性を持つことになるでしょう（図表）。

（図表）「限定正社員」の特質

| 3 限定正社員の「背景」 |

近年このような限定正社員制度が利用されるようになった背景としては、非正規社員の増加が著しく、総務省の「労働力調査」でも、パート、アルバイト、派遣、契約社員等の非正規社員が、1995年には20.9％であったものが、2015年には4割に達しようとしており（2015年4月現在、1,939万人、37.1％、総務省「労働力調査」）、正規／非正規の雇用の二極化が進んでいる中で、雇止めのリスクを負う非正規労働者

159

◆第2部　実例編

の正社員への希望が強くなってきており（総務省前掲労働力調査では、2013年4～6月期には、約2割の342万人が正社員を希望）、非正規社員に対する雇用対策は大きな政策課題となってきたことが指摘できるでしょう。

　またワーク・ライフ・バランス政策の推進にとっても、育児や介護などの家庭責任を事実上負担している女性労働者の就労促進や、スペシャリストとしての専門性職の増加などの要因もあって、前述した限定正社員による雇用対策が目指されることになってきたのです。

　特に流通業や飲食業などではこの動きが顕著であり、例えばユニクロは、国内店舗の販売員1万6,000人のパート、アルバイトを勤務地、店舗、時間限定の正社員にすると発表しており、また、三越伊勢丹、西友、スターバックスコーヒー・ジャパンなども、相次いでパート、契約社員の販売員を限定正社員にする方針を打ち出しているのです（2014年3月20日付日経新聞）。

　さらに派遣業界でも、製造業やIT関連事業、介護などの分野への派遣人材を確保する目的で、派遣社員の正社員化が増加しており、例えば派遣大手パソナでは、職種限定正社員の採用を大幅に増加しており、スタッフ・サービスは介護職員4,000人を限定正社員として採用することとしているのです（2014年3月22日付日経新聞）。

(注1)　残業に関する日立製作所事件・最一小判平3.11.28民集45巻8号1270頁、配転に関する東亜ペイント事件・最二小判昭61.7.14労判477号6頁など。

Q5　求人募集と労働条件

> Aさんは子育てが一段落したので、再就職することにし、B社の「正社員募集、基本給20万円、社会保険完備」の求人票を見て応募し、採用されました。ところが、入社後、「パートで採用した」と言われ、賃金も時間給で、社会保険にも入れてもらえず、納得できません。

◆第6章◆ QA——具体事例から考える〔Ⅱ 労働世界〕

🅐 求人票記載の労働条件は、一般に労働契約申込の誘引とされ、直ちには労働契約の内容とならないとされる可能性が高いですが、まずは、使用者に対し求人票に明示された通りの労働条件の履行を要求すべきでしょう。求人票と実際の労働条件が異なっていた場合、労働者に即時解除権が発生しますが、その条件下で異議申立てずに労働している場合には、黙示の合意により契約内容になったものとなる場合がありますので注意が必要です。本件では、求人票が実際の労働条件と異なる場合、使用者は職安法並びに労基法違反等として処罰の対象とされます。

解 説

1 採用のプロセス

労働契約の締結は、一般に採用と呼ばれており、通常企業側からの労働者の募集（＝求人）で始まり、これに労働者が応募（＝求職）し、最終的には求職者と求人者の意思が合致することにより、契約成立に至るプロセスを辿ることになります（図表）。

(図表) 採用のプロセス

（使用者側）募集（求人）→ 応募（求職）→ 選考（面接）→ 内定 → 就労開始

（労働者側）労働契約申込の誘引 → 労働契約申込 → 労働契約の成立 →

学卒定期採用の場合、使用者は早い段階で、会社説明会や個別訪問を通じて学生との接触を開始し、採用試験や面接を経て事実上採

◆第2部　実例編

用を決定し、その後、企業間協定などに基づき一定の時点で正式の採用内定通知を発し、そのうえで卒業と同時に就労させるというのが、典型的な採用過程であり、定期採用によって採用され就労を開始した労働者について、さらに3カ月ないし6カ月の試用期間が設けられ、その期間が終了して初めて「本採用」として扱われる場合が多いのです。近年は大企業を中心に優秀な人材確保のため、3年生の冬ぐらいから会社説明会が始まり、いわゆる「青田買い」をし就職活動（就活）が早期化していたことから（インターンシップ制度も同様）、学生は在学中に卒論などにしっかり取り組めないとの批判を受け、経団連の指針で2016年春卒業年度からは、3年生の3月会社説明会解禁、8月選考活動開始、10月内定と日程の繰下げが行われましたが、就活は短期決戦となり、しかも中小企業の選考時期と重なり、大企業の内定を得た学生が中小の内定を辞退するケースが増え、中小の採用活動が長期化する結果となり、再び選考時期を6月に前倒しすることとされています（2015年11月21日付朝日新聞）。

　これに対して、現在わが国の雇用労働者の4割近くに達している、パートや契約社員などのいわゆる非正規社員は、随時必要に応じて採用されるのが通例であり、また近年は、使用者が正規社員として長期雇用する労働者の選択に慎重になっており、最初は非正規社員として雇用した後に正規社員に登用する方法や、実際に使用した派遣労働者のなかから適当な労働者を選択して採用する方法（紹介予定派遣）なども拡がりつつあり、後述する通り種々の問題を生んでいるのです。

2 採用のプロセスにおける信義則（オワハラ）

労働契約は前述した通り、求職者と求人企業との意思の合致によって成立するものであり、求職・求人活動は、その前段階としての交渉を含めた締結過程であり、通常企業が募集や職員紹介機関への求人申込（求人広告や求人票への記載）によって始まり、これはいわば申込みの誘引とされるものであり、求職者が広告・求人票の記載事項を承諾したからといって、それで直

ちに労働契約が成立するものではありません（注1）。

しかし、労働契約締結過程において、求職者（応募者）が企業との面接や協議などを重ねることによって、労働契約の締結が確実であるとの期待を有する段階に至ったのちにおいて、企業が交渉を破棄し契約締結がなされなかった場合には、企業は労働契約締結過程上の信義則に反するとして、求職者に対して不法行為に基づく損害賠償責任を負うことがあります。例えば、求職者（応募者）が入社が確実であると期待して、これまでの勤務先を退職したような場合や、労働契約は成立したものの、交渉過程（採用過程）において、使用者側に説明や情報提供に問題があったため、労働者の期待と実際の労働条件に食い違いが生じたといったケースなどは、使用者に信義則違反による損害賠償義務が生じることになるのです（注2）。

特に今日、前述した新規学卒者の場合、企業が学生に内定や内々定を出した場合に、他社の面接を受けないように圧力をかける、いわゆる「オワ（就活終われ）ハラ」が頻発しており、早急に是正されるべきものです（注3）。

3 労働条件明示義務

職業紹介業者や募集業者のみならず募集者自身も、業務の内容、賃金・労働時間その他の労働条件の明示を義務付けられ（5条の3）、明示の方法として、書面の交付または電子メールによって行うこととされ、求人側が、公共職業安定所から求職者の紹介を受けたときは、その者を採用したかどうか、不採用のときはその理由を速やかに通知することとされ（施行規則4条の2）、これらの者が虚偽の広告、条件を提示して職業紹介、募集を行った場合は処罰されます（6カ月以下の懲役または30万円以下の罰金。職安法65条）。

設問では、虚偽の広告、条件で職業紹介、募集を行なっている可能性が高く、職安法違反となるでしょう。さらに労働契約締結過程でも、同じように実際の業務内容、場所と異なった条件が提供された場合には、使用者は労働条件明示義務違反として罰則の対象となり、労働者は即時解除を行使して帰郷費用を請求でき（労基法15条、120条）、また慰謝料請求も可能であり、本問ではその可能性が高い

◆第2部　実例編

といえましょう。ちなみにその条件下で異議申立てせずに労働している場合には、黙示の合意により契約内容になったものとなる場合がありますので注意が必要です（注4）。

(注1)　採用時に明示され、労働者が異議を表明しなかった労働条件は、労働契約の内容になり、労働者はそれにもとづいて履行請求をなしうることになりますが、その際、明示された労働条件とは何かについて争われる場合があり、例えば求人票に記載された労働条件は、求人票の真実性、重要性、公共性等の観点からして、特段の事情のない限り労働契約の内容になるでしょう。ただし、求人票に賃金等が「見込み額」とされている場合には、当然に合意内容になるわけではないとする裁判例として、千代田工業事件・大阪高判平2.3.8労判575号59頁（「常用」との記載）、株式会社丸一商店事件・大阪地判平10.10.30労判750号29頁（「退職金共済制度に加入」）がある。ちなみに「見込み額」より低い初任給を決定したことは、石油ショック下の経済状況では信義則違反でもないとした、八州測量事件・東京高判昭58.12.19労民集34巻5・6号924頁。なお、求人募集広告は労働契約申込みの誘引にすぎないとして、トラック運転手の募集広告に応じて採用された者につき、職種限定の合意が否定されています（協同商事事件・さいたま地裁川越支判平19.6.28労判944号5頁）。

(注2)　代表的なケースであるわいわいランド事件・大阪高判平13.3.6労判818号73頁は、「雇用によって被用者が得る賃金は生活の糧であることが通常であることにもかんがみると」、求人企業は求職者の「信頼に答えて、自らが示した雇用条件をもって第一審原告らの雇用を実現し雇用を続けることができるよう配慮すべき信義則上の注意義務があったというべきであ」り、求職者が求人企業を「信頼したことによって発生することのある損害を抑止するために、雇用の実現、継続に関係する客観的な事情を説明する義務もあったということができる」として、不法行為を理由とする求職者の損害賠償請求を認容しています。また日新火災海上保険事件・東京高判平12.4.19労判787号35頁は、中途採用者の求人広告で「新入社員と同等の額」と記載され、面接に際して「新卒採用者と差別しない」旨の説明があったという事案につき、新卒者の平均的格付けによる給与を支払う旨の合意が成立した

とまではいえないとしつつ、会社の態度は労基法15条違反でかつ信義則違反として、不法行為を構成するとしています。その他、かなざわ総本舗事件・東京高判昭 61.10.14 金融・商事判例 767 号 21 頁、ユタ力精工事件・大阪地判平 17.9.9 労判 906 号 60 頁など。
(注3) 文科省の調査では、2015 年 7 月時点で、学生からのオワハラ相談を受けている大学が約 7 割に達している。
(注4) 3 カ月に亘って 20% 賃金カットされた後退職したケースで、差額賃金請求が認められた技術翻訳事件・東京地判平 23.5.17 労判 1033 号 42 頁、他方、8 カ月異議なく受給していたケースで黙示の合意を認めた光和商事事件・大阪地判平 14.7.19 労判 833 号 22 頁。

Q6 試用

Aさんは、採用時に「試用期間は 3 カ月、その期間中はパートタイマー扱いで働いてもらい、その後改めて正社員にするかどうか決めます」と言われましたが、このような契約は認められますか。

A 「試用期間」として 3 カ月という明確な契約が成立している場合は、「有期」試用として有効とされることになりますが、そのような明確な合意がない場合には、期間の定めのない契約が成立していることになります。

解説

1 試用期間　採用時に「試用期間 3 カ月はパートタイマー扱いで働いてもらう。」と言われた場合、①期間の定めのない契約であり、試用期間中は労働条件をパートタイム労働者と同じにする、②有期労働契約であり、試用期間終了後に改めて期間の定めのない労働契約を結ぶ、の二つの場合が考えられます。

この点につき、その期間が①の「試用期間」に当たるか、②の「有期労働契約」に当たるかが争われた事例で、「その設けた趣旨・目的が労働者の適性を評価・判断するためのものであるときは、右

期間の満了により右雇用契約が当然に終了する旨の明確な合意が当事者間に成立しているなどの特段の事情が認められる場合を除き、右期間は契約の存続期間ではなく、試用期間であると解するのが相当である。」との判決が出されています。労使の力関係の差異を考慮し、労働者保護の観点から当該期間の性質決定をめぐる当事者の合意に合理的解釈を行ったものと考えられ、妥当な結論と言えるでしょう（注1）。

2「有期試用」

近年増加しているのが、いわゆる「有期試用契約」と称する契約で、労働者と使用者が「試用」を目的とする有期労働契約を締結して、能力・適切の評価を経た上で、改めて期間の定めのない労働契約を締結するものであり、従来は特定の職務に従事する者（例えば航空会社のフライトアテンダント）などの採用に際して用いられることがありましたが、近年はこのような期間限定の有期試用が、いわゆる「限定正社員（後述）」の増加との関わりでも増加しており、しかも「本採用」での選別として利用される、言わば採用段階におけるリストラとして機能するようになってきています。

しかもこのような有期試用契約の例は、2003年厚労省が開始した高齢者、若年者、障害者などの就職困難層に対して、企業がハローワークの紹介によって、原則3カ月間の試用期間後の雇用や、同年の労働者派遣法改正で導入された、紹介予定派遣ないしジョブリサーチ派遣（派遣法2条6号、派遣労働の開始前又は開始後に派遣先に職業紹介を行うことを予定する）も、派遣元との有期契約に基づく派遣形式をとりつつも、派遣先で採用されることに向けて実質的に有期と位置づけることができます。

この点について最高裁も神戸弘陵学園事件で、明確な合意があれば、試用目的の有期契約の締結を承認しており（最三小判平2.6.5民集44巻4号668頁は、「期間の満了により右雇用契約が当然に終了する旨の明確な合意が当事者間に成立しているなどの特段の事情が認められる場合」と判旨しています。同旨聖パウロ学園事件・大阪高判平8.9.18判タ935号119頁など）、近年の有期試用契約は、中途採用者採用や

限定正社員募集などの増加の中で、採用段階におけるリストラとして機能するようになってきているので注意が必要です。

(注1) 神戸弘陵学園事件・最三小判平 2.6.5 民集 44 巻 4 号 668 頁。同旨の裁判例として、龍澤学館事件・盛岡地判平 13.2.2 労判 803 号 26 頁、報徳学園（雇止め）事件・神戸地尼崎支判平 20.10.14 労判 974 号 25 頁など。

Q7 非正規労働者

非正規労働者とは、どのような人々のことで、どのような特徴をもつのでしょうか。

A 非正規労働者は、企業において正社員以外の労働者の一般的呼称であり、今日我が国の労働者の約4割に達しており、低賃金と不安定な雇用が問題となっています（→47〜60頁）。

解　説

1 非正規労働者とは

我が国の企業では、正社員や本工と呼ばれる正規労働者のほかに、パートタイム、アルバイト、嘱託、契約社員、派遣労働者や、下請企業に雇用され、発注企業の社内で使用される労働者（＝社外工）、労働者としての実態を持ちながら請負の形態で労務を提供する者（個人請負）など、様々な呼称、雇用形態で働く非正規労働者が重要な地位を占めており、このような労働者は 1990 年代には労働者全体の 20％ であったものが、2014 年には約 4 割に達しています（ただし、この中には個人請負などは含まれていない）。その原因としてグローバル競争の中で近年強化されてきた雇用の流動化政策の下、主として企業側の要請に基づき、いわゆる安上がりで雇用調整がしやすい非正規労働者を多用してきたところに求めることができ、それゆえに様々な雇用問題を生じています。

さらにまた非正規労働者のこのような量的拡大は、同時に質的変

◆第2部　実例編

化ももたらしており、労働者の側では、かつての家計補助から主たる生活維持のための労働者が増加し、他方企業の側には、かつての補助的業務から、従来正社員が担ってきた中核的業務に従事する労働者が増加し、このような変化の中で大部分の非正規労働者は、低賃金と雇用の不安定の中で、企業内で正社員よりも低い「身分」として処遇されてきたと言えるのです。

2 非正規労働者の特徴（分類）

非正規労働者は、①雇用形態では、直接雇用（パート、アルバイト）、間接雇用（派遣、社外工など）と非労働者（個人請負など）、②雇用期間では、有期雇用（契約労働者）と無期雇用、③労働時間では、正社員よりも短時間労働の者と同程度時間労働の者（いわゆる疑似パートなど）、④賃金では、正社員よりも低い者（大半）と同額若しくは高い者（まれ）などに分類することができます。

特にリストラに際しては、①では間接雇用と非労働者、②では有期雇用、③では短期間労働者、④では低賃金労働者が最初に対象とされることになり、これら①～④は適宜組み合わされることで（例えば①で直接雇用であっても、②では有期雇用が雇止めにより雇用調整の対象とされる）、非正規社員が正規社員に優先してリストラの主なターゲットとされてきたのです。それゆえ非正規社員にとっては、雇用の安定と均等待遇といういわばデイーセント・ワーク理念に基づく処遇実現が課題とされるようになり、企業が行うリストラにとってこのような課題との関わりが、古くて新しい課題とされてきたものであり、特に有期雇用、間接雇用、非正規労働者に集中して表われてきたのです。

Q8　有期契約の更新

私は契約社員ですが、今回、会社から経営が思わしくないなどとして、リストラの対象となり、「契約更新をしますが、今回限りです」という更新特約に署名を求められています。

Ⓐ　有期契約が反復更新され、労働者の雇用継続の期待が発生

している場合には、改正労契法19条の解雇権濫用法理の適用の有無が問題とされることになります（→51〜53頁）。

解　説

1 有期雇用　労働契約には、その存続期間があらかじめ定められているもの（＝有期契約）と、期間の定めのないもの（＝無期契約）とがあり、労働関係は期間を定めないのが原則ですが、我が国では、現在有期雇用は約1,330万人に達し、雇用者全体（約5,200万人）の4分の1、非正規雇用（約2,000万人）の約7割を占めているのです（図表）。

元来労働者を雇用する使用者は、事業が継続する限り労働者を必要とし、他方労働者の側も、賃金に依存して生活する以上、長期にわたって雇用されることを期待するのが一般的であり、かくして雇用の原則的形態は無期雇用とされることになります。しかしながら、景気変動による労働力需要の変化や、解雇制度の潜脱、さらには繁

（図表）非正規雇用労働者に占める有期労働契約の状況

◆第 2 部　実例編

(出典）厚生労働省ホームページ「『非正規雇用』の現状と課題」(平成 26 年 12 月 27 日現在) から
(資料出所) 総務省「労働力調査 (詳細集計)」(平成 25 年平均)
(注)　1) 雇用形態の区分は、勤め先での「呼称」によるもの。
　　　2) 非正規雇用労働者：勤め先での呼称が「パート」「アルバイト」「労働者派遣事業所の派遣社員」「契約社員」「嘱託」「その他」である者。
　　　3) 有期契約労働者は、「有期の契約」「臨時雇・日雇」を合計したもの。

　忙期などでの労働力の確保など、主として使用者の都合により、期間の定めがある労働契約（＝有期）が広く利用されるようになっているのです。
　有期契約は、一般に 1 日、1 か月、半年、1 年、3 年など様々であり、雇用の不安定性、更新の不確定性だけではなく、無期契約と比較して、労働条件の格差などから様々な問題が生じてきているのです。とりわけ有期契約の更新に際して、使用者による更新拒否が、リストラの手段として用いられてきており、これに対して法実務では、従来、使用者の更新拒否について解雇法理の類推適用を認める判断法理が形成され、一定程度、リストラに対する制約の役割を果たしてきていました。しかし、2008 年のリーマン・ショックを契機として、更新拒否が急増したことから、新たな法的規制として、2012 年労契法の改正がなされることになったのです。

2　2012 年改正労契法

　2012 年労契法改正では、有期労働契約に関して（1）雇止めを規制する判例法理を確認する規定（労契法 19 条）、（2）5 年超で反復更新される場合、労働者に無期雇用への転換申込み権付与（同法 18 条）、（3）契約期間が異なることによる不合理な労働条件の禁止（同法 20 条）の 3 つの規定が新設されましたが、リストラとの関わりでは、（1）（2）の規定の法的効果が問題とされることになります。
　まず（1）の規定は、有期契約の反復更新によって労働力を調達する方法に歯止めをかけるものであり、更新拒否に対する歯止めには一定の効果があると言えます。しかし同規定は有期雇用それ自体を制限するものではないことから、後述するとおり、更新を前提としない有期雇用（＝不更新合意）や、更新を予定しつつ、その期間

や回数をあらかじめ設定（上限設定）することによって、労働者を入れ替えながら、長期にわたって有期雇用の労働力を利用することは可能とされ、この点では、我が国の法規制は、合理的な理由がある場合に限定して有期契約を認めている、ヨーロッパ主要国の法制（特に独、仏など）などの、いわゆる「入口規制」とは決定的に異なっているのです。また（2）の規定は、かえって5年以下の有期雇用を誘発し、労働者の雇用生活を不安定化する懸念すら生じさせています。

3 不更新通告と不更新条項（合意）

近年リストラの手法として、不更新の通告や条項を設定して、有期契約の上限を限定することにより、労契法や解雇権濫用法理を潜脱する手法が用いられるようになってきており、その法的効果が問題とされています。

まず、「不更新通告」については、有期労働契約の反復更新などにより、労働者が契約更新への合理的期待を有するに至り、労契法19条の適用可能を生じた場合には、使用者が更新に際して更新回数を限定したり、その更新を最後とする旨通知しても、それは単なる雇止めの予告にすぎず、雇止めの効力は認められるべきではないものとされています（改正労契法施行通達第5-5（2）ウ、注1）。

次に「不更新条項」（合意）については、労働者に更新への合理的期待は生じた後の契約更新に際して、それを最後とする旨の条項（合意）を結んだ場合の法的効果が争いとなります。この場合法実務は、不更新条項のみでは、更新を最後とする合意があったことを容易に認めない傾向にありますが、それに続いて、労働者がその意味を理解して、不更新合意つきの契約書に署名した場合には、それを有効とする傾向にあると言えるでしょう。

しかしながら有期契約においては、労働者が使用者から不更新条項つきの契約更新を提案された場合、それを拒否すれば直ちに契約関係を終了する状況に置かれているのであり、労働者としては謂わば二者択一を迫られての契約締結であり、このような状況での合意は、特別な事情がない限り自由な意思でなされたものとは言えず、

◆第2部　実例編

謂わば労働者の窮迫状態に乗じてなされたものとして、強行法規である労契法19条を逸脱し公序良俗違反として無効とされるべきでしょう（民法90条）。

(注1)　学校法人立教女学院事件。東京地判平20.12.25労判981号63頁、報徳学園事件・神戸地判尼崎支判平20.10.14労判974号25頁など。

Q9　有期契約の整理解雇

AさんはB社に契約社員として入社しましたが、B者は雇用調整の一環として整理解雇をしようとしています。この場合Aさんは、正規社員に先立って雇止めされることになるのでしょうか。

A　有期契約社員にも、整理解雇における4要件（素）に準じた基準が類推適用されるべきであり、契約社員であるからといって、当然に無期契約社員の解雇以前に雇止めされるべきものではありません。

解　説

1　有期契約と解雇法理

臨時、パート、アルバイト、嘱託、契約社員等の非正規労働者の多くは、6カ月とか1年という期間の定めのある契約（有期契約）を締結し、それを反復更新して働いていますが、経営難などでいわゆる整理解雇が行なわれる場合に、正規社員に先立って、「期間満了」を理由に雇止めないしは更新拒絶という形で企業から排除されることから争いが生じてくることになります。すなわち、整理解雇を行う際に、従業員の雇用を守るための種々の雇用調整策（たとえば時間外労働削減、出向、配転、一時帰休など）が行われることになりますが、その一環として、正規社員に先立って、有期契約社員の雇止めを実施してよいか、あるいは実施すべきかという形で問題となることがあるのです。

これは法的には、改正労契法の「雇止め法理」で求められる「客観的に合理的な理由」（19条）が、無期契約社員の場合（16条）と同程度のものが求められるのか、あるいはそれよりも劣ってもよいかという問題なのです。この点について改正労契法19条は、従来の判例法理の内容や適用範囲を変容することなく条文化されたものとされていますので、従来の判例をみておく必要があります。

2 有期契約社員の整理解雇

有期契約の整理解雇については、裁判例は、整理解雇の実体、手続両面で「客観的で合理的な理由」が求められ、単に有期契約労働者というだけで整理解雇の第1順位として解雇が許容されるものではないとしつつ、有期契約の性質上、正規従業員に劣位した地位にあることから、異なる基準の導入を認める傾向にあります（注1）。

このように裁判例は、正規雇用と異なる基準を認めつつ、合理的期待が存在する場合には、いわゆる整理解雇4要件（要素）に準じた基準が適用されるとしており、したがって裁判例でも、正規従業員に比べ遜色のない業務に従事し、基幹労働力化している有期契約労働者については、人員整理の必要性をはじめとする要件が厳しく吟味される傾向にあり、本件においてもこのような観点から判断されることになるでしょう（注2）。

(注1) 期間2カ月の契約を5回反復更新された後、不況を理由に雇止めされたケースで、解雇に関する法理が類推適用されるものの、比較的簡易な採用手続で締結された短期の有期契約を前提とするものであること、正社員・本工との身分上区別して扱われてきたこと、企業との結びつきが弱いことなどを理由として、正社員とは異なる基準の判断を是認し、正規従業員に先立って臨時員の削減を図るのは社会的に見て合理的であり、臨時員の雇止めに先立って正規従業員より希望退職を募集することは要求されないと判断した、日立メディコ事件・最一小判昭61.12.4判時1221号134頁、労判486号6頁。旭硝子事件・東京高判昭58.9.20労民集34巻56号799頁など。

(注2) 「正社員」と「臨時社員」（期間2カ月）の中間的存在である有期契約労働者（期間1年の「定勤社員」）について、正規従業員とは区別して雇用

◆第2部　実例編

調整されても仕方がないことを認めつつ、使用者には有期労働契約の実態に即して解雇回避の努力義務が課せられているとされ、輸出不振による雇用調整の一環としてのそれら有期契約労働者全員の雇止めが、まずそれらの者の中から希望退職を募集するなどすべきだったとして無効とした例（三洋電機（仮処分異議）事件・大阪地判平3.10.22労判595号9頁）、雇止めが雇止め回避措置および労使間の事前協議を経ていない点で信義則違反であり、雇止めの経営上の必要性を認めることも困難であるから、権利の濫用として無効（丸子警報器（雇止め）事件・東京高判平11.3.31労判758号7頁）としたものなどがある。

Q10　派遣契約の中途解除

> Aさんは派遣会社に登録し、ある会社に1年契約で派遣されましたが、派遣先の会社が急に6ヶ月で派遣契約を打ち切りたいと言ってきたそうで就業できなくなり、派遣会社からはその後何の連絡もありませんが、どうしたらよいでしょうか。

A　派遣先が派遣元との契約を中途解除しても、労働者と派遣元との雇用契約は継続しており、それまでの休業期間の賃金（休業手当として最低60％）を支払わなければならず、さらに新たな就業機会の確保などの措置をとることが派遣先の義務とされ、あらかじめ派遣契約に明記することが義務付けられていますので、会社に要求するべきです（→49〜50頁）。

解　説

1　中途解除と事業主の責任

派遣元と派遣先間の労働者派遣契約が途中解除され、この結果、派遣元が派遣先との労働者派遣を打ち切った場合や、派遣先の求めにより派遣労働者を派遣期間の途中で交代させた場合には、派遣労働者の責に帰する事由がない限り、派遣元は、派遣労働者に対する残りの派遣期間（雇用期間）について、賃金または休業手当の支払義務が

◆ 第6章 ◆ QA——具体事例から考える〔Ⅱ 労働世界〕

発生することになります。さらに派遣元は派遣先と連携して、関連会社での就業のあっせんを受けたり、他の派遣先を確保すること等により、派遣労働者の新たな就業機会の確保を図り、新たな就業機会の確保ができない場合は、まず休業手当を支払いつつ、派遣労働者の雇用の維持を図り、やむを得ない事由によりこれができない場合で解雇しようとするときであっても、解雇予告手当の支払等の労働基準法等に基づく責任を果たすこと義務付けられています（派遣法29条の2）。

また派遣先も派遣労働者に帰責事由がない場合には、就労機会の確保、派遣元に帰責事由がある場合の損害賠償等に係る適切な措置（派遣労働者の就労機会の確保を図るとともに、これができないときには少なくとも派遣元に対する休業手当、解雇予告手当相当以上の損害賠償など）や苦情処理をとることが義務付けられています（26条8号）。

2 派遣労働者の解雇

派遣元が派遣労働者を解雇する場合は、通常の労働者の解雇と同様の手続きに加えて、客観的に合理的で社会通念上相当と認められる理由が必要とされます（労基法20条、労契法16条）。

また、有期雇用契約の途中で、一方的に解雇する場合は、使用者は労働者に対して契約で定めた期間満了までの賃金相当額の損害賠償の必要があり（民法628条）、特に、「やむを得ない事由」は、期間の定めのない労働契約についての解雇よりも狭い（厳格である）ものとされています（注1）。

さらに雇止めについては、雇止めに関する一般の法理が適用されることになり、現実に派遣労働契約がくり返し更新され、事実上長期にわたって雇用されているときに契約更新への期待が生じる点は、通常の期間の定めのない労働契約の場合と変わりなく法的保護に値するのであり、派遣法の本来の趣旨に反して契約更新をくり返し派遣労働者を利用してきた派遣元が、突然派遣法の本来の趣旨を理由として雇止めを正当化しようとするのは許されません（注2）。

（注1） 解雇の経営上の必要性、解雇回避努力などを検討して「やむを得ない

◆第2部　実例編

事由」ありとは認められないとし、派遣労働者のなした合意解約書への署名は、使用者による説明なしで行われており合意解約成立とはいえないとした、プレミアライン事件・宇都宮地栃木支決平 21.4.28 労判 982 号 5 頁。
(注2)　雇止めの場合も、労基法等所定の予告手続（平 15.10.22 厚労告 357 号、改正平 20.1.23 厚労告 12 号。有期労働契約の継続、更新及び雇止めに関する基準 2 条）が必要とされています。

Q11　在宅勤務と労働法

近年、SOHO やテレワークといった言葉をよく聞きます。いずれも在宅勤務の代表的な形態だということですが、法的な問題点はないのでしょうか。労働基準法などは適用されるのでしょうか。

Ⓐ　高度情報社会を迎え、仕事のありかたも大きく変貌しつつあり、その典型例が、いわゆる SOHO やテレワークなどの在宅就労です。いずれも自宅や遠隔事務所などで働く形態であるため、通常の労働法制が十分にカバーするのは困難ですが、労基法の適用など、それぞれの具体的な就労形態に即して対応がなされることになります。

解　説

1 テレワークの実態

今や会社員が携帯電話を使って仕事をするのが普通の光景であり、SOHO やテレワークといった在宅就労もしくは遠隔地就労についても、IT・ME 化により広がりを見せています。

　SOHO は small office ／ home office という単語の略語であり、テレワークは「Tel――離れた所」と「Work ＝働く」を合体した和製英語であり、いずれもスマホ、携帯、電話、パソコンなど情報通信技術（ICT ＝ Information and Communication Technology）を活用した、場所や時間にとらわれない雇用形態のことを意味し、働く場所により、自宅利用型（在宅勤務）、移動型（モバイルワーク）、施設利

◆ 第6章 ◆ QA——具体事例から考える〔Ⅱ 労働世界〕

用型(サテライトオフィス)などがあり、ここではテレワークとして一括して考えてみましょう。

テレワークは、家庭生活との両立による就労確保、高齢者・障害者・育児や介護を担う者の就業促進、地域における就業機会の増加等による地域活性化、余暇の増大による個人生活の充実、通勤混雑の緩和等、様々な効果が期待されています。我が国では2014年現在テレワークで働く者(1週間8時間以上)は約550万人と近年減少傾向がみられます(就労者の約9.8%、うち雇用型は440万人、自営型は70万人、国交省2015年3月調べ。テレワーク先進国アメリカでは、約2600万人と就労者の約18%に達しており、内毎日が45%、週1日以上が39%、2010年)。

2 テレワークの法的問題

テレワークは、法的にみると様々な問題点を孕んでもいます。テレワークの法的問題点は、ひとえにその業務形態にあり、まず(1)企業において直接の指揮命令を受けて就労する形態をとっていないことから、そもそも労働基準法などの適用を受ける労働者なのかどうかが問題となり、次に(2)労基法上の労働者でないとしても、具体的な就労形態によっては労働者と同様あるいは類似の保護が必要な場合があり、さらに(3)個人事業主としてテレワークに従事する場合、発注者との間のトラブルをどう防ぐかも問題となるでしょう。

これらのうち(1)が雇用型、(3)が自営型、(2)が(1)と(3)の中間形態であり、これらの区別については、その都度実態に応じて判断がなされることになり、「労働者」性の判断については、厚労省研究会が一応の判断基準を示しており(昭和60年労基法研究会報告「労基法の『労働者』の判断基準について」)、注文者とのトラブル防止については、厚労省ガイドライン(「在宅ワークの適正な実施のためのガイドライン」平成22.3.30雇児発0330第14号別添)を策定して業務契約書のモデルなどを公開したり、「テレワーク相談センター」を設置し、テレワークに従事したい人やテレワーカーを雇いたい事業主などの相談に乗っています。

◆ 第2部　実例編

3 テレワークと労働法

（1）テレワーク従事者が、労基法などの労働法規の適用を受けるか否かは前述した通り就労実態によります。労基法に関しては、事業所または事務所において使用され、賃金を支払われる者が適用対象なので（9条）、これらの要件にテレワーク従事者があてはまるか否かが問題となり、実態により使用者の指揮監督のもとにあると判断されれば適用されることになります。この要件に関しては、前述した厚労省研究会報告書に沿って判断されることになります。

また最低賃金法、労働者災害補償保険法や労働安全衛生法なども、適用対象としての労働者の概念は労基法と同様です。

（2）テレワークが労働者の自宅で行われる在宅勤務の場合、業務に従事する場所が自宅であることや、労働者の勤務時間帯と日常生活が混在せざるをえないことなどから、これに適した労務管理が必要となり、いわゆるみなし労働時間との関連が問題とされるようになり、この点について厚労省は平成16年（その後平成20年に改訂）に、「情報通信機器を活用した在宅勤務の適切な導入及び実施のためのガイドラインの策定について」（平16.3.5基発0305003号、平20.7.28基発0728001号）で、在宅勤務制度導入に際しての注意点や労働時間の判断基準を示すと共に、労働者の心身に配慮した適切な労務管理を行う旨行政指導を行っています。

（3）テレワーク従事者が、以上のような観点から見ても労働者とは言えない場合、つまり労基法などの保護を受け得ない場合はどうなるのでしょうか。一つには、家内労働法の適用が可能な場合があり、家内労働法は、かつて簡単な加工製品などを作成する作業に自宅で従事する労働者が多かったことから、労基法等の意味では労働者と言えない場合でも、工賃や安全衛生などについて一定の保護を与える定めを置いたものですが、テレワークなど新しい在宅就労の形態が増大している現在、この法律をリニューアルすべきであるという声も強くなっています。さらに、テレワーク従事者については特別の立法措置を講じ、テレワーク従事者にも必要と思われる保護を改めてほどこすべきではないかという考え方もあります。

Q12 パートタイマーと兼業

Aさんは共働きで、B社でパートタイマーとして働いていますが、最近夫がリストラされて生活が苦しくなったので、勤務終了後にC社で働くことにしましたが、会社には届出をしていませんが、何か不都合なことがあるでしょうか？

A 労働者が兼業する場合には、原則として会社の了承が必要とされますので、トラブルを防止するためにはあらかじめ会社の了承をとっておくべきでしょう。

解 説

1 兼業（職）禁止

兼業（職）とは、ある企業に在籍したまま別の企業で就業したり自ら事業を営むことをいい、多くの企業では就業規則で、労働者の兼職を禁止したり、使用者の許可にかからしめています（ちなみに公務員の場合には、職務の中立性や職務専念義務、私企業との癒着防止の配慮等から、兼業・兼職が原則として禁止されています。国公法96条〜104条、地公法35条〜38条）。しかしながら労働者は、雇用契約において使用者に対し1日のうち一定のかぎられた時間、労務提供の義務を負担し、その義務の履行過程においてのみ使用者の支配に服するものであり、就業時間外は身分的人格権に使用者の一般的な支配に服するものではありません。したがって、勤務時間以外の時間を、事業場の外で自由に利用することができ、他の会社に勤務するためにその時間を利用することも、特段の事情がないかぎり原則として許されなければならないことになります。

このように兼職制限は、労働契約の本質、働く側の事情、憲法が

◆第2部 実例編

保障している職業選択の自由などから、合理的な理由がある例外的な場合に限定すべきものとされ、裁判例も「①使用者の企業機密の保持を全うし得なくなるなど経営秩序を乱したり、②労働者の使用者に対する労務の提供が不能若しくは不完全になるような場合」に例外的に許されるものとしているのです（瀬里奈事件・東京地判昭49.11.7判時765号107頁など）（注1）。

2 本問の場合

近時、ワークシェアリングや個人の能力の向上あるいは労働時間短縮に伴う収入補填もしくはプライバシー保護等の観点から、企業において従業員の兼業を積極的に認めていこうとする傾向があり、兼業規制の範囲はより制限されたものとなっていく可能性があると思われます。設問ではパートタイマーの兼職は、勤務時間外の行為であり、上記瀬里奈事件の①の場合に該当しないことは明らかですが、睡眠不足による居眠りや、遅刻、注意力が散漫になり利用者から苦情が寄せられるなど労務の提供に現実に支障を来す場合などは、②に該当する可能性がでてくることになり、懲戒処分などの対象となることもあり得ますので、注意が必要でしょう。

(注1) 労務提供に支障をきたすほどの長時間にわたる場合（小川建設事件・東京地決昭57.11.19労民集33巻6号1028頁）や、病気休業中の自営業経営（ジャムコ立川工場事件・東京地裁八王子支判平17.3.16労判893号65頁）、契約に基づく信義則上の義務違反行為（たとえば、同一地域であえて競合関係にある会社の役員になったりアルバイトをしたケースにつき、橋元運輸事件・名古屋地判昭47.4.28判時680号88頁、東京メディカルサービス事件・東京地判平3.4.8労判590号45頁など）、守秘義務あるいは会社の信用名誉を毀損する行為（銀行などのように対外的信用が特に重視される企業に勤務する者が、風俗営業店で働く場合など）は許されないことになり、禁止規定の合理性が認められることとなります。他方運送会社の運転手が年1、2回勤務時間外に運送のアルバイトをして解雇されたケースにつき、業務上の具体的支障がないとして無効とされた裁判例があります（十和田運輸事件・東京地判平13,6.5労経速1779号3頁など）。

◆ 第6章 ◆ QA——具体事例から考える〔Ⅱ 労働世界〕

Q13 パートタイマーと雇用保険

Aさんはある会社に先週からパートとして勤め始め、契約期間は1年間で、週5日、10時から16時まで（休憩時間は12時から13時）週25時間働いています。会社側に雇用保険について問い合わせたところ、「パートは雇用保険には入れない。」と言われましたが、パートは雇用保険には加入できないのでしょうか。このまま勤め続けて退職した場合には、雇用保険は受けることができないのでしょうか。社会保険はどうなるのでしょうか。

A 雇用保険は、週の所定労働時間が20時間以上で、31日以上引き続き雇用されることが見込まれる場合には、パートタイマーであっても被保険者となりますので、会社側に対して雇用保険の加入を要求しましょう。社会保険についても一定の要件を満たす場合は適用されますので同様に要求しましょう。

解 説

1 パートタイマーと雇用保険

パートタイム労働者やアルバイトなどの短時間労働者の場合でも、①1週間の所定労働時間が20時間以上であること、②反復継続して就労する者であること（具体的には、「31日以上引き続き雇用されることが見込まれる」こと）の2つの要件を満たす場合、雇用保険の被保険者となります。

受給資格要件は、離職の日以前2年間に、雇用保険に加入した月が12カ月（賃金支払基礎日数が11日以上）以上あることとされています（注1）。

2 雇用保険は強制加入

雇用保険は、任意で加入すればよいものではなく、労働者が雇用される事業については、原則としてすべて対象とされます。本問ではAさんは当然雇用保険に加入資格がありますので、会社に要請しましょう（雇用保険法5条。但し、農林、畜産・養蚕・水産の事業で、常用労働者が

◆第2部　実例編

5人未満の個人事業主については、当分の間、任意適用とされています。附則2条、注2)。

3 2年間遡及加入　退職したあとになって初めて雇用保険に加入していなかったことが判明した場合には、2年間に限って遡及して加入できます（雇用保険に係る権利の時効は2年とされている。但し、雇用保険料が控除されていたことが確認された者については2年を超えて遡及することができます。14条、22条、74条）。なお、雇用保険料は、労使双方が納付することとされていますので、労働者も過去の保険料について納付しなければなりません（ちなみに雇用保険の加入状況はハローワークでも確認できます。8条）。

4 社会保険　社会保険（健康保険や厚生年金保険、但し70歳未満の労働者）は、一定の要件を満たす場合、適用されますので、社会保険事務所等に問い合わせてみることをおすすめします（注3）。

(注1)　但し、特定受給資格者、特定理由離職者、高年齢継続被保険者（65歳以上、但し65歳に達する前から引き続き同一の事業主に雇用されている人に限る。）については、離職の日以前1年間に、6カ月以上あることと要件が緩和されています。

(注2)　事業所に「雇用される労働者」であっても、次の者は、被保険者とはされません（6条）。①65歳に達した日以後に雇用される者、②1週間の所定労働時間が20時間未満の者、③同一の事業主の適用事業に継続して31日以上雇用されることが見込まれない者、④季節的事業に雇用される者で、雇用期間が4カ月以内であるか、所定労働時間が週20時間以上30時間未満の者、⑤昼間学生など、⑥船員法に規定する船員であって、漁船に乗り組むために雇用される者（1年を通じて船員として適用事業に雇用される場合を除く。）、⑦国、都道府県、市町村その他これらに準ずるものの事業に雇用される者、⑧日雇労働被保険者に該当しない日雇労働者。また、取締役（ただし、実態として雇用関係が存在している場合は、被保険者となります。）や、家事使用人などは「雇用される労働者」とはいえず、被保険者とはなりません。

(注3)　加入期間が2カ月を超え、1日または1週の所定労働時間が、その事

業所で同種の業務を行う通常の労働者の所定労働時間の概ね4分の3以上〔但し、1日の所定労働時間が日によって異なる場合は、1週間の平均で判断する〕、1カ月の所定労働時間日数が、その事業所で同種の業務を行う通常の労働者の所定労働同日数の概ね4分の3以上。

Q14　「非正規」公務員

> Aさんらは市立保育所で非常勤保育士として、1年契約を更新して10年間勤務していたところ、突然契約を打ち切られた。このようなことは許されるのだろうか。

A 市当局が非常勤職員の雇用継続に期待をもたせるような言動をしていた場合には、期待権侵害として損害賠償の責任を負うことになるでしょう。

解説

1「法の谷間」の非正規公務員　今日官公庁においても、期間を限った有期契約である「非常勤職員」が雇用されることが多くなっています。具体的には、消費生活相談員、図書館職員、学校給食調理員や保育士、さらには自治体の窓口業務など、3分の1に達しており、その根拠とされているのは、国公法附則13条、人事院規則8－14、地公法22条などですが、これらの法令が予定していない雇用も多く、法律の建前と乖離した実態が広がっているのです（図表、注1）。

しかも非常勤職員の任用期間は3年～5年が多数を占め（自治体の大半は1年以内）、更新をくり返して10年以上働いている人がいるにもかかわらず、雇用の保障がなされず、特に2003年9月施行の地方自治法改正により導入された「指定管理者制度」は、地方自治体におけるこのような非常勤・臨時職員などの不安定雇用の増加に拍車をかけ、雇用条件においても、昇進はおろかボーナスの支給もないところが半数以上を占め、また通勤手当の支給もないところ

もあり、これらの非常勤職員はきわめて不安定な雇用状態におかれ、今日いわゆる「官製ワーキング・プア」の大きな要因ともなっているのです（注2）。

しかもこれらの公共サービス部門の非常勤・臨時職員は、2012年の改正パート労働法でも対象外とされ、いわば「法の谷間」におかれており、早急な待遇改善が求められているといえましょう。

2 非常勤職員の「期待権」

判例は一般に、非常勤職員と当局の関係を公法上の任用関係と理解することから、民間企業において形成されてきた有期契約に関する更新拒否の法理の適用を拒否し、非常勤職員の関係が反復更新された場合でも、当局による新たな「任用」のないかぎり、職員は任用期間の満了によって当然にその地位を失うとしています（大阪大学事件・最一小判平6・7・14判時1519号118頁、労判655号14頁など）。

しかし公務員制度改革の急速な進行や民営化の進展などにより、官民の壁が低くなっている状況の中では、判例の形式論はもはや維持しにくくなっているといわざるを得ません。したがって非常勤職員についても、その雇用が公務員法の趣旨に反するなどの事情があり、任用拒否の自由を求めることが著しく信義則に反するなどの事情がある場合には、任用されたのと同様の法律関係が継続する（一種の任用の擬制）と解すべきでしょう（注3）。また、当局が職員の

（図表）主な非正規公務員とその根拠法

		根拠法	働く条件
自治体	臨時職員（一般職）	地公法22条	緊急や臨時の職。任期は半年以内で更新1回。想定される仕事は事務補助など
	非常勤職員（特別職）	地公法3条3項	専門的技能を一時的に提供。任期は原則3年以内で更新可能。校医や委員会委員など
国	非常勤職員	国公法、人事院規則15-15、閣議決定など	日々雇用は1日8時間を超えず、その他は常勤職員の週労働時間の4分の3を超えない。任期は半年を超えず、更新は省庁の内規による。事務補助など

◆ 第6章 ◆ QA——具体事例から考える〔Ⅱ 労働世界〕

（図表）地方自治体での非正規公務員の目立つ職種と比率

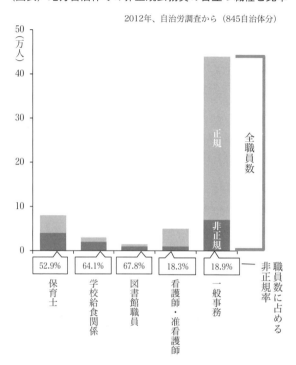

任用継続に期待をもたせる言動をしたうえで、任用拒否によってその期待を裏切ったような場合には、国・自治体は少なくとも国家賠償法による損害賠償義務を負うと解すべきです（注4）。

(注1) 今日国の職場では、非正規雇用職員（非常勤職員、パート、派遣嘱託など）は、正規職員約30万2000人（自衛官を除く）を含む職員全体の約3割の12万6000人に達しており（2011年3月現在、総務省調べ）、また地方の職場でも、非正規職員は推計で約70万人に達し（2015年自治労調べ）、職員全体の中で約33％を占めるに至っています。特に窓口業務の3割、保

◆第 2 部　実例編

育所の 5 割は非正規職員で占められているとされ（2015 年 10 月 30 日付朝日新聞）、今や非正規雇用職員なしでは、国も地方自治体も公務が遂行できない事態に陥っているのです。

　特に 1990 年代後半からのいわゆる「構造改革」の下、医療、保育、福祉、教育などの公共サービスの分野では、国の機関の特殊法人化や派遣、下請化などのいわゆるアウトソーシングが急速に進展し、その結果正規の国家公務員数は、2003 年から 2011 年までの 8 年間に 80 万 7000 人→ 30 万 2000 人に約 50 万人激減し、地方公務員も 2005 年から 2008 年までの 3 年間に 304 万 3000 人→ 290 万人に約 14 万 3000 人減少しており、このような中で、主たる公務業務において、正規常勤職員から臨時、非常勤職員への置換えが進行しているのです。

(注 2)　「指定管理者制度」とは、従来地方公共団体や外郭団体に限定していた公の施設の管理・運営を、株式会社をはじめ民間法人・NPO などに包括的に委託できる制度であり、いわば「公営組織の民営化」であるが、これにより、老人福祉やコミュニティーセンター、学童保育所など、主として、スポーツ、図書館・病院・福祉関連施設の民営化が急速に進展し、それが行政サービスの利便性・弾力性の下に進められていることから、職員への過剰なサービスや安価なコストが求められることにつながり、派遣、パート、アルバイトなどの不安定雇用が急速に増加する要因の 1 つとなっている。他方これらの分野では、住民に対する過剰サービスを求める要請が進展しており、今日いわゆる、モンスター・ペイシェントやモンスター・ペアレントなど、顧客や外部からのいじめ・パワハラが集中する一因になっていることにも注意する必要がある。

(注 3)　このことを認めた例として、情報システム研究機構〔国情研〕事件東京地判平 10.3.24 判時 1929 号 109 頁、労判 915 号 76 頁。ただし同判決は控訴審で否定されています、東京高判平 18.12.13 労判 931 号 38 頁（最高裁で確定）。

(注 4)　1 年契約を長年更新してきた東京都中野区の非常勤保育士 4 人が、「更新打ち切りは違法」として区を訴えていた訴訟の控訴審判決は、地位確認請求につき、「裁判所の判決により実質的に任命がされたのと同様の法律関係を創り出すことは、法解釈の限界を超えるものというほかない。反復継続し

て任命されてきた非常勤職員に関する公法上の雇用関係においても、実質面に則応した法の整備が必要とされるところである」としつつ、原告らの期待権侵害につき「実質的にみると雇止めに対する解雇権濫用法理を類推適用すべき程度にまで違法性が強い」として、報酬1年分に相当する慰謝料を認めた、中野区〔非常勤保育士〕事件・東京高判平19.11.28判時2002号149頁、労判951号47頁。

Q15 労働条件の決定方法

> 私は、今月からある会社に就職しましたが、賃金や休日などの労働条件については口約束だけで、契約書などの書面は取り交わしていません。しかも労働時間など、あいまいな部分もあります。ちゃんと約束どおりの賃金が支払われるのか不安ですし、労働条件をめぐってトラブルにならないかも心配です。

A 労働者の労働条件を決定するものとしては、労働契約、就業規則、労働協約の他に労基法、労契法等の各種法令があります。これらによって使用者は、労働者に対して賃金、労働時間などの労働条件を明示しなければなりませんし、そのうち、賃金、労働時間、休日などの事項については、書面の交付を要します。

解説

1 労働契約　労働者が企業に就職する時には、労働契約が締結されますが、その内容について詳細な労働契約書が作成されることはまれであり、労働契約の締結や内容、終了については、労働契約法（労契法）、労働基準法（労基法）、労働安全衛生法（労安法）、男女雇用機会均等法（均等法）、最低賃金法（最賃法）、育児介護休業法（育介法）、労災保険法等の多くの保護法令によって規制され、さらに各事業場には就業規則が作成され、労使協定が締結され、また労働組合が結成されているところでは労働協約が結ばれ、これらの労働保護法令、就業規則、労使協定、労働協約等によ

る二重、三重の法規範の適用を受けているのです。即ち、それぞれの企業には、国家の保護法を最低限度の基準とし、その上に協約や就業規則等によって組み立てられた職場の法があり、労働者は、労働契約を締結し、企業に組み入れられることによって、自動的にこれらの法規範の適用を受けることになるのです。

労働契約は、労働者が雇われて働く際、賃金や労働時間その他の労働条件について使用者と契約を結ぶ契約のことであり、もともと民法の雇用契約から出発し、契約法の一般原則の上に立ちながら、多くの保護立法や労働運動の成果である労働協約による法的ルールの蓄積の中で発展してきたものです。民法の雇用契約は諾成契約ですから、労働契約も基本的に口約束だけでも成立しますが、その内容を明確にするため、労契法は、有効に締結または変更された労働契約の内容については、「労働者の理解を深めるようにすべき義務」を使用者に課し、労働契約の内容（期間の定めに関する事項を含む）について、労使双方は、「できる限り書面により確認するものとする」（労契法4条）としているのです。

2 就業規則

使用者が多数の労働者を協働させる事業場において事業場の秩序を維持し、業務運営を効率的に進めるため、統一的・画一的に定める職場のルールのことを「就業規則」といい、この中で、賃金や就業時間などの労働条件が定められています。就業規則は、使用者が定めるもので（労働者から意見を聴取する必要あり）、労基法では、常時10人以上の労働者を使用する事業主に対し、就業規則の作成と労基署への届出を義務づけています（労基法89条）。

就業規則は、法令または労働協約に反してはならず（92条1項）、したがって労基法などで定められた基準以下の労働条件を就業規則に規定することは許されないし、また協約を下回る労働条件を就業規則で決めることも許されません。一方、就業規則で定める基準に達しない労働条件を定める労働契約は、その部分について無効となり、無効となった部分は就業規則の定める基準になり（労契法12条）、例えば就業規則で1日7時間労働と定められているときに、労働契

約でこれよりも不利な7時間半労働の約束をしても、それは無効となり、7時間労働の約束をしたものとみなされることになります（注1）。

3 労働協約　労働組合と使用者が団体交渉の中で組合員の労働条件等について合意に達した事柄を文書化し、双方の代表者が署名または記名押印したものを労働協約といい、名称が「覚書」「協定」等であっても、あるいは一項目に関する合意であっても労働協約になるのです（労組法14条）。労働協約は、労使が対等の立場で話し合いを行い決定されるものですから、労働者が使用者と個々に結ぶ労働契約や、使用者の一方的な意思で制定できる就業規則よりも優先し（労契法13条、労基法92条、労組法16条）、「労使関係の根幹」ともいえるものなのです（注2）。

労働協約には、期間を定めて締結するものと、期間を定めずに締結するものがあり、期間を定めた労働協約は最長3年であり、3年を超えて協約を締結したとしても3年の協約を締結したものとみなされます（労組法15条）。これは、長期に労働協約を締結することは、労使関係が安定するという長所を持つ反面、経済情勢等の変化への対応が阻害されるという短所を有するためです。他方、期間を定めずに締結された労働協約を解約するには、労使一方の当事者が、署名または記名押印した文書によって相手方に予告すれば（少なくとも90日以上前の予告が必要）、解約することができるとされています（15条）。

労働協約は、本来、締結した労働組合の組合員に対してのみ効力を生じ、それ以外の労働者への効力は生じないものとされていますが、この原則に対する例外措置として、「一の工場事業場に常時使用される同種の労働者の4分の3以上の数の労働者が一の労働協約の適用を受けるに至ったときは、当該工場事業場に使用される他の同種の労働者に関しても、当該労働協約が適用」され、これを労働協約の一般的拘束力といいます（17条、注3）。

◆ 第2部　実例編

（図表）労働契約・就業規則・労働協約・労働基準法等の関係

労働基準法
労働契約法　＞　労働協約　＞　就業規則　＞　労働契約
など

(注1)　反対に、例えば就業規則で1日7時間労働と定められているにもかかわらず、個別の労働契約でこれよりも有利な6時間半労働の約束をした場合、それを有効なものとして履行請求ができることになります。

(注2)　労働協約に法的効力を付与している以上、その存在及び内容は明確なものでなければなりません。つまり、口頭による合意や必要な様式を備えない書面合意のままでは、後日、紛争が生じる恐れがあるため、団体交渉が最終的に妥結し労働協約として結実したものであることを、その存在形式自体において明示する必要があるのです。そこで、労働組合法では、書面に作成し、当事者が署名または記名押印することを労働協約として承認されるための要件としているのであり、これについて、「書面によらない労使間合意には労働協約としての規範的効力はない」とした、都南自動車教習所事件・最三小判平13.3.13民集55巻3号395頁がある。

(注3)　この中で労働基準法は最低の労働条件を定めた強行法規であり、上記「労働協約＞就業規則」とは、就業規則のうち、労働協約を下回る部分を無効とし、労働協約を優先して適用させるという意味であり（労基法92条、労組法16条）、「就業規則＞労働契約」は、就業規則よりも不利な労働契約の場合についてであり、逆に就業規則より有利な労働契約であれば、それは有効であり履行を求めることができます。「労働協約＞労働契約」は、労働協約より有利な労働契約については、上記と異なり「必ず履行を求められるとまでは言えない」、もしくは「あくまでも労働協約の内容となる」という考え方も有力であり、判例でも、労働協約による個々の労働条件の切り下げも、相応の決議を経た一定の合理性を備えた内容であれば、認められています。ちなみに一般的拘束力との関係では、多数派組合の労働協約が少数派組合の組合員に適用されるかについては、学説・判例上、肯定・否定両説に分かれていますが、少数派組合の団体交渉権保障の観点から、否定説が有力で

す。

Q16 コース別雇用管理

私達が勤務する会社では、総合職と一般職のいわゆるコース別雇用管理制度を導入していますが、総合職の募集・採用に際して、転勤に応じることを要件としているのは問題ではないでしょうか。

A いわゆるコース別雇用管理制度の「総合職」の募集・採用に際して、合理的な理由なく、転居を伴う転勤を要件とすることは、均等法違反であり、使用者には是正義務があります。

解説

1 コース別雇用管理　（1）均等法の制定・施行に伴って、多くの企業は、それまでの事実上の男女別コース制を、職種・職務の相違や転勤の有無などを基準とするコース制に再編成してきています。すなわち、主として基幹業務に従事するコース（総合職など）と、主として補助職に従事するコース（一般職など）に区分して、異なった雇用管理を行うという方法です。

一般論としては、労働者をその職務内容に応じて区分して、雇用管理すること自体は違法とはいえません。厚生労働省の差別禁止指針（第2-1）でも、性差別の有無の判断は「雇用管理区分」（職種、資格、雇用形態、就業形態等の区分で、区分の相違によって異なった雇用管理を予定するもの）ごとになされるべきだとして、コース別雇用管理を認めていますし、裁判例でも、総合職と一般職の賃金格差につき、両コースの業務内容、転勤、出向の義務の有無などを考慮して合理的と認めた例があります（第三銀行事件・津地判平16.10.28労判883号5頁）。

（2）しかし、コース別雇用管理が、性差別を隠蔽するものであってならないのは当然であり、そのためには、コースによる職務内容の相違が客観的に明確であり、区分が単なる形式ではないこと

◆第2部　実例編

が必要であり、採用段階でもそれ以後の振り分け段階でも、女性が一方のコースを選択することを事実上困難にするような条件をつけるような、いわゆる「間接差別」は許されないことになります。

したがって、従来広く普及していた総合職の募集・採用における全国転勤要件は、次に述べるとおり、間接差別として禁止されることになりましたが、脱法的な手段が講じられることがあってはならず、さらに、コースごとの処遇の差は、それぞれの職務内容と客観的に対応する範囲内のものでなければならず、また、福利厚生制度などは、コースとは無関係に定められなければならないのです。

2 「間接差別」の禁止

外見上は性中立的であるが、現実には性別による異なった処遇をもたらすような基準を用いて労働者を差別することを、「間接差別」といいます。アメリカやイギリスで早くから確立されたこの法理は、日本でも明文化することが望まれていましたが、ようやく2006年の均等法改正で不十分ながら実現したものです。すなわち、事業主は、労働者の性別以外の事由を要件とする措置であっても、措置の要件を満たす男性と女性の比率その他の事情を勘案して、実質的に性別を理由とする差別となるおそれがある措置として厚生労働省令で定めるものは、合理的な理由がある場合を除いて、これを講じてはならないとされました（7条）。

これを受けて、均等法施行規則は、①労働者の身長、体重または体力に関する事由を募集・採用の要件とすること（2条1号）、②コース別雇用管理の総合職について、住居の移転を伴う配転に応じうることを要件とすること（2条2号）、③労働者の昇進につき、転勤経験を要件とすること（2条3号）をあげています（差別禁止指針第3）。

もっともこのように間接差別にあたる場合を限定列挙するのは、諸外国に見られない方法であり、立法の在り方として適切とはいえず、むしろ労基法4条の弾力的解釈や民法の一般条項を通して、これ以外の間接差別も規制されるべきであり、また「合理的な理由」を過度に広く解釈しないことが必要とされます。

第6章 ◆ QA――具体事例から考える〔Ⅱ 労働世界〕

3 均等法違反の効果

（1）均等法の主要規定は、労基法などと異なり原則として罰則を予定しておらず（但し33条）、均等法は、同法違反をめぐる紛争について、事業主がまず苦情処理機関などによる自主的解決を図るべきこととし（15条）、当事者の一方あるいは双方が解決の援助を求めた場合、都道府県労働局長は必要な助言、指導、勧告を行い（17条1項）、当事者の双方または一方から申請があり必要と認めた場合には、紛争調整委員会（個別労働関係紛争解決促進法による）に調停を行わせることができることとされています（18条以下）。

もっとも、使用者が調停への参加を拒否しても、強制手段が存在せず、調停が成立しても、その違反に対する事業主に対する制裁としては、厚労大臣（都道府県労働局長）が均等法違反について行った勧告に従わない場合に、その事実を公表し得る旨規定されているにすぎず（30条。尚違反に対する過料として33条）、こうした救済手続は不十分といえます。

（2）しかしながら、均等待遇の原則を具体化している均等法の諸規定は、可能なかぎり私法上強行規定と解すべきであり、したがって事業主の行った均等法違反の行為は、原則として違法・無効としたうえで、問題の性質によっては、労働者の請求権を根拠づけるものと解すべきでしょう（もっともこの場合、均等法には、差別に関する証明責任や、採用拒否の場合の損害賠償の範囲などに関する規定が欠けており、今後の課題といえます）。

4 本件

2007年の均等法改正により、従来からの募集・採用、配置・昇進に係る取扱いに加え、新たに、職種の変更についても男女差別が禁止され、また、総合職の募集・採用における転勤要件については、合理的な理由がなければ、間接差別として禁止されることになり、この点について厚労省は、コース別雇用管理制について、事業主が留意すべき事項について文書で示しており、どのコースも男女双方に開かれていなければ均等法違反となり、一般職は女性のみとすることは許されず、また、総合職の募集・採用に当たって、転居を伴う転勤要件を設けることは、実質的に女性が

◆第2部 実例編

満たしにくい要件を課すことになるため、業務遂行上の必要などの合理的な理由がない限り、間接差別となり許されないことになります。

そこで各コースの定義（職務内容）や処遇がどのようになっているか、就業規則や人事・給与規定を確認してみる必要があり、例えば就業規則や人事・給与規程などを入手し、入社してからの職務の経歴を記録し、同じような仕事をしている労働者と話し合い、同じ意見を持った仲間で会社に改善の申入れをすることも考えられ、さらに個人的に不当な扱いを受けた場合は、職場に労働組合があれば、組合に相談する方法なども有効といえましょう。

Q17 配転

Aさんは遠隔地へ配転命令を受けたが、同居している両親の体調が悪く面倒をみており、娘も障害をもっていて同一病院での経過観察が望ましいとされているので、配転命令に応じられないと断ったところ、「応じられないなら辞めてもらうしかない」と言われたが、どうしたらよいでしょうか。

A 介護すべき家族をかかえる労働者に対する遠隔地への配転は、労働者に著しい不利益を負わせるもので、配転命令の濫用として無効となされるべきであり、種々の方法で争うことが可能です。

解説

1 企業の人事異動　企業は、経営上必要とする適格者を採用し各職場に配置しますが、必要とする職務の内容は企業活動に応じてさまざまに変化するし、労働者側も1つの職務に熟練し能力が向上するにつれて、より高度の職務を担当することができるようになります。

人事異動にはいろいろな形態がありますが、企業内の異動と企業

◆第6章◆ QA——具体事例から考える〔Ⅱ 労働世界〕

外の異動に大別することができ、前者は一般に「配転」と呼ばれ、後者にはさらに従業員としての身分を保持したまま、他の企業の指揮命令に服して働く「出向（在籍出向）」と、元の会社の従業員としての身分を失い、異動先の会社の従業員となる「転属（転籍・移籍あるいは移籍出向）」とがあります。

2 配　転　配転は通常企業内における所属部署の変更のことを意味しており、これには職種、職務の変更や勤務場所の変更（転勤）も含まれます。配転命令は、使用者が労働者に対して一方的に配転を命ずることですが、労働契約の締結に際して、「就業の場所および従事すべき業務」は、使用者が明示すべき条件とされており（労基法15条）、この範囲内の転勤を意味する配転は、労働契約の履行として使用者は一方的に行うことができますが、これを超える転勤や職種の変更を伴う配転は、労働契約の内容変更になり、使用者が一方的に命ずることはできないのです。

しかし、学説・判例の多くは、あらかじめ労働協約や就業規則あるいは入社時の合意等により、「業務上の必要とされるときは配転を命ずることがある」旨の約束（事前の包括的同意）をしていれば、その都度の同意ないし配転を命ずることができるとし、最高裁も、①労働協約や就業規則に、「会社は業務上の都合により従業員に転勤を命ずることができる」旨の定めがあり、②現に労働者（特に営業担当者）が頻繁に転勤をしており、③入社の際に勤務地を限定する旨の合意がなかったこと、という事実を前提として、使用者は労働者の個別的同意なしに勤務場所を決定し、またはこれに転勤を命ずる権限を有するとしています（東亜ペイント事件・最二小判小判昭61.7.14判時1198号149頁）。

3 配転命令の範囲、限界　（1）労働協約や就業規則に定めがあり、使用者が配転命令権を有するとしても、法令違反は許されず、例えば年少者を危険有害業務に就業させたり（労基法62条）、思想信条を理由としたり（同法3条）、不当労働行為に該当するような配転命令（労組法7条）などは、いずれも無効とされます。配転命令がこのような、法令違反にならないと

しても、権利の濫用にあたるときには無効とされます。すなわち使用者側の立場からは業務上の必要性があるとして行われた配転であっても、客観的に使用者がそれによって得ようとする利益と、労働者がそれによって受ける経済的・精神的不利益を比較衡量して、それがバランスのとれたものでなければならず、したがって配転命令が、①「業務上の必要性が存しない場合」、②「他の不当な動機・目的をもってなされたものであるとき」、もしくは③「労働者に対し通常甘受すべき程度を著しく超える不利益を負わせるものであるとき等、特段の事情の存する場合」には、権利の濫用として無効とされることになります（注1）。

本件のように、介護すべき家族をかかえる労働者への遠隔地への配転命令は、③に該当し、無効とされます（帝国臓器製薬事件・最二小判平11.9.17労判768号16頁、ケンウッド事件・最三小判平12.1.28判時1705号162頁、労判774号7頁など）。（注2）。

（2）以上に見たように、判例は、労働契約による拘束を限定的に解して、使用者の配転命令権を広く承認したうえで、配転命令権の濫用も例外的な場合にしか認めていませんが、このような場合は、勤務の場所・内容に関する決定・変更を基本的に使用者に委ね、労働者と家族の生活をそれに従属させるものであり、労働者の自律性や人間的生活の保障の要請に反するというべきでしょう。

近年、日本においては、「ワーク・ライフ・バランス（仕事と生活の調和）」が強調され、生活を犠牲にした働き方への反省が強まっており、労働と生活の適切なバランスは、労働者の人間らしい生活の実現という観点からして当然に必要なことであり、生活（「ライフ」）を犠牲にしている労働（「ワーク」）のあり方として、長時間労働と並んで、頻繁な転勤問題も視野に入れなければならないのです。また「コース別雇用管理」がなされているいわゆる「総合職」について、転勤を条件とすることと、転勤経験を昇進の要件とすることが、いずれも間接差別として禁止した2006年（平成18年）均等法改正も考慮されるべきでしょう（均等法7条、同法施行規則2条2号・3号、平18.10.11厚労告614号第3）。さらに、通常は配転を予定され

◆ 第6章 ◆ QA――具体事例から考える〔Ⅱ 労働世界〕

ない非典型労働者の増加を含めて考えると、男性正社員の全国転勤の慣行と、それを支えてきた判例法理は、全体として大きな見直しが迫られているといえましょう。

(注1) 大阪府堺市に住み、保育所勤務の妻と地域になじんでいた老母と同居したいとして、愛知県名古屋市への転勤を拒否した労働者に対する懲戒解雇を有効とした、東亜ペイント事件・最二小判昭61.7.14判時1198号149頁。
(注2) 事実上共働き家族で、単身赴任を強いられる転勤でも、配転命令は有効とされ、例えば、前掲・東亜ペイント事件や、東京勤務から名古屋への配転を命じられて、6年間別居生活を強いられた男性が、慰謝料請求をしたケース（帝国臓器製薬事件・最二小判平11.9.17労判768号16頁）、東京都内から八王子事務所への異動命令を受けた女性労働者が、通勤時間が長くなり3歳の幼児の保育が不可能となるとして配転命令を拒否して懲戒解雇されたケース（ケンウッド事件・最三小判平12.1.28判時1705号162頁、労判774号7頁）などは、いずれも配転命令権の濫用が否定されています。

他方介護すべき家族をかかえる労働者に対する配転命令については、例えば、神経病により1年余り休職した後復職を申し出た労働者に対する旭川から東京への配転（損害保険リサーチ事件・旭川地決平6.5.10判タ874号187頁、労判675号72頁）や、長女および次女が病気、農業を営む体調不良の両親をかかえた男性に対する、帯広工場から札幌本社への配転（北海道コカ・コーラボトリング事件・札幌地決平9.7.23労判723号62頁）は、いずれも「通常甘受すべき程度を著しく超える不利益を負わせるもの」として無効とされています。

ちなみに2001年（平成13年）改正の育介法は、労働者を転勤させる場合、子の養育または家族の介護の状況に配慮することを事業主に義務付け（26条）、また判例も特に単身赴任をもたらす転勤に際して、使用者は信義則上、労働者の不利益を軽減するために社会通念上求められる措置をとるよう配慮すべき義務を認めていますが（前掲・帝国臓器製薬事件など）、これらは、育児や家族介護のために極端な不利益を受ける労働者に対する不利益緩和を使用者に求めるものにすぎず、上記の基本的立場を変えるものではないといえましょう。

◆ 第2部　実例編

Q18　減給

Aさんは先月遅刻を3回したら、今月分の給与から5万円もカットされましたが、カット額が大きすぎるのではないでしょうか。

A　懲戒処分としてなされる減給は、1回の減給額は、平均賃金の1日分の半額を超えてはならず、かつ1賃金支払期において減給できる額は、その賃金総額の10分の1以内でなければなりません。今回の減給が、就業規則や過去の事例からみて疑問があればその根拠を事業主に確認することが必要です。

―― 解　説 ――

1　減　給　服務規律やその他の企業秩序・利益を維持する制度として、規律違反や利益侵害に対する制裁として懲戒処分が行われることがあり、減給はその一種です。このように「減給」は、労務遂行上の懈怠や職場規律違反に対する制裁として、いったん決定された賃金額（月給など）を減して支払うことであり、本来ならばその労働者が現実になした労務提供に対応して受けるべき賃金額から一定額を差し引くことをいい、この場合、減給、過怠金、罰金など名称は問いません。

2　減給とその限界　減給は、本来支払われるべき賃金の一部を支払わないことであり、賃金全額払原則（労基法24条1項）との関係が問題となり得ますが、労基法は、減給について、「1回の額が平均賃金の1日分の半額を超え、総額が一賃金支払期における賃金の総額の10分の1を超えてはならない」と規定し（91条）、この範囲内での減給を適法としています。

この規定は、多額の減給によって労働者生活に影響が及ぶことを防ぐ趣旨から、減給の上限について二重の制限を設けたものであり、1回の減給額が平均賃金1日分の半額を超えない場合でも、それが1賃金支払期内の賃金総額の10分の1を超える場合（1賃金支払期内の就労日数が少ない場合や、その期に複数回の処分がなされた場合に

生じ得る）には、その全体が無効になります。尚ここでいう賃金減額には賞与も含まれます（昭63.3.14基発150号）。

3「査定」などにおける「減給」

「減給」は、このようにいったん決定された賃金額を減じて支払うことであり、これに対して、ボーナスや年俸額など査定や評価によって賃金が決定される場合、その決定過程で労働者の非違行為がマイナスに評価されても、懲戒処分としての減給とは似て非なるものです。したがって例えばボーナス額の決定に際して、非違行為などを理由にマイナスに評価され、それによって他の労働者と比較して、労基法91条の定める限度を超える賞与額の差異が生じたとしても、直ちに同条違反とはいえないことになります。もっとも、賃金（賞与）の決定過程における評価の形をとる場合でも、それが客観的に制裁としての意味をもつことが明確である場合には、労基法91条を脱法するものとして制約を受けることがあります（注1）。

(注1) 例えば、賞与額を原則として定率制で定めたうえで、勤務態度によりその率を増減させる制度は、減額部分が客観的に制裁の性格をもつかぎり同条の制限を受けるとした、マナック事件・広島高判平13.5.23労判811号21頁。

Q19 法定労働時間

> 私は近くのスーパーで勤務していますが、勤務時間は、月曜から金曜までは朝9時から夕方6時まで（1時間の昼休みあり）で、土曜は朝9時から昼12時までとで定められていますが、問題はないのでしょうか。

A 1日の労働時間は、労基法で8時間と定められていますが、それは休憩時間を除く実労働時間のことであり、実労働時間が8時間を超える場合、使用者は労基法上の割増賃金の支払い義務があります。また1週の労働時間は40時間とされていますので、それを超える場合には、割増賃金の支払い義務があります。

◆第2部　実例編

解　説

1　法定労働時間

労基法は、「使用者は、労働者に、休憩時間を除き1週間について40時間を超えて労働させてはならない」（32条1項）、「各日については、労働者に、休憩時間を除き1日について8時間を超えて、労働させてはならない」（2項）と規定し、1日8時間・週40時間労働の原則を採用しています。ここでいう1日8時間・週40時間は労基法が明記するとおり、休憩時間を除いた時間であり、一般に「実労働時間」と呼ばれ、労働者が現実に労務に従事する時間に加えて、使用者の指揮下におかれて待機する時間（「手待ち時間」）を含むものです。わが国では実労働時間と休憩を含めたいわゆる「拘束労働時間」に関する制限規定はなく、また終業時刻と次の始業時刻の間隔についても規制は存在せず、長時間労働の温床の1つとされていることは周知のとおりです（EC指令（2003/88/EC）では、休憩時間を11時間に制限している）。尚上に述べた原則に対し、常用労働者が9人以下の事業所においては、特例措置が設けられています（同法規則25条の2）。

　設問では、1日の実労働時間（休憩時間を除く労働時間）は8時間、1週間の実労働時間は43時間となり、1日では法定の基準を満たしていますが、週でみれば法定の基準をオーバーしていますので、割増賃金の支払義務が発生します。

2　「労働時間」の意義

ところで使用者は、「手待ち時間」や、就労の前後などの準備中など労働者が実作業に従事していない時間について、賃金を支払わない取扱いをすることがあります。労基法は、労働時間の定義を何ら定めていないことから、今日まで、労働時間の起算点や終了点（始業時の更衣、現場までの往復、朝礼、体操、終業後の後始末、シャワーなど）などをめぐって数多く争われてきたのです。この点について行政当局は、労基法上の「労働時間とは、一般に労働者が労働するために、使用者の指揮監督のもとにある時間」（昭25.9.14基収2983号）としており、また判例も、作業具等の着脱等の労基法上の労働時間該当性が争わ

◆ 第6章 ◆ QA——具体事例から考える〔Ⅱ 労働世界〕

れた事案で、「右の労働時間に該当するか否かは、労働者の行為が使用者の指揮命令下に置かれたものと評価することができるか否かにより客観的に定まるものであって、労働契約、就業規則、労働協約等の定めのいかんにより決定されるべきものではない」と判断しています（三菱重工長崎造船所事件・最一小判平12.3.9民集54巻3号801頁）。

このように労基法上の労働時間は、必ずしも精神または身体を積極的に働かせることを要件としないことから、作業のために待機したり客を待つ時間など、いわゆる「手待ち時間（現実の作業はなく、指示があるまで手待ちの状態となっている時間）」も、当然労働時間として扱われることになり（昭33.10.11基収6286号）、具体的には使用者の制度的な指揮監督下にある場合や、明示もしくは黙示の命令があるとみなされる場合には、使用者の指揮監督下にあることとされることになります（注1）。

労働時間をめぐっては最近も争われることが多く、例えばビルの警備・設備運転・保全・守衛などの業務は長時間に及ぶことから、夜間勤務中に仮眠していても、手待ち時間と同様、仮眠中にも警報や電話に対応して直ちに作業に従事することが義務付けられる等、必要に応じて作業に従事することが予定されている場合には、労働からの解放が保障されていないものであり、使用者の指揮命令下におかれている時間とみることができ、労基法上の労働時間とされることになります。これに対して医師などが、在宅中でも電話などの呼出しがあれば業務に従事することが求められる場合などは（いわゆる「呼出待機」）、相当程度拘束されているにもかかわらず、使用者の指揮命令下にあるとはいえず今日労働時間とみるのは難しいことになるでしょう。このように労働時間の判断は困難を増しており、立法的解決が必要と思われます（注2）。

（注1）　観光バス運転手の出庫前・帰庫後の時間や、目的地での駐停車時間が労働時間とされた、大阪淡路交通事件・大阪地判昭57.3.29労判386号16頁。なお、すし処「杉」事件・大阪地判昭56.3.24労経速1091号3頁など

◆ 第2部　実例編

（注2）　労働時間に対応するとされて、大星ビル管理事件・最一小判平 14.2.28 民集 56 巻 2 号 361 頁、桐朋学園事件・東京地裁八王子支判平 10.9.17 労判 752 号 37 頁など、大林ファシリティーズ〔オークビルサービス〕事件・最二小判平 19.10.19 民集 61 巻 7 号 2555 頁、ただし、平日勤務中の病院への通院や犬の運動時間は労働時間から除外され、さらに日曜、休日については使用者の明示・黙示の指示のあった時間だけ労働時間として計算すべきものとしています（ちなみにこの場合使用者は通常の賃金に加えて、時間外割増賃金と深夜割増賃金の支払義務がある）、他方実作業に従事する必要が生じてくることが皆無に等しい場合には、労働時間とはいえないことになるのです（ビル代行事件・東京高判平 17.7.20 判タ 1206 号 207 頁、労判 899 号 13 頁）。

Q20　管理監督者

A さんは今年春の異動で支店長代理の職につきましたが、それ以来残業手当が支給されなくなったので、支店長に尋ねてみると、「支店長代理は管理職だから、残業手当は出ない。」と言われました。毎日、出退勤のときにはタイムカードを押しており、残業もかなりしているのですが、残業手当はもらえないのでしょうか。

A　「管理監督の地位にある者」には、労働時間、休憩、休日に関する規定は適用されないため、時間外の割増賃金を支払わなくても労基法上問題は発生しません。もっとも支店長代理といっても、管理監督者であるかどうかは、職名にとらわれず、職務内容・責任と権限・勤務態様の実態・待遇に即して判断され、経営方針の決定に参画しておらず、労務管理上の指揮権限も有していないなど、実態からみて経営者と一体的な立場にあるものと判断されない場合は、労働時間の規定が適用される扱いとなっており、残業手当も当然に支払わなければなりません。

◆ 第6章 ◆ QA——具体事例から考える〔II 労働世界〕

解 説

1 労働時間等の適用除外　労働者が従事している業種や労働の態様によっては、その性質上労働時間に関する法的規制を適用することが必ずしも適当でない場合に、労基法は、労働時間、休憩、休日に関する規定を適用しないことにしており、「監督若しくは管理の地位にある者」（管理監督者）は、このようなタイプの1つです（労基法41条）。

もっともこれらのタイプの労働者は、業務の性質や職責上の必要性から労働時間制の適用が除外されているにすぎず、労基法上の労働者であることには変わりがありませんので、年次有給休暇、労災補償、解雇の規制などは一般の労働者と同様に取り扱われ、また深夜業に関する割増賃金の支払いは免除されません（昭63.3.14基発150号、平11.3.31基発168号、注1）。

2「管理監督者」　管理監督者は、労働時間規制が適用されませんが、その根拠として事業経営の管理者的立場にあったり、経営者と一体的な関係にある者は、自ら労働時間を管理しうるか、労働時間に関する規制を超えて企業活動をしなければならない必要性があることに求められています（昭63.3.14基発150号）。

しかしながら労基法は、管理監督者の定義規定を欠くため、その範囲について争いが生じることになり、「管理監督者」の判断基準について、行政解釈によれば、職務内容、責任と権限、勤務態様、そして特に地位にふさわしい賃金などの待遇を受けているかどうかに留意すべきこととされており（昭22.9.13基発17号、昭63.3.14基発150号）、具体的には、①経営者と一体となって重要な職務と責任を担う職制上の役付者であること、②労働時間の始期・終期や休日をとるかどうかを自己決定できること、③地位にふさわしい賃金などの待遇を受けていること、の3つの要件が充足された場合に「管理監督者」と認められるとされてきています（注2）。

3「名ばかり管理職」　しかし現実には大半の企業では、一定地位以上（特に課長職）の従業員を労基法上の

◆ 第2部　実例編

「管理監督者」として扱い、残業代を支給していませんが、これらは、使用者が自由に定めることのできる経営組織上の職制にすぎない「課長」などの職を、名目上「管理監督者」として扱うものであり、このようないわば「名ばかり管理職」は、労基法上の「管理監督者」とは全く異なる次元の問題です（注3）。このようないわば「名ばかり管理職」は、多くの企業で人件費削減を目的として、残業代を支払われない結果、支給総額が「役職なし」よりも低くなることに特徴があるだけではなく、十分な経験を積まないままで「管理職」に就かされ、長時間労働に従業することにより、ストレスから健康を損ね、会社全体の意気低下にもつながりかねないものであり、この問題をめぐっては、過去にも多くの裁判が提起されてきていました（注4）。

このような中で最近、「日本マクドナルド」の店舗で、アルバイト従業員（クルー）の採用、時給額、勤務シフト等の決定を含む労務管理や店舗管理を行い、自己の勤務スケジュールも決定している店長が、企業全体の経営方針に関与することなく、営業時間、商品の種類と価格、仕入先などについては本社の方針に従わなければならず、しかも営業業務にも従事した結果、長時間の勤務を余儀なくされているケースにつき、「管理監督者」とは認められないとする裁判例が登場し、大きな社会問題となり（日本マクドナルド事件・東京地判平 20.1.28 労判 953 号 10 頁）、これを受けて 2008 年には、通達「多店舗展開に関する小売業、飲食業等の店舗における管理監督者の範囲の適正化について」が出されています（平 20.9.9 基発 0909001 号、なお平 20.10.3 基監発 1003001 号）（注5）。

このように、管理監督者に該当するかどうかの判断について、判例の態度は比較的厳格といえますが、今日でも多くの企業では、職責、時間管理、待遇などの実態を無視して、課長以上の者や店長などを機械的に労基法 41 条該当者として扱い、長時間労働に従事させつつも割増賃金を支払わない事例が多く見られます。

そもそも管理職といえども、今日多くの企業では、厳しい時間管理の下におかれる場合が多く、この規定はもはや現実に適合しなく

◆ 第 6 章 ◆ QA——具体事例から考える〔Ⅱ 労働世界〕

なっていますが、少なくともその適用にあたっては、当該労働者について、時間規制等の適用を除外することが実質的に正当化されるかどうかの視点から、慎重に判断すべきでしょう。

(注1) 深夜割増賃金を認めた裁判例として、姪浜タクシー事件・福岡地判平19.4.26 労判 948 号 41 頁など。
(注2) もっともここでいう「管理監督者」とは、労組法上の組合加入資格者に関する「監督的地位にある者」（労基法 2 条但書 1 号）や、国公法上の「職員団体の関係において当局との立場に立って遂行もしくは職務を担当する職員」である「管理職員等」（国公法 108 条の 2 第 3 項。その範囲については人事院規則 17-0）とは、別個の概念であることに注意を要します。
(注3) 2008 年の調査では、大企業の約 7 割で出退勤の自由をもたない「課長」が、残業代を支給されていなかったとされており、悪質な例では、社員全員に主任等の名称をつけて管理職扱いをするものもあるとされます（2008 年 7 月 22 日付朝日新聞）。
(注4) 例えば出退勤の自由がなく、部下の人事考課や機密事項に関与せず、銀行経営を左右する仕事に携わることもない、銀行の支店長代理（静岡銀行事件・静岡地判昭 53.3.28 労民集 29 巻 3 号 273 頁など）や、時間管理を受けているファミリー・レストランやカラオケ店の店長（レストラン「ビュッフェ」事件・大阪地判昭 61.7.30 労判 481 号 51 頁、風月荘事件・大阪地判平 13.3.26 労判 810 号 41 頁など）、さらには、自己を含む料理人の勤務割を決定していたホテルの料理長も、労務管理上の権限が不十分であり出退勤の自由もないとして、「管理監督者」ではないとされた、セントラルパーク事件・岡山地判平 19.3.27 労判 941 号 23 頁）。
(注5) コンビニ最大手セブン－イレブン・ジャパンが直営店長に残業代の支払いをしたり、日本マクドナルドも店長に残業代支給するに至っています（もっともこれらの企業では同時に、店長手当を大幅に削減した結果、従業員に支払われる給与はほとんど変わりないとされています。2008 年 2 月 9 日付読売新聞）。

◆第2部　実例編

Q21　服務規律

Aさんは会社で口ひげを生やして仕事をしていたところ、上司からひげを剃れと言われ、従わないと懲戒処分にすると言われました。どうしたらよいでしょう。

A　口ひげを生やしていても業務に支障がないかぎり、上司からの指示に従う必要はなく、拒否しても懲戒処分の対象にはなりません。

解　説

1　服務規律　　一般に企業では、「服務規律」と称する従業員の労働義務の履行に関する行為規範が就業規則に定められ、その範囲は、就業の仕方、場所や会社の信用名誉の保持など広範かつ多様であり、また内容も、大別すれば、①服務に関する基本原則、②労務提供のあり方に関するもの、③労働契約上の信頼関係に関するものに分けることができます。具体的には無断欠勤、勤務中の飲酒、会社物品の私用持ち出し、機密の漏洩、出張命令の拒否等々の行動の規制等詳細なものであり、これらの規律違反に対しては、戒告（服務規律違反行為を戒めるもので、始末書提出を伴わない）、譴責（服務違反行為を戒め、通常始末書提出を伴う）、減給、出勤停止、諭旨解雇、懲戒解雇などが行われることがあります（労基法89条9号、労契法15条など）。

2　服装等の自由　　上述した服務規律は労働者の人格的利益と衝突することがあり、かつては労働者の所持品検査等が問題とされたりしましたが、近年においては、企業における服装・身だしなみの規制などが、ひげ・長髪・茶髪など、労働者の自己表現との関係で問題とされるようになっているのです（注1）。

ところで労働者は、一市民としては、服装、ヘアスタイル・ヘアカラー、ひげ等について基本的に自由であり（自己決定権）、それが就業時間中に制約される根拠は、労働義務以外には考えられませ

◆ 第6章 ◆ QA——具体事例から考える〔Ⅱ 労働世界〕

ん（注2）。しかしそれを除けば労働義務に抵触するのは、労働者の選択した服装やひげなどが著しく非常識であるとか、当該業種における一般的慣行に反するなどの理由により、業務に支障を来すおそれがある場合に限られることになります（注3）。

(注1) 裁判例では、電車やバスの乗務員に対しなされる所持品検査について、①検査を必要とする合理的理由の存在、②検査の方法が一般的に妥当な方法と程度で行われること、③制度として職場従業員に対し画一的に実施されるものであること、④明示の根拠に基づくこと、の要件を設定し（西日本鉄道事件・最二小判昭43.8.2民集22巻8号1603頁）、これらの要件は、退門時に盗品を発見するため守衛によって行われる所持品検査（鞄の中の検査）にも踏襲されています（帝国通信工業事件・横浜地裁川崎支判昭50.3.3労民集26巻2号107頁）。

(注2) 職種によっては、労働者に制服・制帽の着用を義務付けることが業務上必要とされ、違反者に制裁を課すことが認められ、制帽を着用しないで勤務した乗合いバス運転手の減給処分を有効と認めた、神奈川中央交通事件（横浜地判平6.9.27労民集45巻5・6号353頁、同控訴審・東京高判平7.7.27労民集46巻4号1115頁）など。

(注3) 例えば学校の教師がノーネクタイで授業すること（麹町学園事件・東京地判昭46.7.19判時639号61頁）、口ひげをはやしてハイヤー運転に従事すること（イースタン・エアポート・モータース事件・東京地判昭55.12.15判時991号107頁、労判354号46頁）、茶髪でトラックを運転すること（株式会社東谷山家事件・福岡地裁小倉支決平9.12.25労判732号53頁）などは、いずれも業務に支障をもたらすおそれがないものと判断されています。また、性同一性障害をもつ労働者が、女性の姿で就労することを禁止する業務命令が無効とされ、命令違反を理由とする懲戒解雇も無効とされた事例（昭文社事件・東京地決平14.6.20労判830号13頁）があります。

◆第2部 実例編

Q22 年次有給休暇

私は夫がリストラされたことから、1年前からパートで働いていますが、年休を取ろうとしたところ、会社から「忙しいからダメ」と言われたのですが、どのようにしたらよいでしょうか。

A 労基法では、使用者は、6カ月以上継続して勤務し、全労働日の8割以上出勤した労働者には、少なくとも10日間の有給休暇を与えなければなりません（最長20日まで）。このように年次有給休暇を取る権利は、法律上当然に生じるものであり、パートも同じですので、会社の扱いは労基法違反になりますので、この点を指摘してきちんとした対応を求めるべきです（→94～103頁、以下Q28迄同様）。

── 解　説 ──

1 年次有給休暇　年次有給休暇（年休）は、年間のうち一定期間、賃金もしくはそれに代わる手当を補償しつつ、労働者を労働義務から解放し、休息、娯楽や能力開発などのための機会を与える制度であり、労基法では、勤務年数に応じ年休日数は10日～20日とされています。すなわち、雇入れの日から起算して6カ月継続勤務し、全労働日の8割以上出勤した労働者は、継続または分割した10労働日の有給休暇が与えられ、それ以上継続して勤務した場合は、図表に掲げる労働日を加算した有給休暇が付与されることになるのです（39条。注1）。

（図表）有給休暇日数一覧

勤務年数	6カ月	1年6カ月	2年6カ月	3年6カ月	4年6カ月	5年6カ月	6年6カ月以上
年休給与日数	10日	11日	12日	14日	16日	18日	20日

また1日の労働時間が短く、パートタイマーとして取り扱われて

◆ 第 6 章 ◆ QA——具体事例から考える〔Ⅱ 労働世界〕

いる労働者であっても、6カ月継続勤務し、かつ所定労働日数が週5日以上である者や、期間の定めのある労働契約によって雇用されている臨時労働者（アルバイト等）も、雇用期間が更新されて実質上6カ月継続勤務していると認められる場合には、同様に年休を与えなければなりません（注2）。

2 労働者の時季指定

労働者が日時を指定して年休を請求（＝時季指定）した場合、使用者が後述する時季変更権の行使をしないかぎり、原則として年次有給休暇が成立し、使用者の「承認」の余地がなく、「休暇をどのように利用するかは、使用者の干渉を許さない労働者の自由」と解されています（白石営林署事件・最二小判昭48.3.2民集27巻2号191頁）。

労働者の時季指定がどの時点までになされるべきかについては、法律上の規定は存在しませんが、休暇時期直前や当日の電話等による時季指定などの場合（特に病気や家族看護などの場合）、使用者による時季変更権の行使が認められやすいので注意が必要でしょう（使用者が代替要員の確保などの対応措置をとる時間的余裕が乏しく、年休取得が「事業の正常な運営を妨げる」可能性が高くなる）。

3 使用者の時季変更

有給休暇を全員が一斉にとると、企業が成り立たなくなることから、「事業の正常な運営が妨げる」場合は、使用者はほかの時季に振り替えて与えることができ（労基法39条5項但書）、これを「時季変更権」と呼んでいます。もちろん使用者は、労働者の年休をとる権利に対して年休の付与義務を負うわけですから、この場合もできるだけ労働者が指定した時季に休暇がとれるよう、状況に応じた配慮をすることが要請されることになります（注3）。

したがって「事業の正常な運営を妨げる」かどうかは、当該労働者の所属する事業場を基準として、事業の規模、当該労働者の担当する作業の内容、性質、作業の繁閑、代行者の配置の難易、労働慣行等諸般の事情を考慮して客観的に判断すべきであって、単に業務が繁忙であるとか、人員が不足であるというだけで休暇を与えないことは許されないことになります（注4）。

◆ 第2部　実例編

(注1)　国際的には、3労働週の年休（うち2労働週は分割不可）という最低基準が定められています（ILO132号条約）。わが国の場合、労働者1人あたり付与日数は年間平均18.3日ですが、取得日数は9.0日、取得率は49.3%にすぎません（2012年就労条件総合調査）。このようにわが国では、年休が付与されても取得しないまま未消化となるケースが多く、また本来の趣旨と異なり、病気や家族の看護・介護の目的で取得されることが多いなど、この制度は依然として根を下ろすことはできずにいるといえましょう。

　　尚現在では「仕事と生活の調和促進」（＝ワーク・ライフ・バランス）の観点から、事業場の労使協定により、1年に5日の範囲内で時間単位の取得が認められるようになっています（同法39条4項。同法が不適用とされる非常勤国家公務員には、1時間単位の年休が認められています）。

(注2)　1週間の所定労働日数が通常の労働者と比べて少ない者（4日以下）、および週以外の期間によって所定労働日数が定められている労働者については、通常の労働者の所定労働日数と当該労働者の所定労働日数との比率に応じた日数の有給休暇を付与すべきものとされています（39条3項、規則24条の3）。

　　ちなみに6カ月継続勤務し、全労働日の8割以上を出勤したという場合の出勤日の計算に際しては、業務上の傷病による休業期間、育児・介護休業の期間、産前・産後の休業期間、生理休暇、年休の期間は出勤したものとして扱われます。

(注3)　判例も、使用者はできるだけ労働者が指定した時季に休暇をとれるよう、「状況に応じた配慮」をすることを要請されるとし、使用者としての「通常の配慮」をすれば勤務割変更により代替勤務者の配置が可能であるという場合に、代替勤務者が配置されないときは、年休取得により事業の正常な運営を妨げるとはいえないとしています（弘前電報電話局事件・最二小判昭62.7.10民集41巻5号1229頁）。したがって使用者が「通常の配慮」をしたとしても、代替勤務者を確保して勤務割を変更することが客観的に可能な状況になかったと判断しうる場合には、時季変更権の行使が違法になることはないとしたものもあります（電電公社関東電気通信局事件・最三小判平元.7.4民集43巻7号767頁）。

(注4)　この点につき、年休によって支障が生じるかどうかを、係や課単位で

判断する裁判例がありますが(電電公社此花電報電話局事件・最一小判昭57.3.18民集36巻3号366頁)、係や課のもつ意味が企業によって異なる以上、一律に決することはできず、結局のところ、それぞれの単位において生じうる支障が、事業全体にいかなる影響を及ぼすかという観点から判断するほかないといえましょう。

Q23 年休と不利益取扱い

私の会社では有給休暇をとると、夏・冬のボーナスが大幅にカットされてしまいます。私達にとってボーナスは大きな収入を占めているのに、こんなことは許されるのでしょうか。

A 労働者が労基法上保障されている権利を行使した場合に、賃金等をカットする不利益取扱いは許されず、賞与(ボーナス)手当カットは不利益処分に該当して許されないものと解されます。

解 説

1 権利行使と不利益取扱い

労働者が、労基法で保障された産前産後休業、年次有給休暇などの権利や、育介法上の諸権利を行使した場合に、しばしばそれを理由として使用者から賃金カットなどの不利益な取扱いを受けることがあります。現行法上、労働者の権利行使を理由とする不利益取扱いを一般的に禁止する規定は存在せず、個別的な規定が設けられているにすぎませんが(監督署への申告を理由とする不利益取扱いを禁止する労基法104条2項、産前産後休業などを理由とする不利益取扱いを禁止する均等法9条など)、権利行使を理由とする不利益取扱いが強く制限されるべきは当然のことです。

したがって労基法上の権利行使に対して、実質的に不利益を課すような措置は許されず、本問のように賞与の支給・不支給の決定や賞与額の算定にあたって、出勤率が問題とされる場合、労基法上の権利(年休、産休、生理休暇など)を行使した日は、欠勤として扱っ

◆ 第 2 部　実例編

てはならず、原則として無効と解されています（注 1）。

<u>2 年休権行使と不利益取扱い</u>　労基法は、賞与計算や精皆勤手当の支給に際して、年休取得を理由として労働者を不利益に取り扱ってはならないとして、「有給休暇を取得した労働者に対して、賃金の減額その他不利益な取扱いをしないようにしなければならない」と規定しています（附則 136 条）。

前述した通り労基法上の権利行使に対して、実質的不利益を課すような措置は、年休取得という権利行使を抑制するもので許されず、無効とすべきものです。何故ならば労基法 39 条が、明文で労働者に年休権を保障しており、不利益取扱いを禁止する強行法規的効力を有し、労基法附則 136 条等は、この趣旨を確認したものと考えるべきだからです。

（注 1）　判例は、問題となっている制度の趣旨、目的、労働者が失う不利益の程度、権利行使の事実上の抑止力など諸般の事情を総合考慮して、それが労基法上の権利の行使を抑制し、権利保障の趣旨を実質的に失わせるといえる場合にかぎり、公序に反して無効との立場をとっています（沼津交通事件・最二小判平 5.6.25 民集 47 巻 6 号 4585 頁）。例えば、前年度出勤率 80％ 以上の者についてのみ賃上げするという制度の下で、年休取得日や生理休暇取得日を欠勤扱いしたのは、公序違反になるとした裁判例（日本シェーリング事件・最一小判平元 .12.14 民集 43 巻 12 号 1895 頁）、年休取得日を、それが属する期間に対応する賞与の計算上欠勤として扱うことはできないとした裁判例（エス・ウント・エー事件・最三小判平 4.2.18 労判 609 号 12 頁）がありますが、他方精皆勤手当の支給に関し、生理休暇取得日数を出勤日数に算入しないことは、労基法 68 条違反ではなく公序良俗違反でもないとした裁判例（エア・ビー・シー工業事件・最三小判昭 60.7.16 民集 39 巻 5 号 1023 頁）、交替表作成後に年休の時季指定をした乗務員に皆勤手当を支給しないとする扱いが公序に反するとまではいえないした裁判例（前掲・沼津交通事件）、出勤率 90％ 未満の場合に賞与を支給しない制度の下で、産前産後休業および勤務時間短縮を欠勤扱いとする条項は公序に反して無効であるが、賞与額の計算にあたってこの期間を減額対象の欠勤として扱うことは許される

とした裁判例があります（東朋学園事件・最一小判平15.12.4判時1847号141頁、労判862号14頁（差戻審・東京高判平18.4.19労判917号40頁））。

しかし、こうした判例の立場は、権利行使を理由とする賃金上の不利益が、一般的に労働者の権利行使を抑制するものであるとの認識を欠いており、また基準の明確性という点からも問題を残しているといえます。

Q24　マタハラ（マタニティ・ハラスメント）

> Aさんは子供を出産して職場復帰しようとしたら、会社の上司から、「君のポストは他の人に変わってもらったので、もうないよ」と言われ、降格させられた。こんな事が許されるのだろうか。

A　最近問題となっている「マタハラ」（マタニティ・ハラスメント）と呼ばれるものであり、「経営難」や「能力不足」などを口実に妊娠出産などを契機に女性労働者に、解雇やパートへの契約変更などの不利益処分をしたり、精神的、身体的な嫌がらせを行うことは、いずれも違法とされています。

解　説

1「マタハラ」とは　「マタハラ」はマタニティ・ハラスメント（Maternity Harassment）の略の和製英語であり、働く女性が妊娠、出産に伴う就業制限や産前産後、育児休業等によって業務上支障をきたすことを理由として精神的、身体的な嫌がらせを受けたり、解雇や雇止め、自主退職の強要、配転などの不利益や不当な扱いを受けることを意味します。

マタハラの大半は、男女雇用機会均等法、育児介護休業法、労働基準法等に違反し、かつ不法行為を構成するものであり、女性労働者にとってはセクハラ、パワハラと共に職場の3大ハラスメントと言われる不利益な扱いです。

マタハラは、連合の調査（2012年）では、女性労働者の4人に1人（25.6％）が経験し、セクハラ（17％）よりも多いものの、妊娠、

◆ 第2部　実例編

出産、育児を契機としたハラスメントであることから、泣き寝入りをすることが多く、ハラスメントによる流産や早産の危険性もあり、対策が急がれているものです。

2　マタハラと法規制

マタハラに対しては、前述した通りさまざまな法律によって今日ではその大半が違法とされており、以下にその典型例を示してみましょう。

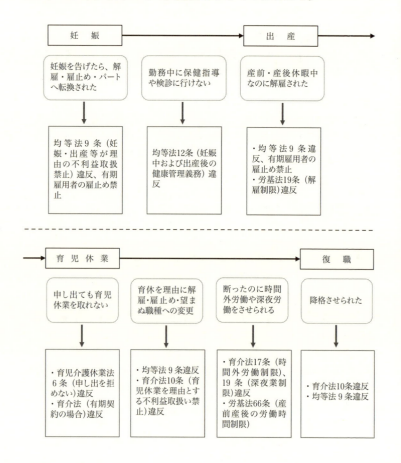

◆第6章◆ QA——具体事例から考える〔Ⅱ 労働世界〕

3 マタハラと「不利益」取扱い

(1) 2014年10月23日、最高裁は妊娠を理由に降格を行ったことについて、業務上の必要など特段の事情がある場合以外は、原則として男女雇用機会均等法違反に当たるとの初判断をし、それを受けて以下に述べる通り、厚労省は通達を改正してマタハラに対する規制を強化しています。

(2) 妊娠、出産、育児休業の事由を「契機として」不利益取扱いが行われた場合、原則として、これらの事由と不利益取扱いとの間に因果関係があるものと解され、法違反とされます。この場合の「契機として」は、妊娠、出産、育児休業の事由と時間的に近接しているか否かで判断され、通達では、上記事由の終了から1年以内に不利益取扱いがなされた場合としています(1年を超える場合でも、実施時期が事前に決まっていて、ある程度定期的になされる措置(人事異動、人事考課、雇止めなど)については、事由終了後の最初のタイミングなど含む)。

(3) 上記違反に対しては、2つの例外事由が規定されています。

(例外1) 以下に述べる通り、業務上の必要性が不利益取扱いの影響を上回る特段の事情がある場合とされています。

① 経営状況の悪化が理由とされる場合は、
 1) 事業主側の状況(職場の組織、業務体制、人員配置の状況)として、具体的には債務超過や赤字の累積などで、不利益取扱いをせざるを得ない事情の有無、不利益取扱いを回避する真摯かつ合理的な努力(他部門への配転など)がなされていること。
 2) 労働者側の状況(知識、経験等)として、不利益取扱いが行われる人の選定の妥当性(職務経験等による客観的、合理的基準による公正な選定か否か)があること。

② 本人の能力不足、成績不足、能率不良等を理由とする場合(但し、妊娠、出産に起因する症状が理由とされないこと)は、
 1) 事業所側の状況として、妊娠等の事由の発生以前から能力不足を問題としていたが、不利益取扱いの内容、程度が能

力不足等の状況と比較して妥当か、同様の状況にある他の（問題のある）労働者に対する不利益取扱い均衡が図られるか、改善の機会を相当程度与えたか否か（妊娠等の事由の発生以前から、通常の（問題のない）労働者と相当程度上回るような指導がなされているか）、同様の状況にある他の（問題のある）労働者と同程度の研修、指導等が行われていたか。
2） 労働者側の状況として、改善の機会を与えてもなお、改善する見込みがないと言えるか、否かが問題とされることになります。

（例外2）以下に述べる通り、本人が同意し、一般労働者が同意する合理的理由が客観的に存在する場合とされています。したがって単に当該労働者が同意していただけでは足りず、有利な影響が不利な影響を上回っていて、事業主から適切な説明を受けたなど、当該労働者以外の労働者があっても合理的な意思決定ができるものであれば、誰しもが同意するような理由が客観的に存在している状況あることが必要とされ、この場合にはそもそも法が禁止する「不利益な取扱い」には該当しないものと解されるでしょう。

具体的には、事業主から労働者に適切な説明がなされ、労働者が十分に理解したうえで応じるか否かを決めることができたか、その際には、不利益な取扱いに関する直接的影響だけでなく、間接的な影響（例えば降格（＝直接的）に伴う減給（間接的）など）についても説明がなされたか。書面など労働者が理解しやすい形で明確に説明がなされたか、自由な意思決定を妨げるような説明（例えば、「この段階で退職を決めるなら、会社都合の退職という取扱いにするが、同意が遅くなると自己都合退職にするので、失業給付が減額になる」と説明する等）がなされたか、契機となった事由や取扱いによる有利な影響（労働者の意向に沿って業務量が軽減される等）があって、その有利な影響が不利な影響を上回っているか、等を総合勘案することになります。

4 法規制強化の必要性

問題はこうした規制の遵守方法に強弱があり、その結果企業に軽んじられている

ことです。例えば、労基法違反の場合、司法警察権をもつ監督官が是正指導をしますが、均等法や育介法違反では、均等室に強制権限がなく、労契法違反の場合には、個人が訴えを起こす以外ないのです。

このような状況の中で、政府によるマタハラ根絶宣言をうけて、育介法と均等法改正により、規制強化が図られようとしており、注目されます。

そこで以下ではさまざまな場合でのマタハラの具体例について述べることにしましょう。

Q25 産前・産後休業

> 私は、先日妊娠が判明したので、会社に産前・産後休業の時期について相談しようとしたところ、「わが社は小企業なので人的な余裕がなく、辞めてもらうしかない」と言われました。小さな会社では、産前・産後休業を取ることができないのでしょうか？

A 産前・産後休業は、労基法で定められた休業であり、女性労働者が妊娠したことや産前・産後休業の取得を理由として解雇したりすることは禁止されていますので、このような違法措置の是正を厳しく求めるべきです。

解 説

1 産前・産後の休業　産前6週間（多胎妊娠の場合は14週間）以内の女性が休業を請求した場合には、使用者はその労働者を就業させてはならず、また産後8週間を経過していない女性については、本人の請求の有無にかかわらず、原則として就業させることができません（図表、労基法65条）（注1）。

使用者は、法定の産前産後休業期間中及びその後30日間、女性を解雇することや（19条1項）、妊娠・出産を退職理由として予定すること、妊娠・出産を理由として解雇その他の不利益取扱いをす

◆ 第2部　実例編

(図表) 産前・産後取得可能休業期間

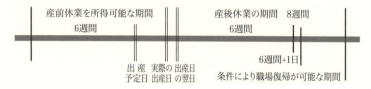

ることが禁止され、妊娠中の女性及び産後1年を経過しない女性の解雇は、使用者が妊娠・出産を理由とする解雇でないことを証明しない限り、無効とされています（均等法9条1、3、4項）。

したがって本問では、いずれも違法とされます。

2　妊産婦等への配慮　妊娠中の女性が請求した場合は、使用者は、他の軽易な業務に転換させなければならず（労基法65条）、また、妊産婦（妊娠中及び産後1年を経過しない女性）を重量物取扱業務、有害ガス発散場所での業務など、危険有害業務に就かせることは禁止され（64条の3）、妊産婦の請求があった場合には、時間外労働や休日労働、深夜業をさせてはなりません（66条）（注2）。

さらに事業主は、妊娠中及び出産後の女性が母子健康の指導や健康診査に必要な時間を確保できるようにしなければならず（均等法12条）、勤務時間の変更、勤務の軽減等必要な措置を講じなければなりません（13条）。

産前・産後の休業中の賃金については、健康保険法により、出産日（出産が予定日より遅れた場合は予定日）以前42日から出産日後56日までの期間で就労しなかった日数について、1日につき標準報酬日額の3分の2の出産手当金が支給され、出産の際は家族出産一時金として、1児につき35万円が支給されます（102条）。

3　母性保護規定　女性労働者はその身体的・生理的特質から、①18歳未満の女性の深夜業の原則禁止（労基法61条）、②坑内労働の原則禁止（64条の2）、③重量物取扱等危険有害業務の就業制限（64条の3）、④育児時間（67条）、⑤生理日の就

業が困難な場合の休暇（68条）の5項目について就労制限がなされています。これは女性にだけ特別の権利を与えたという性質のものではなく、母体保護、すなわち次の世代の労働力の保護を図るという観点から設けられたものであることに留意しなければならないのです（労基法64条の2〜68条）。

(注1) 出産とは、妊娠4カ月以上（1カ月は28日として計算する）の分娩をいい、流産や人工妊娠中絶した場合、出産として取り扱われ、産前6週間の期間計算は、分娩予定日を基準として計算し、産後8週間は現実の出産日を基準として計算しますので、出産が予定日より遅れたため6週間を超えたとしても、産前の休業として扱われることになります。このように産前6週間の算定については出産予定日が、産後8週間については現実の出産日が基準とされる点、また労働者自身の請求を前提とするか否かの点で、両者の扱いが異なります。

(注2) ここにいう時間外・休日労働とは、いずれも労基法上の時間外・休日労働のことであり、いわゆる「法内超勤」（所定労働時間外ではあるが、法定労働時間の枠内にとどまる残業。例えば、所定労働時間が1日6時間のパートが、1時間残業する場合など。）や週休2日制のもとで、1日休日（法外休日）をつぶして働く場合には、この規定は適用になりません。

Q26 育児休業

Aさんは出産後、育児休業を取得しようと会社に申し出たところ、「規則がない」と受け付けてもらえませんが、休業することはできないのでしょうか。またBさんは、育児休業取得して職場に復帰したところ、自宅から1番遠い支店に転勤するように会社から言われましたが、許されるのでしょうか。

A 事業主は、育児休業の申し出があった場合、原則としてこれを拒むことができません（育介法6条）。会社にはこのような法律の内容を理解させて、同僚の協力も得ながら、育児休業を取得しましょう。また育児休業を理由とした不利益取扱いは禁止され

◆第2部　実例編

ており、使用者は、就業場所の変更を伴う配置転換（転勤）を命じるにあたって、育児や介護に従事する労働者の状況に配慮しなければなりませんので、この配慮を怠ったままの転勤命令は、権利濫用として無効と考えられます。

解　説

1　育児休業とは

育児休業は、労働者の申し出により、生後1歳未満の子（法律上の親子関係にある実子及び養子）を養育するためにする休業で、子が生まれた日から原則として最長で1歳に達するまで、男女を問わず休業できる制度です。子が1歳以上になっても、①当該労働者またはその配偶者が1歳到達時において育児休業をしており、②保育所に入所できない場合、または1歳到達時以降養育を担当する予定であった配偶者が養育困難となった場合には、1歳6カ月まで育児休業を取得することができ、更に実際に育児休業を取得するのは圧倒的に女性であることから、主に男性の育児休業取得を向上させることを目的として、父母がともに育児休業を取得する場合には、原則として1歳2カ月までの間に1年間育児休業を取得可能とされています（いわゆる「パパ・ママ育休プラス制度」。図表、育介法9条の2）。

また育児休業を取得することができるのは、子1人につき1回であり、細切れ取得することはできないのが原則ですが、出産後8週間以内に父親が育児休業を取得した場合には、その父親は育児休業を再取得することができます（同5条2項）。

育児休業期間中の所得保障は、雇用保険法に基づいて給付金が支給されます（注1）。

2　使用者の義務

育児休業期間中、使用者は時間外労働や深夜労働を命じることが制限されており、事業主は、①3歳に満たない子を養育する労働者が請求した場合、所定労働時間を超える労働をさせたり、②小学校就学前の子を養育する労働者、あるいは要介護状態にある対象家族を介護する労働者が請求した場

◆第6章◆ QA——具体事例から考える〔Ⅱ 労働世界〕

合、36協定により時間外労働が可能とされている場合であっても、1月について24時間、1年について150時間を超える時間外労働を命じたり、③小学校就学の始期に達するまでの子を養育する労働者や要介護状態にある対象家族を介護する労働者が、それぞれ育児や介護のために請求した場合、深夜労働（午後10時から午前5時）をさせたりすることは禁止されています（ただし、勤続期間が1年未満の者、1週の所定労働日数が2日以下の者等は、これらの請求を行うことができない。育介法16条～20条）。これらの請求は、始期終期が明確な1カ月から1年（深夜業の制限については1カ月から6カ月）の期間の範囲で、開始予定日の1カ月前まで行わなければならないという制約がありますが、請求回数に上限はありません（16条の8、17条、19条など。注2）。

使用者は、原則として労働者の育児休業の申出を拒むことができませんが、①雇用期間が1年未満の労働者、②配偶者が常態として子を養育できると認められる労働者、③その他合理的な理由があると認められる労働者について、労使協定によりこれを除外する旨の定めをした場合には、拒否することができます（育介法6条1項、12条1項など）。

3 育児休業と不利益取扱いの禁止

育介法では、労働者がこれらの申立てをしたことや取得したことを理由として、「解雇その他の不利益取扱をしてはならない」とし（10条、16条、16条の4）、労働者を転勤させる場合、子の養育または家族の介護の状況に配慮することを事業主に義務付けています（26条）（注3）。

このような法令に保障された労働者の権利行使に対して何らかの不利益取扱いがなされた場合の法的効果について、法令には特別の規定はありませんが、判例は、90％以上の出勤を賞与の支給要件とし、産前産後休業日や育介法に基づく育児休業日等を欠勤扱いしたケースで、同法の権利保障の趣旨を実質的に失わせるほどの不利益を与える場合には、公序良俗違反として許されないとしています（東朋学園事件・最一小判平15.12.4判時1847号141頁、労判862号14

◆ 第2部　実例編

(図表) 育介法のシステム

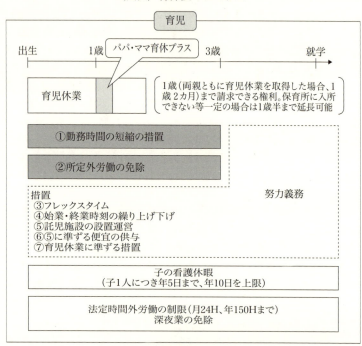

◆第6章◆ QA——具体事例から考える〔Ⅱ 労働世界〕

また単身赴任をもたらす転勤に際して、使用者は信義則上、労働者の不利益を軽減するために社会通念上求められる措置をとるよう配慮すべき義務があるとしており（帝国臓器製薬事件・最二小判平11.9.17労判768号16頁）、したがってこの「義務」を果たさない場合には、配転命令権の濫用の可能性が出てくることになります（注5）。

(注1) ちなみに予定日よりも早く子が出生した場合や、配偶者の死亡、病気、負傷等特別の事情がある場合には、育児休業を開始する日を繰上げ変更することにより、育児休業の期間を延長することができます。また有期契約による労働者についても、継続雇用期間が1年以上であり、かつ子が1歳に到達する日以降も引き続き雇用されることが見込まれる場合は、この権利を持ちます。

　育介法ではこれ以外にも、看護休暇、勤務時間の短縮等の措置等が定められています。尚同法は、地方公務員と国家公務員には適用されず、公務員の育児・介護休業については、国家公務員や地方公務員の育児休業等に関する法律や条例などに基づいて制度化されています（育介法61条）。

(注2) ただし、これらの請求を認めることが事業の正常な運営を妨げる場合は、年次有給休暇における時季変更権行使のように（平16.12.28職発1228001号）、事業主はこの請求を拒否することができる。

(注3) 「不利益な取扱い」の内容は、指針で、退職強要、自宅待機、降格、減給、昇進、昇給の人事考課における不利益な評価、不利益な配置、就業環境を害することなどが例示されています（平21.12.28厚労告509号2の11）。

(注4) なお同事件では、90％という高率の出勤率要件が設定されていたため、半年の対象期間中8週間の産後休業を取得した者または対象期間の全期間にわたって1日1時間15分（7時間15分の所定時間の17％）だけ育児のための勤務短縮をした者は、それだけで出勤率を満たさない扱いをされました。もっとも同判決は、他方で、育休法上の休業（短時間勤務も含めて）は有給であることを保障されていないから、賞与の算定において短時間勤務による短縮時間を欠勤時間として、比例的に賞与を減額させること自体は適法と判

◆第2部　実例編

示しています。

(注5)　ちなみに育児休業取得後に復職した女性労働者に対して、担当職務の変更（担務変更）とそれに伴う賃金減額（年俸で640万円から520万円に減額。内訳は、役割報酬が550万円から500万円に、査定による成果報酬分が90万円から0万円に減額され、激変緩和措置としての調整報酬が20万円支給）がなされたケースで、担務変更の有効性は肯定しながらも、そのことによって役割グレードと報酬グレードを変更したことを無効と判断した、コナミデジタルエンタテイメント事件（東京高判平23.12.27労判1042号15頁、尚一審東京地判平23.3.17労判1027号27頁は、本件担当職務の変更とそれに伴う役割報酬の減給を違法ではないとし、他方で、成果報酬ゼロ査定を違法としその分のみ慰謝料の損害賠償請求を容認）。

Q27　介護休業

先日、夫の父親が病気で倒れたので、会社に介護休業を取りたいと申請したところ、同居してないから介護休業を取ることはできないと断られましたが、認められないのでしょうか。

Ⓐ　介護休業とは、要介護状態にある家族を介護するために、原則93日を上限に休業できる制度であり、労働者が介護休業を申し出た場合、事業主は、その申し出を断ることはできません（育介法12条）。配偶者の父母の場合は、同居していることは要件ではありませんので、その趣旨を会社側に説明した上で、改めて介護休業の申し出を行ってください。

解説

1　介護休業制度　　介護休業は、要介護状態にある対象家族を介護するためにする休業ですが、育児・介護休業法は、家族の介護のための休業について、育児休業とほぼ同様の規定を設けており（11条以下）、「要介護状態」とは、負傷、疾病又は身体上若しくは精神上の障害により、2週間以上の期間にわたって常

時介護を必要とする状態をいい（育介法2条、規則1条）、また、「対象家族」とは、配偶者（事実婚を含みます。）、父母、子及び配偶者の父母と、同居しかつ扶養している祖父母、兄弟姉妹及び孫を指します（2条、規則1、2条）。

　この場合事業主は、労働者から介護休業の申し出があった場合は、原則としてその申し出を拒むことができず、育児休業と異なり、配偶者が常態として介護することができることや、他に介護することができるものがいることを理由として申出を拒否することができません。これは、家族を介護する者が誰であるかを決めることが困難であること、交替で介護することがあることなどによるものとされています（12条、注）。

2 介護休業の期間・賃金

　介護休業の期間は、対象家族1人につき、要介護状態に至るごとに1回、通算93日までの間で、労働者が申し出た期間であり（15条1項）、これにあわせて事業主は、労働者が就業しながら要介護状態にある家族を介護することが容易になるように、勤務時間の短縮やフレックスタイム制、始業・終業時刻の繰り上げ・繰り下げなどの措置を講じなければなりません（23条3項、規則34条）。

　休業中の賃金については、法律に規定がないことから、事業主は、休業期間中の賃金を支払う義務を負いませんが、雇用保険の被保険者で、介護休業開始前2年間に、賃金支払基礎日数が11日以上ある月が12か月以上ある人は、原則として休業開始時点の賃金月額の40％が介護休業給付金として支給されます。

(注)　もっとも日々雇用される者や期間を定めて雇用される者は、対象とされていませんが、有期契約の者であっても、実質的には期間の定めのない契約と異ならない状態となっている場合には対象とされます。ちなみに労使協定によって、勤続1年未満の者、介護休業申出の日から93日以内に雇用関係が終了することが明らかな者、1週間の所定労働日数が2日以下の者は、適用外とすることができます（12条2項、規則23条）。

◆第2部　実例編

Q28　健康配慮義務

> 私が勤務している職場では、残業が日常化しており、土曜日、日曜日も休むことができません。また、出張等も多く疲労が蓄積しています。このような状況が今後も続けば、病気になるのではないかと心配です。このような働き方は、問題がないのでしょうか。

A　過重労働や過労で健康を損ねるような働き方を防止するためには、適正な労働条件の確保、労働者が安心して休めるような人事管理に向けた、労使双方の日常的な取り組みが必要です。長時間労働等の過労等により精神的、肉体的な疾患が生ずる可能性がある場合、まず職場の労働条件等を就業規則等で確認し、問題がある場合は、事業主と雇用管理の適正化について話し合い、就業環境の改善に向けて努力する必要があります。

解　説

1　健康安全配慮義務・メンタルヘルス

　労働契約は、労働者が労働の給付に生存をかけているという意味では全人格的な関係をなすものであることから、使用者は、「労働者がその生命、身体等の安全を確保しつつ労働することができるよう、必要な配慮をするものとする。」と規定され（労契法5条）、労働条件は、「労働者が人たるに値する生活を営むための必要を満たすものでなければなら」ず、「その向上を図るよう努める」ことを当事者に義務付けており（労基法1条）、このような義務を、今日一般に健康配慮若しくは安全配慮義務などと呼んでいるのです（注1）。

　とりわけ今日、いわゆるグローバリズムに伴う急激な職場環境の変化の中で、メンタルヘルス（心や精神の健康）不全が世界各国の職場で深刻な問題となっており、わが国でも勤労者の罹患する疾病のトップをうつ病等の精神疾患が占めるようになり、医療機関を訪れる患者が年間300万人を超す規模に達しています（図表、注2）。

◆第6章◆ QA——具体事例から考える〔Ⅱ 労働世界〕

(図表) 精神疾患の患者数

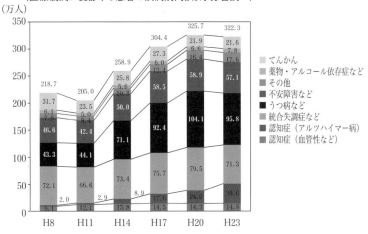

　したがって使用者は、過密労働やパワハラ・いやがらせ等により、労働者の心身の健康が損なわれていないかどうかを把握し適切な措置をとるべき注意義務を負い、業務上の指揮監督を行う職制上の上司も、労働者の心身の状況について正確な知識や情報を収集し、慎重な対応をすることが要請されており、適切な措置を怠ったために疾患や事故が生じた場合には、上記の注意義務に違反するものとして法的責任が問われることがあるのです。

　例えば、過重労働がいわゆる過労死に至る場合や、電話交換手の頸肩腕障害、銀行業務に伴う両手、両肘、左肩の痛み、重量物を扱う労働者に生じた非災害性腰痛、保育園保母の頸肩腕障害、疲労による居眠り運転にもとづく死亡事故などでは、使用者の安全・健康配慮義務違反が認められています（注3）。

　また使用者は、上記のような労働条件の設定だけでなく、健康や安全のための人的・物的措置や運用段階の中で、個々の労働者の健康状態を把握し、それに応じた措置をとることが必要とされ、例え

◆第2部　実例編

ば労働者が病気になる素因をもっていたり、すでに健康を害している場合には、使用者はそうした労働者の状況に対応して、職務から離脱させて休養をとらせるとか、他の軽易な作業に転換させるなどの配慮をする義務を負うことになり、この義務は、労働者からの体調異常などの申し出の有無に関係なく、労働者を就労させること自体から使用者に生じる義務とされているのです（注4）。

使用者がこうした健康・安全配慮義務を履行しようとすれば、健康診断を実施して労働者の健康を把握することが必要であり、使用者の健診実施義務（労安法66条）は、このようなによって裏づけられているのです。

2　過重労働に対する規制

このような問題に応えるべく、厚労省は平成14年の通達で、過労死防止のための周知啓発、窓口指導、監督指導に積極的に取り組む姿勢を明らかにし、さらに平成17年の労安法改正を受けて（平成18年4月施行）、全面改訂された通達を出しており（「過重労働による健康障害防止のための総合対策」平18.3.17基発0317008号）、このような通達も手がかりとして、使用者に労働環境の是正を求めるべきです（注5）。

(注1)　判例上も、使用者は信義則上、労働者の「生命及び健康等を危険から保護するよう配慮すべき義務」があるとされています（自衛隊八戸事件・最三小判昭50.2.25、鹿島建設・大石塗装事件・最一小判昭55.12.18)。
(注2)　厚労省の「今後の精神保健医療施設のあり方等に関する検討会報告」（平成21年9月24日）では、精神疾患はその患者数が急増しており、平成17年には300万人を超える水準となっている。我が国の調査結果では、国民の4人に1人（25％）が生涯でうつ病等の気分障害、不安障害及び物質関連障害のいずれかを経験していることが明らかとなっており、また、平成10年以降11年連続で3万人を超える水準にある自殺の背景には、うつ病、統合失調症、依存症等の精神疾患が多く認められている。
(注3)　ジェイ・シー・エム（アルバイト過労死）事件・大阪地判平16.8.30労判881号39頁、榎並工務店事件・大阪高判平15.5.29労判858号93頁、

◆第6章◆ QA——具体事例から考える〔Ⅱ 労働世界〕

NTT東日本北海道支店事件・札幌高判平18.7.20労判922号5頁、熊野電報電話局事件・名古屋高判昭63.3.30労判523頁（最三小判平4.7.14労判615号9頁）、さくら銀行事件・東京地判平5.3.25労判628号6頁、佐川急便事件・大阪地判平10.4.30労判741号26頁、横浜市立保育園保母事件・横浜地判平元.5.23労判540号34頁（ただし、同・東京高判平5.1.27労判625号9頁は因果関係を否定）、サカイ引越センターなど事件・大阪地判平5.1.28労判627号24頁、御船運輸事件・大阪高判平15.11.27労判865昇13頁など。なお、労働者が指揮命令を行う立場にあり、とくに管理監督者（労基法41条2号）と認められる場合にも、企業運営の職責上過重労働を余儀なくされた場合には、使用者の安全配慮義務違反が認められる可能性があります（おかざき事件・大阪高判平19.1.18労判940号58頁〈小規模企業の名目的な専務取締役〉）。

(注4) 具体的には時間外・休日労働に関する医者の面接指導等について、時間外・休日労働時間が1月当たり、①100時間を超える労働者であって、申出を行ったものについては、医師による面接指導を確実に実施するものとする、②80時間を超える労働者であって、申出を行った者（1に該当する労働者を除く。）については、面接指導等を実施するよう努めるものとする、③100時間を超える労働者（1に該当する労働者を除く。）又は時間外・休日労働時間が2ないし6月の平均で1月当たり80時間を超える労働者については、医師による面接指導を実施するよう努めるものとする、④45時間を超える労働者で、健康への配慮が必要と認めた者については、面接指導等の措置を講ずることが望ましいものとする、としています。

(注5) ちなみにここで出されている数値は、「過労死」のいわば危険ゾーンを示す数値として挙げられているものであり、「過労死認定基準」によると、①脳血管疾患等の発症前1〜6カ月間の1カ月平均時間外労働が45時間以内だと、当該脳血管疾患等の発症は業務との関連性が弱いが、②45時間を超えると、当該脳血管疾患等の発症は業務との関連性が強まり、③発症前1カ月間の時間外労働時間が100時間を超えるか、又は2〜6カ月間の1カ月平均時間外労働が80時間を超えると、当該脳血管疾患等の発症は業務との関連性が強いと評価されているのです（「脳血管疾患及び虚血性心疾患等（負傷に起因するものを除く。）の認定基準について」平13.12.12基発1063

◆第2部　実例編

号)。

Q29　パワハラ

上司と仕事のやり方をめぐって口論になってから、必要な書類が配られなかったり、ほかの社員の前で怒鳴られたり、同僚からの陰口や無視などが続いており、精神的に苦痛となっていますが、どうしたらよいでしょうか。

A　いじめやパワハラは、加害者本人の不法行為や使用者の責任を追及できるので、まずは、上司に対していじめ・パワハラをやめるよう要求し、それでもやまない場合は使用者に是正措置を要請する必要があります。

解　説

1「いじめ・パワハラ」とは

職場における「いじめ」は今日、セクハラと並んで深刻な問題となっており、このうち、特に上司などの部下に対する上下関係を利用とするものはパワー・ハラスメント（パワハラ）、大学などの教授から

（図表）　責任のレベル

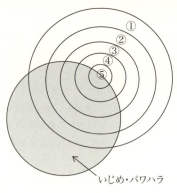

① 就業規則(懲戒処分)
② 不法行為(民法709条など)
③ 労災保険
④ 使用者責任(民法715条など)
⑤ 刑事責任(暴行・脅迫など)

大学院生などに対するものはアカデミック・ハラスメント（アカハラ）などと呼ばれています（注1）。

　職場において日常の勤務に耐えられないほどのいじめが続くと、精神的ストレスから「うつ病」を発症して、病気欠勤となり、最後には休職期間満了や復職の見込みなしと判断されて、自動退職、解雇を通告されることも多いのです。いじめ・パワハラは、このように人格権侵害としてセクハラと同様の性格をもち、また労働者の人格を軽視するという共通の企業風土から生じますが、「いじめ」に固有の特徴として、会社のリストラや、組合所属・信条を理由とする特定労働者の排除など、企業全体の方針として展開されることも少なくないことです（注2）。

2 いじめパワハラと職場環境配慮義務

　「いじめ」「パワハラ」が行われた場合、当該行為を行った上司や同僚が不法行為責任（民法709条）を負うことは当然として、更に使用者が使用者責任や債務不履行責任（民法709条・415条）を負うことがあります（〈図表〉）（注3）。

　使用者は、労働契約上の義務として、労働者にとって快適な就労ができるように職場環境を整える義務（職場環境配慮義務）を負っており、使用者は、このような職場環境配慮義務に基づき、労働者の快適な就労の妨げになるような障害（職場いじめ、職場八分、セクハラ、モラハラ、パワハラ等）を服務規律で禁止して、その発生を防止するとともに、これらの非違行為が発生した場合には、直ちに是正措置を講ずべき義務を負っており、これを放置ないしは黙認すれば、使用者責任や債務不履行責任を問われてもやむを得ないことになるのです。

3 上司の叱責といじめ

　部下のミスに対する上司の叱責などは、今日、程度の差こそあれ大半の職場で行われていますが、このような叱責等により、部下の人格権を侵害してはならないことは当然のことです。しかし従来、部下への叱責等は業務遂行のうえで当然であるといった意識や、職務上の関係にすぎない上司と部下の関係が、人格面での上下関係とみなされがちで

あったわが国の企業風土などから、部下に対する叱責等がいじめやパワハラとなりうるという認識は、まだ十分に定着していないと思われます。例えば、部下を「鍛えるつもりで多少強い口調を用いていたこと」が「パワハラ」にあたると指摘され、ショックを覚える上司の例などが典型ですが、今日、上司による懲罰的対応により、部下がうつ病等を発症する例が増えており、上司が部下に対して「1人の人間」として接する必要性は急激に高まっているのです。

　一般にミスを犯した部下に対する注意などは、それが真に業務改善等を目的とする場合には、社会通念に反しないかぎり一定程度は許されますが（もちろん、業務改善等とは無関係な私情に基づく場合には、業務上必要性を欠くものとして違法と評価されることになろう）、管理監督する立場にある者には、権限行使に際して部下の人格権侵害をもたらすことのないように注意する義務があるのです。そしてその注意義務の程度・範囲は、部下の犯したミスの程度も考慮に入れつつ、注意や叱責の度合いが社会通念に照らして許容されるものであるか否かの観点から判断されることになり、たとえば、ミスを犯した部下に対して、暴行を加えたり、（私的に）罰金を徴収するといった行為が違法とされることは明白であり、また、きわめてささいなミスに対して、例えば皆のいる前で大声で怒鳴る等必要以上に強く叱責することも、社会通念に反して人格権侵害とされることになるのです（注4）。

4 いじめ・パワハラに対する対処法

　いじめの被害にあったら、日時、場所、どのような被害にあったか、相手に伝えたこと、近くに誰がいたかなど、具体的な状況をできるだけ詳細にメモし、そのうえで自分がどのように感じているかを説明し、相手に行為をやめるよう要求し、口頭で申し入れても効果がない場合は、文書で行い、いじめが行われていたこと、やめるように要求したことの証拠とすることも考えられるでしょう。

　いやがらせの1つとして「仕事を与えられない」場合は、常に業務を行える状態を整え、指示の内容を確認するなど働く意欲があることを対外的に示す必要があるでしょう。いやがらせとして「仕事

◆ 第6章 ◆ QA——具体事例から考える〔II 労働世界〕

の指示を変更する」といったこともあるので、後で「言った」「言わない」ということにならないために、録音やメモをとっておくとよいでしょう。悪口や暴言などについては、録音しておき、そのうえで労働組合や弁護士または弁護士会の人権救済部門に相談するとよいでしょう。

(注1) 大学助手に対して教授がさまざまないやがらせをして退職に追い込んだとして、使用者（県）の責任が認められた、奈良県立医科大学事件・大阪地判平12.10.11判時1737号66頁、労判799号23頁（大阪高判平14.1.29判タ1098号234頁、労判839号9頁。最高裁で確定）など。

(注2) 組織的ないじめの例としては、特定の思想をもつ労働者を監視、尾行したり、ほかの労働者から隔離した事例（関西電力事件・最三小判平7.9.5判時1546号115頁、労判680号28頁）、リストラのために労働者にあえて仕事を与えないで一室に隔離した事例（セガ・エンタープライゼス事件・東京地決平11.10.15判タ1050号129頁、労判770号34頁）、組合活動を理由として労働者に就業規則の書き写しなど不要な仕事を命じた事例（JR東日本〔本荘保線区〕事件・仙台高裁秋田支判平4.12.25労判690号13頁（最二小判平8.2.23労判690号12頁））、希望退職に応じない労働者に暴行をふるい、業務上必要のない単純な統計作業をさせた事例（エール・フランス事件・千葉地判平6.1.26労判647号11頁（東京高判平8.3.27判タ839号272頁労判706号69頁））、バス会社で労働者の組合所属などによって配車の差別をした事例（サンデン交通事件・広島高判平6.3.29判タ868号189頁、労判669号74頁（最三小判平9.6.10労判718号16頁））、組合脱退者に対して職員組合で組織的に誹謗・中傷がなされた事例（U福社会事件・名古屋地判平17.4.27労判895号24頁）などがあります。

(注3) 「いじめ」が上司と部下の個別的な関係において行われる場合の、上司や使用者の責任（いじめ自殺について使用者（市）の責任）を認めた川崎市水道局事件・横浜地裁川崎支判平14.6.27判時1805号105頁、労判883号61頁（同控訴審東京高判平15.3.25労判849号87頁）などがあります。また「いじめ」に起因するうつ病や自殺が労災となり得る点などについては、基本的にはセクハラと同様に認められるものであり、いじめによる人格権侵

◆第2部　実例編

害が重大なものであれば、侵害行為の差止請求も可能です（西谷商事事件・東京地判平 11.11.12 労判 781 号 72 頁など）。

(注4) 菓子メーカーの契約社員だった 20 歳代の女性が、男性店長から「頭がおかしいんじゃないか」「遊びすぎじゃないの」「エイズ検査を受けたほうがいいんじゃない」「秋葉原のメイド喫茶で働いたほうがいい」「処女じゃないでしょう」などと言われてショックを受け、休職しそのまま退職したケースにつき、判決では、「男性から女性に対するものとしても、上司から部下に対するものとしても、許容される限度を超えた違法な発言であったといわざるを得」ず、「女性の人格をおとしめ、性的にはずかしめるだけの言動であるし、他の従業員も同席する場において発言されたことによって、女性の名誉をも公然と害する行為であり、明らかに違法である」として男性店長と会社の責任を認めています（風月堂事件・東京高判平 20.9.10 労判 969 号 5 頁）。

Q30　私傷病と休職

Aさんは3カ月前から同僚からいじめを受けたとして、うつ病を理由に休職しています。Aさんは労災申請をしていましたが同僚はいじめを否定しており、会社の傷病休暇規定は6カ月でまもなく休職期間が満了します。医者の診断ではほとんど回復しているものの、しばらく通院が必要で、通常どおりの勤務ができそうにありませんが、どうしたらよいでしょうか。職場復帰が無理な場合はどうなるのでしょう。

A　私傷病で休職期間が満了し、通常どおりの勤務が無理でもより軽易な勤務が可能である場合、解雇は許されず軽易な業務に就けるべきこととされています。診断書を提出して復職を申し出、業務軽減の配慮や業務変更、配転などの申し入れをしましょう。

解　説

1 休職制度とは

休職とは、従業員が私傷病などにより労務の提供ができなくなった場合に、その就労の義務を

◆ 第6章 ◆ QA——具体事例から考える〔Ⅱ 労働世界〕

免じるものであり、使用者は労働契約や就業規則等に基づいて必要な限り休職を命ずることができ、労働契約の締結に際して明示しなければならないとされ（労基法15条、規則5条）、休職制度には、「傷病休職」（業務外の病気や負傷による）、「事故休職」（業務外の事故による）、「起訴休職」、「出向休職」、「組合専従休職」など様々なものがあります。

休職期間中の賃金等の労働条件については、労基法上何ら規定がなく、民法の一般原則により、労働者の責に帰すべき履行不能により賃金請求権は発生しないことになり（民法415条・536条）、制度や手当の有無等は会社によって異なり、通常上限が6カ月〜3年程度とされています（注1）。

2 休職期間満了と職場復帰

休職期間が満了しても、労働者に傷病や後遺症があって従前の職に復帰するのが困難な場合、労働者の労務提供の不能や労働能力・適性の欠如を理由として、多くの企業では、これを解雇したり、休職期間の満了をもって退職（自動退職）と扱う就業規則の定めをおいていることから、このような就業規則条項の該当性およびその効力が問題となります（注2）。

（1）休職期間満了の効果——このような休職制度は、実質的には解雇猶予であり、したがって休職期間中に傷病が治癒せずに満了を迎えた時点で、自動退職もしくは解雇される場合、法令上の解雇規制が適用されることになり、「客観的に合理的な理由を欠き、社会通念上相当であると認められない場合は、その権利を濫用したものとして、無効」（労契法16条）とされることになります。なぜなら自動退職も当然に退職となるものではなく、解雇猶予としての「自動退職」であることから、その効力発生は、解雇の効力発生と同じ判断がなされるべきものだからです。したがって、病気等や障害の存在が労働能力に重要な影響を及ぼさない場合や、病気・負傷による労働不能が一時的なもので、治療などにより回復が見込まれる場合には、解雇事由となしえず、それがある程度の期間継続することが予想され、労働者を引き続き雇用することがもはや使用者に期待

できないという場合に初めて、解雇は有効となります（注3）。

（2）職場復帰の条件——この場合①復職の要件たる「治癒」が備わったか否か、②従前の職に復帰することが可能か否かが問題とされることになります。

① 「治癒」は、一般には病状が安定し、もはや治療効果が期待できず、療養の余地がなくなった状態をいうものとされ、労災保険等の適用においてはこのような定義が用いられていますが、医学的には、例えばうつ病等の精神疾患について、「寛解」から回復期のどの時点を「治癒」とするか、その判断には困難が伴うことが多いといえましょう。そこで「治癒」の判断は、実際上は医師の診断を基に、本人等の事情聴取を加味してなされることになりますが、この場合当事者双方は、特段の事情がないかぎり、医師の診断を尊重する義務があり、したがってたとえば労働者が診断書提出等をしなかった場合には、解雇はやむを得ないとされることになるでしょう（大建工業事件・大阪地決平15.4.16労判849号35頁）。

② 職場復帰の可能性は、休業期間満了時に、労働者が従前の業務は十分にできないものの、他の業務の労務提供はできるとされる場合に、使用者は即座に解雇もしくは退職扱いとすることが許されるかが問題となりますが、従前よりは軽易な業務に従事させることが客観的に可能であり、かつ労働者がそれに同意している場合には、使用者はその業務につかせなければならず、かかる措置をしないままなされた解雇は無効とされましょう（注4）

(注1) 公務員の場合、休職は分限処分としてなされ（国公法79条、地公法27条など）、最長3年とされています。
(注2) 業務上の負傷や疾病による療養のための休業の場合は、休業期間及びその後の30日間は解雇が禁止されています（労基法19条。但し療養期間開始3年を経過して使用者が打切補償を行う場合には、解雇とすることができ、労災保険により傷病保険年金を受けていたり、受けることとなった場合には打切補償を行ったものとみなされています。労基法81条、労災法19条）。
(注3) 自動退職扱いは、休職期間満了後にも労働者が職務に復帰せず、解雇

◆第6章◆ QA——具体事例から考える〔Ⅱ 労働世界〕

が正当化されるような事情のもとでのみ許されると解され(エール・フランス事件・東京地判昭59.1.27労判423号23頁)、例えばHIV感染を理由とする解雇(HIV感染者解雇事件・東京地判平7.3.30労判667号14頁)、ささいな視力障害を理由とする解雇(サン石油事件・札幌高判平18.5.11労判938号68頁)、躁うつ病患者の解雇(K社事件・東京地判平.17.2.18労判892号80頁)はいずれも無効とされています。反対に神経症にかかった労働者の解雇を有効と認めた例(独立行政法人N事件・東京地判平16.3.26労判876号56頁)、統合失調症の労働者の分限休職を適法と認めた例(東京都教委事件・東京地判平17.10.27労判908号46頁)などがあります。

(注4) 建設工事の現場監督に従事していた労働者が、疾病を理由に事務作業への配転を求めたところ会社がこれを拒否し、自宅療養命令を発し賃金カットをした片山組事件最高裁判決は、当該労働者の配転が可能であるか否かを検討して、賃金請求権の有無を決すべきとしており(最一小判平10・4・9判時1639号130頁、労判736号15頁)、基本的には復職に際しても、同様の立場を明らかにしたものと理解すべきものといえ、裁判例も、原職復帰が困難であっても、現実に配置可能な業務があればその業務に復帰させるべきだと解し、復職を広く認める傾向にあるといえましょう。例えば、休職期間満了時にまだ通院が必要であったものの、仮に100%の稼働ができなくとも、職務に従事しながら2、3カ月程度の期間を見ることによって完全に復職することが可能であると推認できるとして退職扱いを無効とした、北産機工事件(札幌地判平11.9.21判タ1058号172頁、労判769号20頁)や、客室乗務員につき、職種限定の合意がある場合でも、病気が一応回復した後には、使用者は短期間の復帰準備期間を提供したり教育的措置をとるという信義則上の義務を負うと解すべきであり、そうした措置をとらずに直ちに解雇することはできないとして、解雇を無効とした全日本空輸事件(大阪高判平13.3.14労判809号61頁)などがある。他方、軽易業務への復帰も困難として、休職期間満了による解雇が正当とされた、独立行政法人N事件(東京地判平16.3.26労判876号56頁)や、保健体育を担当していた高校教諭が、脳出血で右半身不随となったものの回復し就業できる状態になったとし、公民・地理歴史の教諭資格への職場復帰を求めたケースにつき、保健体育の教諭資格として雇用された以上、就業規則の適用上の「業務」は保健体育の教

◆ 第 2 部　実例編

論としての労務に限定されるとして解雇を有効とした、北海道龍谷学園事件（旧事件名：小樽双葉女子学園事件・札幌高判平 11.7.9 労判 764 号 17 頁）。
　尚、被害妄想などの精神的不調により、同僚からいじめをうけている等として欠勤を続けている労働者を論旨退職処分にしたケースで、「精神的な不調を抱える労働者に対する使用者の対応として適切なものとはいい難い」として懲戒処分を無効とした日本ヒューレッド・パッカード事件・最二小判平 24.4.27 裁判所 HP20120427135603.pdf. がある。

Q31　福利厚生と労働法

> わが社では近く、従業員の福利厚生制度の全般的な見直しを行う予定ですが、労働法規では、福利厚生制度についてどのような規制をしているのか教えてください。

A　いわゆる福利厚生制度には、法律によって実施が義務付けられている法定福利厚生と、それ以外の法定外福利厚生とがあり、後者の場合も、差別禁止などの規制がありますので、法令に従った導入が必要です。

解　説

1　法定福利厚生に関する規制　　法定福利厚生の代表制社会保険事業主の保険料負担は、社会保険各法によって規定されており、主なものについて概観してみましょう。
　（1）民間の労働者を対象とする公的医療保険制度として、健康保険があります。一定規模以上の大企業では、健康保険組合が設立され、その従業員のための健康保険を運営しており（組合管掌健康保険）、健康保険組合のない事業所（主に中小企業）の従業員は、全国健康保険協会が運営する健康保険に加入します（協会管掌健康保険）。健康保険の保険料は、事業主が従業員に支払う賃金に基づき認定される標準報酬月額に所定の保険料率を乗じて算出され、保険料率は、政令が定める範囲内で健康保険組合または全国健康保険協

会が決定します（健康保険法156条、160条）。保険料は原則として労使折半となります（161条。但し健康保険組合では、規約によって、事業主の負担分を多くすることができます。162条）。

（2）年金保険制度として、わが国では国民年金と被用者年金保険からなる二階建ての年金保険が構築されています。前者の場合、20歳以上の全ての者が加入し、定額の基礎年金が支払われ、後者の場合、民間の労働者は、基礎年金への上乗せとして報酬比例の厚生年金保険に加入し、保険料は、健康保険と同様に、賃金に基づき認定される標準報酬月額に保険料率を乗じて算定され、保険料は労使で折半し、事業主が半分を負担します（厚生年金保険法81条、82条）。

（3）40歳以上の者は、介護保険にも加入しなければなりません。40歳以上65歳未満の医療保険加入者は、介護保険の第二号被保険者となり、健康保険組合などの医療保険の保険者があわせて徴収し、被保険者たる従業員の報酬に基づいて算定され、労使が折半して負担します（健康保険法156条）。

（4）事業主は、労災保険（労働者災害補償保険）および雇用保険の保険料も負担しなければなりません。労災保険および雇用保険の両者を総称して労働保険と呼び、保険料は、徴収事務などを一元的に処理するために、「労働保険の保険料の徴収等に関する法律」にまとめて規定されています。労災保険は、労働基準法に基づく事業主の災害補償責任を担保するために制定された経緯から、事業主が保険料を全額負担します。労災保険の保険料率は事業の種類ごとに定められており、個別の事業所における災害発生率に応じて保険料率が上下するメリット制が取られています。

雇用保険の保険料のうち、失業等給付に要する費用は労使が折半で負担しますが、雇用安定事業および能力開発事業（いわゆる雇用2事業）にかかる費用は全額を事業主が負担し、保険料率は、一般の事業、農林水産業・清酒製造業、建設事業の3種類の料率が定められています。

法定福利厚生には、この他にも、児童手当拠出金、障害者雇用納

付金、労働基準法に基づく災害補償などがあります。

2 法定外福利厚生に関する規制

使用者が行う法定外福利厚生についても、様々な法規制が存在しており、事業主は、福利厚生の措置であって厚生労働省令で定めるものについては、労働者の性別を理由とする差別的取扱いをしてはならないとされており（均等法6条2号）、その他主なものを概観することとしましょう。

（1）いわゆる社内預金については、労基法18条による強制貯金の禁止の規定があります。社内預金は、一般に、金融機関よりも有利な条件で、労働者の賃金の一部の貯蓄を引き受けるものであり、広く普及した福利厚生制度として、労働者にとって有利な制度ですが、運用次第では不当な財産搾取や人身拘束につながりかねません。そのため、労基法18条1項は、使用者は、労働契約に付随して貯蓄の契約をさせたり、貯蓄金を管理する契約をしてはならないと定めており、使用者が労働者に対し、労働契約の締結または存続の条件として貯蓄を強制することは、禁止されています。

同じく使用者が労働者の貯蓄金をその委託を受けて管理する任意的貯金についても、労基法18条で、（1）労働者の過半数を代表する組合または代表者との書面による協定をし行政官庁に届け出ること、（2）貯蓄金の管理に関する規定を定め周知すること、（3）使用者が自ら預金を受け入れるときは政令で定める利率（年0.5％）以上の利子を付けること、（4）労働者が貯蓄金の返還を請求したときは遅滞なく返還すること、（5）使用者が（4）に違反したときには、行政官庁が貯蓄金の管理の中止命令を出せること、（6）使用者は、（5）の命令を受けたときは遅滞なく預金を労働者に返還しなければならないとされています（尚、使用者は、毎年、預金の管理状況を所轄の労働基準監督署長に報告しなければなりません。労働基準法施行規則57条3項）。

（2）寄宿舎については、労基法第10章に事業附属寄宿舎に関する規定があります。事業附属寄宿舎とは、「常態として相当人数の労働者が宿泊し、共同生活の実態を備えるもの」で、かつ、「事業

◆ 第6章 ◆ QA——具体事例から考える〔Ⅱ 労働世界〕

経営の必要上その一部として設けられているような事業との関連をもつ」ものをいうとされています（昭和23年3月30日基発508号）。したがって、アパート式寄宿舎は規制の対象とはならず、また通常の会社勤めをしている労働者については、あまり直接の関わりがないでしょう。

しかし現在でも、建設現場などについては大変重要な意味を有する規定であることから、労基法では、使用者は、事業の附属寄宿舎に寄宿する労働者の私生活の自由を侵してはならず、また寄宿生活の自治に必要な役員の選任に干渉してはならず、寄宿する労働者の代表者による同意を得て寄宿舎規則を作成し、行政官庁に届け出なければならず、寄宿舎について、換気、採光、照明などの、労働者の健康、風紀および生命の保持に必要な措置を講じなければならないと規定されています（94乃至96条。尚昭和22年労働省令7号、昭和42年労働省令27号など）。

（3）企業年金などの退職給付についても、様々な規制が存在します。上述したように、公的年金保険は二階建ての制度となっていますが、企業年金は公的年金に対する上乗せを支給する3階部分としての役割を果たしています。企業年金には、厚生年金保険法に基づく厚生年金基金、税制適格年金、確定給付企業年金法に基づく確定給付企業年金、確定拠出企業年金法に基づく確定拠出年金があり、また、中小企業の従業員に対する退職金の支払いを確保する仕組みである中小企業退職金共済制度は、中小企業退職金共済法によって定められています。

（4）この他にも、「育児休業、介護休業等育児又は家族介護を行う労働者の福祉に関する法律」は、事業主に対し、法定の育児休業・介護休業等の措置の実施に加えて、育児や介護を行う労働者に配慮して必要な措置を講ずるよう努力義務を課しており（同法24条）。法律による規定を上回る育児休業・介護休業の期間の定めや、託児施設の設置、介護サービス利用料の援助などの措置は、労働者の職業生活と家庭生活の調和にとって重要な法定外福利厚生であるといえましょう。

◆ 第2部　実例編

Q32　福利厚生と労働条件

私たちの労働組合では、労働協約の改定にあたって、住宅資金の補助や社宅などの福利厚生に関する規定も対象にしようと考えています。しかし、使用者側は、福利厚生は労働条件に含まれないので、協約交渉の対象にはならないと主張しています。福利厚生は、労働条件には含まれないのでしょうか。

A　福利厚生は、厳密な意味での労働条件に当たらないことが多いですが、労働基準法による規制を受けたり、労働者に対する待遇として団体交渉や労働協約の対象となる場合には、会社と交渉する必要があります。

解　説

1　福利厚生と労働条件　「労働条件」という概念は、労働基準法（以下「労基法」という）や労働組合法（以下「労組法」という）に頻繁に出てきますが、特に厳密な定義を付さずに使用されています。

まず、労基法3条は、使用者に対し、「労働者の国籍、信条または社会的身分を理由として、賃金、労働時間その他の労働条件について、差別的取扱いをしてはならない」と定め、行政実務では、ここでいう「その他の労働条件」には、解雇、災害補償、安全衛生、寄宿舎等に関する条件も含むとされ（昭和63年3月14日基発150）、学説は一般に、福利厚生も含まれると解しています。したがって、使用者は福利厚生について、労働者の国籍、信条または社会的身分を理由とする差別的取扱いを行ってはならず、また労働者の性別を理由に差別的取扱いをすることは、均等法6条によって禁止されています。

2　福利厚生と「賃金」　福利厚生として会社が提供される金銭やサービス等はどうでしょうか。この点については、労基法11条が、賃金を「労働の対償として使用者が労働

者に支払うすべてのもの」と定義していますので、福利厚生としての給付が「労働の対償」として支給されているかが問題となります。例えば資金貸付、各種の金銭給付、住宅貸与、運動・レクリエーション施設などの福利厚生給付は、通常労働の対償としてではなく、労働者の福利厚生のために使用者が支給するものですから、賃金には当たりませんが、賃金規程等で制度化されている場合には、賃金とみなされます。

また、結婚・出産祝い金、死亡弔慰金、災害見舞金などは、使用者による任意の恩恵的給付であって、原則として賃金とみなされませんが、これらの手当の支給条件が、労働協約、就業規則、労働契約等によって予め明確にされている場合には、同じく賃金として取り扱われることになります（昭和22年9月13日発基17号）。

尚、退職金も支給基準がもっぱら使用者の裁量に委ねられている限りは、任意的恩恵的給付であって賃金には当たりませんが、労働協約、就業規則、労働契約等によって支給基準が定められており、使用者に支払い義務がある場合には賃金とみなされます。

3 本 件　本件の福利厚生が団体交渉や労働協約の対象となるかという点について、労組法14条は、労働協約の内容について「労働条件その他」と規定しており、一般に労働者の経済的取扱いが含まれると理解されています。したがって、福利厚生のうち経済的な観点から労働者にとって意味のあるような給付は、労働協約の対象となりますし、その前提として団体交渉の対象事項とすることができます。

以上に見たように、一律に「福利厚生だから労働条件に該当しない」と言えませんので、具体的な問題ごとに判断する必要があります。

◆ 第 2 部　実例編

Q33　雇用保険

雇用保険は失業した労働者に対して給付を行う制度だと思っていましたが、育児休業を取得した際や 60 歳を超えて働き続ける場合にも給付を受けられることを知りました。雇用保険制度の概要を教えてください。

A　雇用保険法は、失業者に対する所得保障のみならず様々な給付を通して、労働者の生活および雇用の安定を図るとともに、雇用機会の増大や労働者の能力開発を図ることを目的としています。

　今日少子高齢化の進展や労働力の流動化など、雇用を巡る社会経済状況の変化に伴い、雇用保険の給付の多様化や適用範囲の見直しが行われてきています。

解　説

1　雇用保険制度

昭和 22 年に制定された失業保険法は、時代的な背景を反映して失業給付を主たる内容としていましたが、昭和 48 年の第 1 次オイルショックを契機とした制度の見直しによって、失業保険法は廃止され、昭和 49 年に現行の雇用保険法が制定されました。

雇用保険法は、失業者に対する所得保障のみならず、労働者にとってより望ましい雇用の確保を目指して、求職活動の支援、失業の予防、雇用状態の是正、雇用機会の増大、労働者の能力の開発・向上を図ることにし、その後も、少子高齢化や産業構造の変化といった社会経済状況の変化に応じて、雇用継続給付の新設（平成 6 年改正）、教育訓練給付の新設（平成 10 年改正）など様々な制度改正が行われ、平成 20 年以降は、厳しい雇用状況を背景に、非正規労働者に対するセーフティネット機能の強化も図られてきています。

2　雇用保険制度の概要

雇用保険は、政府が保険者として管掌し、公共職業安定所（ハローワーク）が各種

◆第6章◆ QA——具体事例から考える〔Ⅱ 労働世界〕

の事務手続きの窓口となっており、業種や規模に関わりなく、「労働者が雇用される事業」は全て雇用保険の適用事業となり（雇用保険法5条。ただし、農林・畜産・水産事業のうち、労働者が5人未満の個人経営事業は、暫定的に任意適用事業とされています。同法附則2条）、適用事業に雇用される労働者は、雇用保険の被保険者となります（同法4条1項。ただし、65歳に達した日以後に雇用される者、1週間の所定労働時間が20時間未満の者、同一事業に継続して31日以上雇用されることが見込まれない者、季節的に雇用される者など、一定の適用除外が定められています。同法6条）。

従来の行政実務では、雇用保険の適用基準として、1週間の所定労働時間が20時間以上あることに加え、1年以上引き続き雇用される見込みがあることを要求していましたが、平成20年以降の不況によって、非正規労働者に対する保護の強化が必要となり、これを受けて、平成21年改正で適用基準が「6カ月以上の雇用見込み」に緩和され、さらに平成22年改正によって「31日以上の雇用見込み」を要求することが法律に明記されました。

雇用保険事業に要する費用は、国庫負担によって賄われ、保険料は事業主と被保険者が分担して負担します。保険料率は一般の事業、農林水産業・清酒製造業、建設事業の3通りがあります。

3 保険給付の内容　雇用保険の目的の一つは、労働者が失業した場合や雇用の継続が困難となる事由が生じた場合に、必要な給付を行って生活や雇用の安定を図ることにあり、具体的には求職者給付、雇用継続給付、就職促進給付および教育訓練給付を総称して、失業等給付と呼んでいます。ここでは、求職者給付と雇用継続給付について、概要を説明します。

（1）求職者給付——雇用保険の一般被保険者に対しては、求職者手当として、基本手当、技能習得手当、寄宿手当および傷病手当が支給され（高年齢継続被保険者に対しては、高年齢求職者給付金、短期雇用特例被保険者については、特例一時金、日雇労働被保険者については、日雇労働求職者給付金が、それぞれ求職者給付として支給されます）、このうち中心的な給付は、基本手当です。

◆ 第2部　実例編

　基本手当は、被保険者が失業した場合において、離職の日以前2年間に被保険者期間が通算して12カ月以上あったときに支給されます（雇用保険法13条。ただし、離職の理由が、事業の倒産、事業の縮小・廃止、解雇、有期労働契約の雇止め、またはやむを得ない理由による自己都合離職である場合には、離職の日以前1年間に、被保険者期間が通算して6カ月以上あれば、基本手当が支給されます）。基本手当を受給するためには、まず、公共職業安定所長による受給資格の決定を受け、受給資格者証の交付を受ける必要があり（施行規則19条）、指定された失業認定日に公共職業安定所に出頭し、求職の申込みをして、失業の認定を受けなければなりません（雇用保険法15条1項）。失業の認定は、最初に出頭した日から4週間ごとにまとめて行われ、認定に際しては、受給資格者が求人者に面接したこと、公共職業安定所等による職業紹介または職業指導を受けたことなど、実際に求職活動を行ったことの確認が行われます（同条5項）。したがって、単に新聞やインターネットの求人情報を閲覧したり、知人に紹介を依頼したりするだけでは、失業の認定を受けることはできません。

　基本手当の支給額は、受給資格者の賃金日額に、賃金日額に応じて定められた割合（50％から80％まで。60歳以上65歳未満の者については45％から80％まで）を乗じて算定され（同法16条）、支給期間・支給日数は、受給資格者の年齢、被保険者であった期間（算定基礎期間）および離職理由によって異なります。

　（2）雇用継続給付——雇用継続給付は、高年齢者や育児休業・介護休業を取得した者の雇用の継続を支援するための給付で、高年齢雇用継続給付、育児休業給付および介護休業給付の3種類があります。

　高年齢雇用継続給付には、高年齢雇用継続基本給付金と高年齢再就職給付金とがあり、高年齢雇用継続基本給付金は、被保険者期間が5年以上ある60歳以上65歳未満の被保険者が、賃金額が、60歳時点の賃金額の75％未満に低下した状態で働き続けている場合に、支給されます（雇用保険法61条）。高年齢再就職給付金は、いったん離職して基本手当を受給した者が、60歳に達した後に再就職

した場合に支給され、支給基準および支給額の算定方法は、高年齢雇用継続基本給付金と同様ですが、支給日数は基本手当の残り支給日数に応じて決まります（同法61条の2）。

育児休業給付は、被保険者がその1歳（父母がともに育児休業を取得する場合は1歳2カ月、雇用の継続のために特に必要な場合には1歳6カ月）に満たない子を養育するために休業した場合で、休業開始日前2年間に、被保険者期間が通算して12カ月以上ある場合に支給され（同法61条の4）、支給額は、当分の間、休業前賃金の50%とされています（以前は、育児休業給付は休業中に支給される育児休業基本給付金と、職場復帰後に支給される育児休業者職場復帰給付金とに分かれていましたが、平成21年改正により、全額が育児休業給付金として休業中に支給されるようになりました）。

介護休業給付は、家族を介護するために休業した被保険者に対して、介護休業給付金として支給され、育児休業給付と同様に、休業開始前2年間に、通算して12カ月以上の被保険者期間があることが必要であり、支給額は休業開始前の賃金の40%で、支給日数は同一の家族について最長93日間です。

4 雇用2事業

雇用保険法は、以上に述べた保険給付の他にも、雇用安定事業および能力開発事業について規定しています（いわゆる雇用2事業。以前は、被保険者の福祉の増進を幅広く図るための雇用福祉事業とあわせて雇用3事業と呼んでいましたが、行政改革の流れの中で平成19年に雇用福祉事業は廃止されました）。

雇用安定事業は、失業の予防、雇用状態の是正、雇用機会の増大その他雇用の安定を図るための事業で（雇用保険法62条）、雇用調整助成金（同施行規則102条の3）や労働移動支援助成金（同施行規則102条の5）をはじめ、事業主に対する様々な助成金を提供しています。

能力開発事業は、被保険者らの能力の開発および向上を促進するための事業で（同法63条）、中小事業主等が行う職業訓練への助成金（広域団体認定訓練助成金、同施行規則122条）、中小事業主等が行う職業訓練を助成する都道府県への補助金（認定訓練助成事業費補

◆第2部 実例編

助金、同施行規則123条)などが行われています。
　行政改革によって雇用2事業は整理合理化が図られてきていましたが、平成20年秋以降、特に非正規労働者の雇用維持努力を支援するために、各種助成金の改善・拡充がなされています。

Q34　社会保険

> 私は、今の職場にパートとして採用されたときに、社会保険には正社員でなければ加入できないとの説明を受け、健康保険や厚生年金保険に加入させてもらえませんでした。しかし、自分で調べたところ、パートであっても要件を満たせば社会保険に加入できることが分かりました。このままでは将来受け取る年金の額に影響が出るのではないかと心配なのですが、事業主に相談しても取り合ってくれません。

Ⓐ　健康保険や厚生年金保険の被保険者資格は、保険者等による確認が必要であり、通常は事業主からの届出に基づき行われますが、被保険者から請求することもできます。事業主が被保険者資格の届出を怠り、保険料を納付しなかったために、将来受け取る年金額が減少した場合、事業主に対して損害賠償を請求することも可能とされています（もっとも損害額の証明が難しい場合も多くあります）。

解　説

1　社会保険加入手続　　（1）健康保険および厚生年金保険は強制保険ですので、労働者は法律が定める適用事業所に使用されることによって、当然に被保険者資格が発生します（健康保険法3条3項、厚生年金保険法6条）。
　しかし被保険者資格の取得は、健康保険組合または厚生労働大臣による確認によってその効力を生じることとされており、被保険者は、確認がなされるまでは被保険者資格を有効に主張することがで

きません（健康保険法39条1項、厚生年金保険法18条1項。山本工務店事件・最高裁昭和40年6月18日第二小法廷判決）。

　この点について事業主には、その従業員について被保険者資格の取得を届け出ることが義務付けられており（健康保険法48条、厚生年金保険法27条）、事業主がこれに違反した場合には罰則の適用があります（健康保険法208条、厚生年金保険法102条）。もっとも事業主と従業員との間で被保険者資格の有無を巡って見解が分かれる場合や、事業主が報告を怠る場合には、被保険者自身が直接、保険者等に対して資格取得の確認を請求することができ（健康保険法51条1項、厚生年金保険法31条1項）、また、行政庁が監督等によって未届けの被保険者を発見したときには、職権で資格の確認を行うことがあります。

　（2）事業主が被保険者資格の届出もせず、保険料の納付をも怠っていた場合、健康保険および厚生年金保険の保険料の徴収権は、2年間で時効消滅しますので、過去2年間以上を遡って保険料を追納することはできず（健康保険法193条、厚生年金保険法92条）、健康保険については、受けられるはずだった傷病手当金や、健康保険と国民健康保険の保険料の差額などが問題となり、厚生年金保険については、保険料徴収権が時効消滅した期間は年金額の算定に反映されませんので、被保険者が将来受け取る年金の額が減少してしまうという問題が生じます（厚生年金保険法75条）。

　事業主の届出義務違反によって損害を被った被保険者は、事業主に対して損害賠償を請求することができますが、被保険者の年齢がまだ若い場合には、年金の受給可能性や受給額がいまだ不明確であって損害額が証明できないとして、損害賠償請求が棄却される傾向にあり、また、被保険者が確認の請求や関係行政機関への相談などの行動を取っていなかった場合、過失相殺が行われることがあります。

　したがって、質問の事例の場合には、まず何よりも健康保険組合や年金事務所に相談し、資格取得の確認の請求を行うべきでしょう。

　なお、平成19年に制定・施行された「厚生年金保険の保険給付

及び保険料の納付の特例等に関する法律」(厚生年金特例法) によって、一定の場合には保険料徴収権が時効消滅した期間についても年金が支払われるようになりました。事業主が保険料を給与から天引きしていたにもかかわらず、保険料の納付が行われておらず、かつ被保険者がその事実を知らなかった場合には、年金記録第三者委員会による認定を経て年金記録の訂正を受けることができます。この場合、事業主に対しては、特例納付保険料として未納分の保険料を納付することが奨励されます。しかし、質問の事例では、事業主が保険料の給与からの天引きを行っていないと思われますので、同法の適用対象とはなりません。

2 雇用保険加入手続

雇用保険については、被保険者資格の取得は厚生労働大臣が確認し(雇用保険法9条1項)、通常は事業主による届出(同法7条)を受けて行われますが、被保険者が確認を請求することもできます(同法8条)。雇用保険による基本手当の受給には、一定の被保険者期間があることが必要ですし、基本手当の支給日数にも、被保険者として雇用されていた期間(算定基礎期間)の長さが反映されます。

しかし、原則として、資格取得の確認がなされるよりも2年以上前の期間は、被保険者期間や算定基礎期間に算入されませんので、事業主が被保険者資格取得の届出をせず、確認が行われないまま2年を経過すると、被保険者は基本手当を受けられない、あるいは基本手当の支給日数が短くなるといった不利益を被ることになります(同法14条2項2号、22条4項)。

そこで、平成22年改正により、同年10月から、事業主が被保険者の資格取得の届出を行わなかったために雇用保険に未加入となっていた者が、給与から雇用保険料を控除されていた場合には、2年以上前に遡って被保険者期間および算定基礎期間を算定することとなり(同法14条2項2号括弧書、22条5項)、この場合、当該事業主が雇用保険の保険関係の成立の届出(労働保険の保険料の徴収等に関する法律4条の2)をしていなかったときは、保険料の徴収権が時効消滅した後も特例納付保険料の納付を勧奨されます(同法26条)。

◆ 第6章 ◆ QA──具体事例から考える〔Ⅱ 労働世界〕

Q35　企業年金

私たちの会社では企業年金制度の抜本的な見直しを検討しています。一口に企業年金といっても様々な制度があるようなので、制度形成にあたってどのような選択肢があるのか教えてください。

A　企業年金はもともと企業の福利厚生制度として始まり、公的年金を補完する役割を担ってきました。公的年金の給付水準が低下するに伴い、企業年金が老後の生活保障に果たす役割は増大しつつあります。企業年金の代表的なものには厚生年金基金、確定拠出年金、確定給付企業年金、税制適格年金（適格退職年金）、自社年金などがあり、それぞれ固有の役割を果たしています。

―― 解　説 ――

1　企業年金制度の概要

民間企業が設けている企業年金制度は前述した通り、厚生年金適用事業所の従業員を対象とした、厚生年金基金、確定給付企業年金（規約型、基金型）、確定拠出年金（企業型）などがあり、公的年金と連動して、従業員の退職後の生活保護をめざす制度となっています。周知の通り日本の年金制度は3層構造となっており、全国民を対象とした基礎年金（＝国民年金）が1階部分、報酬に比例して支給する厚生年金が2階部分となり、これらの公的年金に加えて、更に上乗せされた3階部分に企業年金が位置づけられており、企業年金の加入者数では、制度への重複加入はあるものの現在約1660万人（厚生年金基金、確定給付企業年金、確定拠出年金（企業型））に達し、厚生年金保険の被保険者数3538万人（2013年12月現在）から推計すると、民間サラリーマンの約半数が企業年金に加入していることになります（図表）。

2　厚生年金基金制度

我が国の企業年金の中核をなす制度であり、厚生年金の一部を国に代わって支給する（代行給付）とともに、企業の実情に応じて独自の上乗せ給付（プラ

◆ 第2部　実例編

(図表)　年金制度の体系

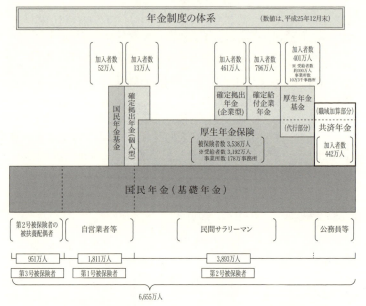

スアルファ給付)を行うことにより、従業員により手厚い老後保障を行うことを目的として1966年に発足し、その後、生活水準の向上や経済・投資環境の変化などを踏まえ、制度の充実・改善が図られてきました。しかし2003年9月からは、確定給付企業年金法の制定により、代行部分を国に返し(代行返上)、確定給付企業年金へ移行することが認められるようになり、更に2014年4月からは、厚生年金基金を解散させる制度改革が行われることになっています。2013年12月現在、加入者数約400万人(事業所数約10万、受給者約300万人)、運用規模は約25兆円です。

3　確定給付企業年金制度　　基金型と規約型の2つの設立形態があり、厚生年金基金制度は、代行給付があるために終身年金を原則とする等の制約があり、また近年の資産

運用環境の悪化等により財政状況が大変厳しいものとなったことから、代行を行わず、受給権の保護等を確保して、上乗せの年金給付のみを行う企業年金制度として、2002年4月に新たに導入されたもので、2013年12月現在、加入者約800万人（受給者約110万人）、運用規模約50兆円です。

4 確定拠出年金制度　　アメリカの年金制度（「401型プラン」）をモデルに2001年創設された制度であり、毎月の掛金を元手に、加入者があらかじめ用意された金融商品を選んで運用するものであり、企業が掛け金を拠出する「企業」型と、個人が拠出する「個人」型があり、2012年1月からは、企業が拠出する掛金に個人の拠出を上乗せできる、いわゆる「マッチング拠出」も可能となっています。

拠出された掛け金が個人ごとに区分されていることから、転職しても年金を転職先に持ち運びやすい利点がある反面、運用に失敗すれば年金も目減りすることになります。2013年12月現在、企業型では、加入者約460万人（事業数約1万7千、ちなみに個人型では、加入者数約16万人）、運用規模約7.5兆円となっています。

Q36　退職年金の減額

私の勤めている会社では、経営が厳しいとして退職年金を減額することを検討していますが、許されるのでしょうか。

A　年金制度が破綻の危機に瀕しているような状況の場合、引き下げの程度や代償措置を総合考慮して、合理性判断がなされることになります。

解　説

1 退職年金の支給率引き下げ　　リーマンショック以降の不況で、退職年金の支給率の引下げを行う企業が目立つようになりました。退職年金制度を設けている各企業

では資産の運用による利益の確保は困難で、従前の制度をそのまま維持することが困難となっており、退職年金の支給率引き下げがクローズアップされてくることになるのです。退職年金の支給率引き下げは、いわゆる不利益変更の問題になり、その時点で在籍している従業員については、就業規則や労働協約変更の合理性判断になりますが、元の従業員には就業規則も労働協約も適用がないので、年金規則の変更の合理性が問題となってくるものです。退職年金の変更については年金規則で、「経営状況等により支給額が増減することがあり得る」旨の抽象的な定めが通常であることから、実際に減額措置を行う場合には、さまざまな要素を考慮して総合判断がなされることになります。

2 退職年金減額の合理性

（1）退職一時金に加えて無拠出制で終身支給される自社年金で、規定の3倍以上の上積支給していた銀行が、「年金は経済事情及び社会保険制度に応じて著しい変動又は銀行の都合によりこれを改訂することがあります」という規定に従って上積支給をカットしたケースで、判決は、「規定額を超える部分（「上積支給部分」）は、退職金規定上支払義務のないものであり、恩恵給付的性格の強いものであると考えられることに鑑みると、このような訂正変更条項も有効であると解すべきである」としつつ、「約20年近くもの間、退職者に対し、原告ら主張の額が現実に退職年金として支給されていたことを考慮すると、退職者のその支給に対する期待も大きかったものと考えられるから、文字通り被告の都合により年金額を自由に改訂できると解するのは相当でなく、退職年金の減額は、年金通知書に経済情勢及び社会保障制度などに著しい変動があった場合が例示されていることに鑑み、これらの事情又はこれに準ずるような一定の合理性及び必要性が認められる場合にのみ許され」るとし、「被告は、バブル経済崩壊後、経営が著しく悪化し、人員削減、店舗の削減並びに役員報酬及び賞与の切り下げ等の対策を講じていたにもかかわらず、2年連続で損失を計上せざるを得なかったこと、これに対し、退職年金はその受給者の増加により年々支給総額が急増し、経営を圧迫

◆第6章◆ QA——具体事例から考える〔Ⅱ 労働世界〕

することが確実に予想されたことを考慮すると、被告による本件減額措置には、一定の合理性及び必要性が認められ、また、退職年金の受給権者578名中566名が減額措置に対し異議を述べていないことをも考慮すると、右減額措置が権利の濫用に当たるとはいえない」と合理性を認めて、減額を有効としています（注1）。

（2）退職金の一部を原資とした自社福祉年金につき、バブル崩壊後の会社の経営悪化から「将来、経済情勢もしくは社会保障制度に大幅な変動があった場合、あるいは法制面での規制措置により必要が生じた場合には、この規程の全般的な改訂または廃止を行う」という年金規定にもとづき、支給率を8％から5％へ減額したケースで、判決は、「被控訴人及び本件年金制度の対象となる被控訴人の退職者との間では、その内容が合理的である限り、退職時に締結される福祉年金契約の内容につき年金規程に従うことが、事実たる慣習になっていたとも認めることができ」、「具体的な権利義務がすでに発生しているから、その不利益変更は、本来信義則に反することであり、（中略）年金規程を改定して加入者の権利を変更する要件としての「経済情勢（中略）の変動」は、改訂の必要性を実質的に基礎付ける程度に達している必要性に見合った最低限度のものであること（相当性）が求められるというべきであ」り、「本件改訂当時、（中略）福祉年金制度を従前通り維持し、本件改訂前の給付利率による年金支給を継続した場合には、本件年金制度の負担額が極めて大きくなり、本件年期制度をそのまま維持することはできなかったと推認され」、「本件改訂当時、規程23条1項にいう「経済情勢に大幅な変動があった場合」との要件に該当すると解することができ、本件年金制度の給付率を一律2％引き下げる必要性があったとも認められ」「本件改訂の実施に先立ち、不利益を受けることになる加入者に対し、予め、給付率引き下げる趣旨やその内容等を説明し、意見を聴取する等して相当な手続を経ているから、本件改訂については、相当性もあったと認められる」として、引き下げの合理性を認めています（注2）。

（3）退職一時金とは別に、在職中の給与の一部等を基金として

◆第2部　実例編

設けられた退職年金基金では、20年以上勤務していた退職者などに年金を支払っていたが、年金基金財政の悪化から、財政再建委員会の答申や退職者有志との懇談会、全退職者へのアンケート調査などを経て、4年間に5段階で35％減額したケースで、判決は、「本件年金契約は、教職員に対する福利厚生、功労報償の性格を有するものであり、仮に、賃金の後払いの要素が一部含まれているとしても、その比重は本件年金契約の上記の基本的な性格に影響を与えるほどに大きなものではな」く、「本件年金基金の財政状況、同基金の運用利回り等の不確定要素に応じて給付額が変更になることはやむを得ないことであり、そのような要請が生じたときには、本件年金規則を改定することにより、年金制度を維持するために必要な合理的な範囲内で給付額の減額を行うことも、上記の規定により許容されていたものと解するのが相当であ」り、「控訴人は、本件改定を実施するに当たり、本件年金規則に定められた規則改正の手続を踏んだ上、被控訴人らも含む受給者に説明資料を送付し、説明会において本件改定に至る経緯や改定の内容及び根拠等について説明するだけでなく、意見・要望を募り、また、教職員組合との間でも、団体交渉の場などで説明を行い、さらに、受給者の意見・要望に配慮して修正案を提示し、その結果、確定給付企業年金法の定める確定給付企業年金における給付減額の手続に準じて、受給者の3分の2を超える同意を得たものであり、これらの事情に照らすと、控訴人は、本件改定を行うに当たり信義則上要請される相応の手続を履践したものと認めるのが相当である。」として変更を認めています（注3）。

（4）経営危機から公的年金の注入を受けた銀行が、厚生年金基金の規則変更により平均13.2％減額したケースで、判決は、年金基金受給権は「具体的な受給権が発生していること、年金が既に生活の基盤の一部となっており、その減額が重大な不利益をもたらすということ」などから「規約変更により加入員であった者への給付の水準を下げることは原則として許されないというべきである。しかし、集団的、永続的処理を求めるという厚生年金基金の性格から

◈ 第6章 ◈ QA──具体事例から考える〔Ⅱ 労働世界〕

すれば、給付水準の変更による不利益の内容、程度、代償措置の有無、内容変更の必要性、他の受給者又は受給者となるべき者（加入者）との均衡、これらの事情に対する受給者への説明、不利益を受けることとなる受給者集団の同意の有無、程度を総合して、当該変更が加入員であった者（受給者）の上記不利益を考慮してもなお合理的なものであれば、このような変更も許されるというべきであ」り、「本件規約変更によって受給者が受ける不利益の程度（額、割合）は大きいものではあるが、その内容は、現実の運用利回りに比して高い給付率で固定されていた運用利息相当額のみを減少させるものであり、退職時に受給者が選択一時金として受領することができた一部退職金相当額（中略）を、「経過措置一時金」として受領するという選択肢も用意、周知されていた」こと、「母体企業の経営状況や基金存続のための変更の必要性、説明会等の実施や受給者の同意状況等から、本件規約変更に合理性がある」としています（注4）。

以上の通り、企業年金不利益変更の必要性判断においては、退職年金制度の内容、企業としての拠出額、従業員の退職金規定との関係、改廃の事由、とくに企業の経営財務上の事情、補完お代替制度や他の労働条件の改善といった代替措置を総合的に考慮して、合理性の有無が判断されることになりますが、年金制度が破綻の危機に瀕しているといった状態においては、支給率引き下げの必要性が高くなるものの、その場合、不利益の程度、代償措置の有無、程度等が判断のポイントになると思われます。

（注1） 幸福銀行事件・大阪地判平 10.4.13 労判 744 号 54 頁。
（注2） 松下電器産業事件・大阪高判平 18.11.28 労判 930 号。尚、7.5% から 5% へ変更したケースでも変更の合理性が認められた、松下電器産業グループ事件・大阪高判平 18.11.28 労判 930 号 26 頁。
（注3） 早稲田大学事件・東京高判平 21.10.29 労判 995 号 5 頁（尚一審は減額に合理性なしとして原告の請求を認めていた）。
（注4） りそな企業年金基金・りそな銀行事件・東京高判平 21.3.25 労判 985 号

◆第2部　実例編

58頁。

Q37 退職年金廃止

> 私の勤務先の会社では、経営が苦しいとして退職年金を廃止しようとしています。私は退職年金をあてにしていたので、とても困ります。何とかならないでしょうか。

A 年金制度の廃止は、労働者側の不利益性が高いことから、原則として許されず、判断に際しては経営悪化の具体的状況、年金制度破綻の有無・程度、代償措置の有無・程度が重視されることになります。

解　説

1 退職年金の廃止　　退職年金制度の改廃については、退職年金制度の内容、企業としての拠出額、従業員の退職金規程との関係、改廃の事由、とくに企業の経営財務上の事情、労働条件の改善といった代替措置を総合的に考慮して、合理性の有無が判断されることになりますが、年金制度の廃止に関する合理性の判断においては、労働者側の不利益性が高いことから、経営悪化の程度、年金制度の破綻の有無・程度、代償措置の有無・程度などが重視されることになります。

2 退職年金廃止の合理性　　（1）バブル経済の崩壊後経営破綻し、金融再生法による破綻処理を受けた銀行が、退職年金額の「改訂」条項を根拠に、支給月額の3ヶ月分を支払って、退職年金を一方的に打ち切ったケースで、判決は「原告らの退職年金請求件は、すでに支給要件を満たしたことによって具体的かつ確定的に発生した金銭債権であり、その法的性格も功労報償的な性格が強いといえ、なお、労働基準法にいう賃金としての性格を否定されないものであって、被告の裁量によって支給の有無や支給額を左右することができるものではないのであるから、これに

◆第6章◆ QA──具体事例から考える〔II 労働世界〕

事情変更の原則を適用できる場合があるとしても、少なくとも通常の金銭債権に対すると同等の要件による保護が与えられなければなら」ず、「原告らもその支給を前提に退職後の生活設計をしてきていて支給継続に対する期待は大きいと考えられ」、「本件では、右の通り、事情変更の原則に該当する事情変更が存したとは認められないし、本件支給打切に見合う代償措置が講じられているとも認められないから、費用最小限の要請をいかに重視したとしても、事情変更の原則を適用して本件支給打切を正当化することはできないというほかない。」旨述べて、合理性を否定しています（注1）。

（2）これに対して、私学基礎年金に付加して実施してきた拠出制の退職年金の赤字拡大と、学校経営の逼迫を理由に廃止したケースで、判決は、就業規則の不利益変更の合理性という独特の判断枠組みに則って、「退職年金が、賃金や退職一時金と並んで、労働者にとって重要な権利であることは論を待つまでもなく明らかであり、しかも本件年金規程に基づく年金受給権の原資には、職員の拠出分が含まれているものである上、その支給条件は明確化されていて、功労報償的性格よりも、むしろ権利性の色彩の強いものであるといえるから、これを剥奪する結果となる就業規則等の改廃については、そのような不利益を労働者に受忍させることが許容されるだけの高度の必要性に基づいた合理的な内容であることが必要」であるところ、「本件年金制度を本件年金規程のまま存続させると、被控訴人の経常会計から本件年金基金に毎年補填をしなければならなくなることが明らかになり、しかも被控訴人は昭和48年に学校敷地の約3分の1を売却して約20億円の債務を弁済して間もなくの時期であり、財政的な基盤が十分とはいえなかったうえ、経常会計においては消費支出超過状態が続いていたのであるから、本件年金制度につき抜本的な改革を要する状態にあったものであることを認めることができ」「右の必要性との関係から見ると、本件年金制度を廃止し、昭和52年3月31日時点において算出した年金一時金を凍結し、退職時に返還すること等を内容とする本件就業規則等の改廃の内容は、控訴人ら職員に不利益を与えるものであるが、他方、代償措置

◆第2部　実例編

として退職金制度の改正、非常勤講師としての再雇用制度の新設等考慮すると、他に私学共済年金制度が存在することと相まって、控訴人らが定年後において、相当程度の生活を維持しうる水準の収入を得ることが可能となっていることが認められるので、その内容も相当性があるものということができる」旨判示して、合理性を認めています（注2）。

（3）税制適格年金の資金運用では予定運用額が達成できず、経営を圧迫したことから、「一般経済構造の変化、社会・経理内容の変化による社会保障制度の改正等を慎重考慮の上、必要と認める」という改廃条項により、平均余命までの退職一時金を支払って退職年金を廃止したケースで、判決は、「そのような改正をしないと直ちに会社の経営が著しく悪化し、経営危機に陥るというような高度の必要性まではなかったことがうかがえるが、相応の必要性、合理性は十分あるといえ」、「受給者の側では一時金支給になることにより、一時に多額の税金を支払わなければならない等の不利益を考慮しても、本件一時金の支給は本件年金制度廃止の代償措置として相当なものということができる」旨判示して、廃止の合理性を認めています（注3）。

(注1)　幸福銀行事件・大阪高判平12.12.20 労判801号21頁。
(注2)　名古屋学院事件・名古屋高判平7.7.19 労判700号95頁。
(注3)　バイエル薬品・ランクセス事件・東京高判平21.10.28 労判999号43頁。

◆ 第6章 ◆ QA——具体事例から考える〔Ⅱ 労働世界〕

Q38 改定高年法・雇用継続制度

Aさんの会社には、これまで定年制がありませんでしたが、就業規則が改正されて「58歳に達した日をもって退職とする。」という規定が盛り込まれました。この規定によると、Aさんは、今年で定年退職しなければなりません。まだまだ働き続けたいのですが、就業規則にある以上辞めざるを得ないのでしょうか。その後会社は、65歳まで再雇用者として雇用を延長する制度を導入しましたが、再雇用の条件は「会社に必要とされる者」で再雇用される人は、会社のお気に入りの人だけのようです。問題はないでしょうか。

A 「高年齢者等の雇用の安定等に関する法律（高年法）」により、定年制を設ける場合には、満60歳以上としなければなりません。また改正高年法（2013年4月1日施行）により、使用者は継続雇用希望者に対し、原則として65歳まで全員雇用継続が義務付けられ（心身の健康状態が悪いもの等は除外）、違反した場合は企業名が公表されることになりましたので、この旨会社に申し入れて制度を改善させましょう。

解 説

1 定年制　定年制とは、期間を定めずに雇用されている労働者が、一定の年齢に達したときに当然に労働契約を終了させるという制度であり、最高裁も「定年制は（中略）人事の刷新・経営の改善等企業の組織及び運営の適正化のために行われるもの」であるとして、その合理性を認めています（秋北バス事件・最大判昭43.12.25）。

高年法は、事業主が定年制を定める場合には、鉱業における坑内作業の業務等を除き、その定年は60歳を下回ることができないこととしており（8条）、したがって、60歳を下回る定年制は無効とされ、定年の定めがないものと解されます。

◆ 第2部　実例編

2 高年法による雇用確保措置

高年法（1971年制定）は数次の改正を経て、2004年改正（2006年施行）により、65歳未満の定年を定める事業主に対し、①定年年齢の引上げ、②継続雇用制度（現に雇用する高年齢者が希望するときに、定年後も引き続き雇用する制度）の導入、③定年制の廃止、のいずれかの措置（高年齢者雇用確保措置）を講じることを義務付け（9条1項）、使用者が雇用継続の措置をとらない場合、行政を通じた履行確保措置として、厚労大臣による助言、指導および勧告を規定していました（10条）。

しかし大半の企業は②を採用し、例えば「会社に必要とされる者」などの抽象的文言や健康状態や出勤率、勤務態度などの業績評価を加え、一部の企業に至っては特定の労働者を排除するために恣意的適用をするところもあらわれ、しかも高年法に規定違反した場合罰則はおろか私法上の効果について何らの規定を置かれていなかったことから、継続雇用の運用をめぐって労使紛争が絶えませんでした（注）。

3 改正高年法と雇用継続制度

そこで2012年8月に成立した改正高年法（2013年4月1日施行）は、継続雇用制度について使用者に対し、雇用確保先の対象を関連会社に拡大する一方、原則として希望者全員の雇用継続を義務付け、選別基準といういわば「抜け穴」を廃止しました。これは2013年4月から受給開始年齢が引き上げられた厚生年金（報酬比例額分が男性が61歳からとなり、3年ごとに1才上がり、25年に65才開始となる。女性は5年遅れ）に対応したものでもあり、定年後に年金も給料も受け取れない人が増えることを防ぐことが狙いとされ、2025年度迄に65才までの雇用を義務付けるものであり、これにより企業は原則として労使協定で対象者を選別したり、能力や勤務成績を理由として拒否することはできなくなり（但し、心身の健康状態や勤務成績が著しく悪い人は除外することができ、詳細は指針に規定される）、違反した場合には企業名を公表することができることとされています（但し、2025年迄は厚生年金の報酬比例部分の支給開始年齢に到達し

◆第6章◆ QA——具体事例から考える〔Ⅱ 労働世界〕

（図表）

た以降の者を対象に、労使協定で選別基準を利用できる経過措置あり。図表）。

4 高年法の課題　前述した通り60歳以降も継続雇用を希望する人が増えるのは必至であり、その結果多くの人が年金の支給開始年齢まで引退の時期を引き延ばす選択をするでしょう。

　高年法の改正には、経営側の反発は、言うまでもなく人件費の増加への懸念から非常に強いものがありました。しかしながら改正法に伴い今後、企業は人件費増加への対応に加え、労働者個々人の能力や意欲に応じた賃金制度の構築、更には個人差の大きい健康状態に対応した職場環境の整備も急務となります。今回の改正で再雇用先がグループ会社まで広げられたことにより、企業側は在職中から他の企業にも移りやすい能力開発やコミュニケーション能力の向上に取り組む必要があります。

　また、労働者側も定年退職を迎える年齢の多くが、80歳、90歳

◆ 第2部　実例編

と高齢の両親の介護・看護に直面することも考えられ、継続雇用を希望したくても、介護・看護のために希望できない状況もありえ、今後さらに早い段階からのライフプランの準備が必要となると共に、労使ともにワークライフバランスへの取組がますます求められます。

(注)　高年法9条1項違反の事業主に対する労働者の請求について、原則として否定する立場と、肯定する立場とが対立していますが、いずれの立場も、同項違反が労働者に対する不法行為に該当した場合、損害賠償請求の可能性を肯定しています。継続雇用の場合の労働条件についても、高年法は特に定めていないので、労働条件の引下げは可能ですが、65歳までの雇用「保障」の趣旨に反するほどの引下げであってならないのは当然であり（継続雇用後の労働条件について、就業規則などの規定がないかぎり、従前の労働条件が継続するとする、一橋出版事件・東京地判平15.4.21労判850号38頁）、また再雇用は、形式的には労働者との新たな労働契約の締結ですが、定年後の再雇用は、通常は雇用延長の実質をもち、したがって再雇用拒否は解雇に準じて扱われるべき場合が多いといえ、特に労働者が希望すれば特段の欠格事由のないかぎり再雇用されるという制度（明文の規定があるか労使慣行が認められる場合）においては、使用者は定年を迎えた労働者に、一般的に再雇用の申込みをしていると見ることができ、欠格事由のない労働者が承諾の意思表示をすれば、再雇用契約が成立する（大栄交通事件・東京高判昭50.7.24判時798号89頁、労判245号26頁（最二小判昭51.3.8労判245号25頁）、クリスタル観光バス事件・大阪高判平18.12.28労判986号5頁など）。

Ⅲ 生活世界

Q1　婚約破棄と損害賠償

私の娘は勤労意欲のないフリーター（男）と婚約したが、相変わらず働く気がないので、娘の方から一方的に別れてしまったが、彼から慰謝料請求されないだろうか。

A　婚約は一種の予約と解されており、したがって正当理由のない一方的な破棄は債務不履行として損害賠償が可能となります。本件では、娘さんの婚約破棄は正当理由があるものとされるでしょう。

解　説

1 婚約　婚約とは、将来、一定の時期がきたら（若しくは条件成就したら）結婚するという、両当事者の結婚の予約です。婚約の当事者については、我が国の法は、異性を前提としていますが（憲法24条「両性の合意」、民法731条「男は、女は」という表現や、民法750条以下の「夫婦」という文言は、このことを示していると言えるでしょう）、近年同性婚のカップルの法的保護が世界的に承認されるようになってきており、また、我が国でも性同一性障害者の結婚が制限付きで認められるようになってきており、注目すべき動きと言えるでしょう。

婚約については特段の手続が必要とされず、婚約指輪の授受や結納等がなくても、当事者の口約束だけでも成立します（但しその証明が必要です）。

2 婚約破棄　婚約は、一種の予約（契約）と解されており、したがって正当理由のない破棄は、債務不履行として損害賠償請求が可能となります（最判昭38.9.5民集17巻8号942頁。（注1）。具体的には生活関係の重要部分（例えば隠し子の存在や、他の女性と同棲しているなど）について隠していたり、不誠実、不穏当

な言動や振る舞いなどがあげられるでしょう（注2）。

　本件では、娘さんが勤労意欲のない相手方に愛想を尽かして別れたものであり、娘さん側からの正当な理由のある婚約破棄または合意による婚約解消となり、特段の事情（例えば相手方が意図的にまじめに働こうとせず、あなたの側からの別れ話を持ち出させた場合などは、娘さんから相手方に対して慰謝料請求が可能でしょう）のないかぎり、どちらの側からも慰謝料請求は困難と考えられます。

3 損　害

　婚約不当破棄による損害の範囲は、相当因果関係のあるものとされ、具体的には結納費用、婚約式代金、共同生活のための準備費用（家具など）、式場のキャンセル料、慰謝料（婚約解消の時期や有責性の程度などに左右される）等があります（注3）。

（注1）　X女とY男は、結婚を前提に肉体関係を継続していたが、双方の家族には関係を打ちあけたり結納をかわすことがなく、その間にX女は2度に亘って妊娠中絶したところ、やがてY男側が他に女性ができてX女を避けるようになったことから、X女は婚約破棄を理由に慰謝料請求をしたところ、最高裁は「X女がY男の求婚に対し、真実夫婦としての共同生活を営む意思でこれに応じて婚姻を約した上、長期間にわたり肉体関係を継続したものであり、当事者双方の婚姻の意思は明確であって、単なる野合私通の関係でな」く、「右認定のもとにおいては、たとえ、世上の習慣に従って結納を取りかわし或は同棲しなかったとしても、婚姻予約の成立を認めた原判決の判断は是認しうる」のであり、「不当にその予約を破棄した者に慰謝料の支払義務のあることは当然であって、X女の社会的名誉を害し、物質的損害を与えなかったからといって、その責任を免れうるものではない。」旨判示しています。

（注2）　婚約破棄の正当理由としては、例えば、結婚式直前に無断で家出して行方をくらました場合（大阪地判昭和41・1・18判時462号40頁）、相手方に虐待・暴行・侮辱などの行為があった場合（東京高判昭和48・4・26判時706号29頁）、相手方に結婚式当日や初夜における社会常識を相当程度に逸脱した異様な言動がある場合（福岡地小倉支判昭和48・2・26判時713号

◆ 第6章 ◆ QA——具体事例から考える〔Ⅲ 生活世界〕

108頁）などに認められており、内縁破棄と比べて正当事由は認められやすいと言われています。これに対し、不当破棄とされたケースとしては、民族差別を理由とするもの（大阪地判昭和58・3・8判タ494号167頁）、部落差別を理由とするもの（大阪地判昭和58・3・28判時1084号99頁）など、明確に否定されている倫理観による場合や、当事者に特に落ち度がなかったにもかかわらず、結婚式直前に婚約解消をされた場合（徳島地判昭和57・7・17平14（ワ）13050号）などがあります。

(注3) 婚約破棄の慰謝料は、一般に100万〜200万円の範囲が多いと言えるでしょう。例えば、周囲に婚約者であることを紹介し、1年近く同棲生活をし、新居予定の家屋をリフォームして家具も購入していたところ、婚約者から暴力（いわゆるドメスティック・バイオレンス）を振るわれて婚約破棄された事案で、リフォーム代等の他に慰謝料300万円を認めた、神戸地判平14.10.22平12（ワ）2498号があります。

Q2 婚約者の死亡と遺族年金

来年入籍を予定していた彼が急死しましたが、遺族年金を貰うことが出来るのでしょうか？一緒に住んでいた場合（＝事実婚）はどうでしょうか？

A あなたが彼と婚約していただけでは、遺族年金は支給されませんが、事実婚の状態にあった場合には、一定の要件のもとに支給されることがあります（→6、74〜77頁）。

解説

1 遺族年金 　遺族年金は、国民年金法（37条の2第1項）、厚生年金保険法（49条1項、59条）等に基づき被保険者が死亡したときに残された遺族に支給される公的年金であり、遺族基礎年金、遺族厚生年金、死亡一時金、寡婦年金などさまざまなものがあります（注1）。このうち遺族基礎年金は、死亡した者によって生計を維持されていた「子のある配偶者」又は「子」とされてお

◆ 第2部　実例編

り、「配偶者」には事実婚も含むものとされています。したがって本件では、一緒に住んでいて事実婚の状態にあり、彼との間に子どもがいれば、あなたには受給権があることになります。

また遺族厚生年金の場合、死亡した者によって生計を維持されていた者で、①配偶者（子のない妻、事実婚を含む。但し、夫に年齢制限あり）と子、②父母、③孫、④祖父母の順で受給資格を持つことになります。したがって本件では、彼との間に子どもがなくても、あなたには受給権があることになります。

死亡一時金は、遺族基礎年金を支給されない場合に、厚生年金と同様の順序で支給を受けることになります（祖父母の後順位として兄弟姉妹が含まれます）。その他寡婦年金もあります。いずれも一定の要件のもとに事実婚の場合には支給されることになります。

ちなみに遺族基礎年金と厚生年金についてみると、次のようなものとなっています。

◆ 第6章 ◆ QA——具体事例から考える〔Ⅲ 生活世界〕

2 遺族年金制度

遺族			遺族基礎年金	遺族厚生年金（注1）
若齢の遺族配偶者の場合	子のいる場合（注2）	妻	子が18歳に達するまで支給される	夫の報酬比例の年金額の3／4が支給される（注3・注4）
		夫 配偶者死亡時の年齢が55歳以上の場合	支給されない	60歳以降妻の報酬比例の年金額の3／4が支給される（60歳までは支給停止、子が遺族厚生年金の受給権を有する場合は夫の遺族厚生年金は支給停止される）
		夫 配偶者死亡時の年齢が55才未満の場合	支給されない	支給されない（この場合、18歳未満の子に対しては妻の報酬比例の年金額の3／4が支給される）
	子のいない場合	妻 配偶者死亡時の年齢が35歳未満の場合	支給されない	夫の報酬比例の年金額の3／4が支給される
		妻 配偶者死亡時の年齢が35歳以上の場合	支給されない	夫の報酬比例の年金額の3／4に加えて40歳以降の65歳未満の間は中高齢寡婦加算（40歳までは夫の報酬比例の年金額の3／4のみ支給）が加算される（注4）
		夫 配偶者死亡時の年齢が55歳以上の場合	支給されない	60歳以降妻の報酬比例の年金額の3／4が支給される（60歳までは支給停止）
		夫 配偶者死亡時の年齢が55歳未満の場合	支給されない	支給されない
高齢の遺族配偶者の場合	妻		支給されない	配偶者の報酬比例の年金額の3／4が支給される （参考） 自分の老齢厚生年金の受給権がある場合には、実際に受給する年金については、 （1）遺族厚生年金のみを受給する （2）自分の老齢厚生年金のみを受給する （3）死亡した配偶者の報酬比例の年金額の1／2と自分の老齢厚生年金の1／2の額を併給するという3つから選択する。
	夫		支給されない	

(注1) 現役期に夫が死亡した時の妻や子に対する給付については、夫の被保険者期間が25年未満である場合、遺族厚生年金の金額は25年で計算される。
(注2) 「子」とは、18歳未満又は障害状態で20歳未満の子をいう。
(注3) 夫の死亡時妻が35歳未満であっても、子どもが18歳に達した時点で妻が35歳以上である場合は、40歳以降65歳未満の間中高齢寡婦加算が加算される。
(注4) 遺族厚生年金を受けている妻が65歳になり、自分の老齢基礎年金を受給することができるようになたときに、昭和31年4月1日以前に生れた者に対しては、中高齢寡婦加算と老齢基礎年金の差に相当するものとして、経過的寡婦加算が加算される。
(注5) この表で整理したケース以外に、夫の年齢、妻の年齢、この年齢によって様々なケース（年金受給者だが18歳未満の子がいる、年金受給者である夫は死亡したが自らはまだ年金受給年齢とはなっていないなど）が生じ得るが、ここでは省略している。
(注6) 遺族厚生年金は、この表で整理した以外にも、子、父母、孫、祖父母が支給対象となるが、ここでは省略している。また、国民年金では独自制度として寡婦年金、死亡一時金があるが、ここでは省略している。

◆第2部　実例編

事実婚の認定　ところで事実婚・内縁関係の認定は必ずしも容易ではなく、特に重婚的内縁関係については、かつては保護されないという考え方が一般的でしたが、昭和40年代から重婚的内縁の妻への給付を認める例も見られるようになり、現在では行政通達で「届出による婚姻関係がその実態を全く失ったものとなっているときに限り、内縁関係にある者を事実婚関係にある者として認定する」（社会保険庁昭和55年5月16日通牒）とされています。

また判例でも、遺族年金が「社会保障的性格を有する公的給付であることなどを勘案すると、右遺族の範囲は組合員等の生活の実態に即し、現実的な観点から理解すべきであって、遺族に属する配偶者についても、組合員等との関係において、互いに協力して社会通念上夫婦としての共同生活を現実に営んでいた者をいうものと解するのが相当であり、戸籍上届出のある配偶者であっても、その婚姻関係が実体を失って形骸化し、かつ、その状態が固定化して近い将来解消される見込のないとき、すなわち、事実上の離婚状態にある場合には、もはや右遺族給付を受けるべき配偶者に該当しないものというべきである。」旨判示し（最一小判昭58・4・14判時1124号181頁）、「事実上の離婚状態」について、離婚合意の存在、経済的給付の離婚給付としての性格、婚姻関係を維持継続する意思の不存在を基準に判断しています（注2）。

前述した通り、「配偶者」が受給権を得るには、生計維持要件も満たす必要がありますが、同要件を厳格に解すると結果的に受給権が認められない可能性が高くなることから、これを柔軟に解する裁判例（東京高判平成19・5・31判時1982号48頁）もあります。

(注1)　遺族年金が配偶者に給付がなされる場合としては、労働災害の遺族補償年金（労働災害補償保険法16条の2）、国民年金の遺族基礎年金（国民年金法37条の2第1項）、寡婦年金（同法49条）、老齢厚生年金の加給年金（厚生年金保険法44条1項）、遺族厚生年金（同法59条）、公務員や団体職員の共済組合の遺族共済年金（各共済組合法）、小規模企業者の遺族共済金

◆ 第 6 章 ◆ QA——具体事例から考える〔Ⅲ 生活世界〕

（小規模企業救済法 10 条）、健康保険（健康保険法 59 条の 2 ないし 4）等数多くあり、また扶養手当や退職手当についても同様の規定があります。これらのほとんどは配偶者の定義規定として「婚姻の届出をしないが、事実上婚姻関係と同様な事情にある者を含む」として相手の収入により生計を維持している（いた）者の保護をはかっています。

（注 2） A 男が法律上の妻である X 女と事実上婚姻関係を解消する合意をした上で別居し、その後に B 女と生活を継続していたところ、A 男が死亡したことから、X（法律上の妻）と B 女との間で遺族給付（農林漁業団体職員共済組合法）の受給権をめぐって争いとなったケースで、最高裁は「本件共済組合法 24 条 1 項の定める配偶者の概念は、必ずしも民法上の配偶者の概念と同一のものとみなければならないものではなく、本件共済組合法の有する社会保障法的理念ないし目的に照らし、これに適合した解釈をほどこす余地があると解されること、また、一般に共済組合は同一の事業に従事する者の強制加入によって設立される相互扶助団体であり、組合が給付する遺族給付は、組合員又は組合員であった者が死亡した場合に、家族の生活を保障する目的で給付されるものであって、これにより遺族の生活の安定と福祉の向上を図り、ひいて業務の能率的運営に資することを目的とする社会保障的性格を有する公的給付であることなどを勘案すると、右遺族の範囲は組合員等の生活の実態に即し、現実的な観点から理解すべきであって、遺族に属する配偶者についても、組合員等との関係において、互いに協力して社会通念上夫婦としての共同生活を現実に営んでいた者をいうものと解するのが相当であり、戸籍上届出のある配偶者であっても、その婚姻関係が実体を失って形骸化し、かつ、その状態が固定化して近い将来解消される見込のないとき、すなわち、事実上の離婚状態にある場合には、もはや右遺族給付を受けるべき配偶者に該当しないものというべきである。」旨判示して X の請求を棄却しています。

その後の裁判例でも、離婚の合意の有無を重視し、外形的に婚姻関係が形骸化していても法律上の配偶者の配偶者該当性を肯定するもの（東京高判平成 5・3・22 訟月 39 巻 11 号 2388 頁。一般論において離婚の合意などの主観的要件を明示する、浦和地判平成 6・9, 6 判時 133 号 46 頁、東京地判平成 7・10・19 判夕 915 号 90 頁、東京高判平成 19・7・11 判時 1991 号 67 頁な

◆第2部　実例編

ど)、離婚の合意は判断要素の一つであり、要件ではないと判示する裁判例もあり（東京地判平成5・3・3判タ859号129頁）、判断は必ずしも一致していません。

Q3　内縁の妻と夫の死亡退職金

> 従業員が亡くなり退職金を支払わなければなりませんが、受取人につき、①従業員の内縁の妻と、実父母との間で争いがある場合、②10年間別居している戸籍上の妻と、内縁の妻との間で争いがある場合、死亡退職金は誰に支払えば良いのでしょうか。

A　民法は法律婚しか認めていないことから、内縁（事実婚を含む）の妻（夫）には相続権がありませんが、死亡退職金は、死亡者の収入によって生活を維持している人のために支給されるものであることから、判例上、内縁の妻（夫）も受給権を認める傾向にあります。したがって①は内縁の妻が、②は戸籍上の妻が受給権者ということになります。

解　説

1 死亡退職金の法的性質　労働者が退職する際に支給される退職金の受給権者は、退職者本人であり、退職後死亡した場合、退職金請求権が現に発生している以上は、その債権については相続財産に属することになります。ところが、労働者が退職前に死亡した場合（死亡という事実によって退職した場合）に支給される死亡退職金については、それが生前に退職したときに受領する退職金の場合と同じ性質のものとして、相続財産に属するのか、それとも生前に受け取る退職金とは別の観点から受給権者が定められ、受給権者（大概の場合は遺族）とされた者の固有の財産となるのかが問題となります。実際上、公務員についての法律や条例、若しくは民間企業における就業規則などで規定する受給権者の範囲、順序等が、民法における相続人の範囲、順位等についての規

定と異なることが多く、争いとなることが多いのです（注1）。

この問題は、退職金の性質に則して、労働者の永年にわたる功績に対して、使用者からなされる功労報償であるとする考え方や、社会保障の不備を補う目的で、使用者が死亡退職者の家族の生活保障の観点から行う支給であるとする考え方では、死亡退職金を受給権者（大抵の場合は遺族）の固有の財産と解する立場に結びつきやすくなり、他方本来在職中に受け取るべきはずの賃金の後払いであるとする考え方では、死亡退職金が相続財産に属するという立場に結びつきやすくなり、実務上もこれらの考え方をめぐって争われてきていました。

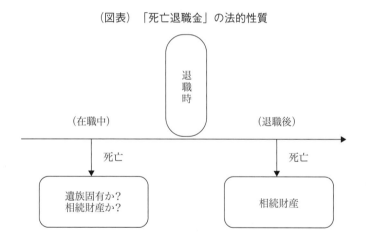

（図表）「死亡退職金」の法的性質

2 死亡退職金の取り扱い

この点について行政解釈は、「労働者が死亡したときの退職金の支払について別段の定めがない場合には、民法の一般原則による遺産相続人に支払う趣旨と解されるが、労働協約、就業規則等において、民法の遺産相続の順位によらず、労基法施行規則第42条、第43条の順位〈遺族補償の受給権者、図表〉による旨定めても違法ではない。したがってこの順位によって支払った場合は、その支払は有効である。

◆ 第2部　実例編

同順位の相続人が数人いる場合についても、その支払について別段の定めがあれば、この定めにより、別段の定めがない時は、共同分割による趣旨と解される」(昭25.7.7基収1786号) としています。すなわち、退職金規程などに遺族などの受給権者の定めがあれば、その固有の権利となり、退職金規程などに定めがなければ、民法の一般原則の通り相続財産となるという考えと言えます。

他方、判例はむしろ、退職金規程の有無にかかわりなく、配偶者など遺族固有の権利とする傾向にあります。

(図表)　遺族補償の受給権者 (労規則42条・43条)

〔遺族補償の受給得権者の定め〕

労規則42条　遺族補償を受けるべき者は、労働者の配偶者 (婚姻の届出をしなくとも事実上婚姻と同様の関係にある者を含む。以下同じ。) とする。

② 配偶者がいない場合には、遺族補償を受けるべき者は、労働者の子、父母、孫及び祖父母で、労働者の死亡当時その収入によつて生計を維持していた者とし、その順位は、前段に掲げる順序による。この場合において、父母については、養父母を先にし実父母を後にする。

労規則43条　前条の規定に該当する者がない場合においては、遺族補償を受けるべき者は、労働者の子、父母、孫及び祖父母で前条第二項の規定に該当しないもの並びに労働者の兄弟姉妹とし、その順位は、子、父母、孫、祖父母、兄弟姉妹の順序により、兄弟姉妹については、労働者の死亡当時その収入によつて生計を維持していた者又は労働者の死亡当時その者と生計を一にしていた者を先にする。

② 労働者が遺言又は使用者に対してした予告で前項に規定する者のうち特定の者を指定した場合においては、前項の規定にかかわらず、遺族補償を受けるべき者は、その指定した者とする。

◈ 第6章 ◈ QA——具体事例から考える〔Ⅲ 生活世界〕

（1）退職金規程に定めがある場合
次のケースが退職金規程に定めがある場合の典型例といえます。
［事例4］　日本貿易振興会事件（最一小判昭 55.11.27 判時 991 号 69 頁）

特殊法人の職員が死亡し、受給権者である遺族、相続人が共にいなかったことから、相続財産管財人が特殊法人に退職金請求をしたところ、相続財産に属しないとして支払を拒否されたケースにつき、判決も同様に、「日本貿易振興会の『職員の退職手当に関する規程』2条、8条は、退職金の支給、受給権者の範囲及び順位を定めているのであるが、右規定によると、死亡退職金の支給を受ける者の第一順位は、内縁の配偶者を含む配偶者であって、配偶者があるときは子は全く支給を受けないこと、直系血族間でも親等の近い父母が孫より先順位となり、嫡出子と非嫡出子が平等に扱われ、父母や養父母については養方が実方に優先すること、死亡した者の収入によって生計を維持していたか否かにより順位に差異を生ずることなど、受給権者の範囲及び順位につき、民法の規定する相続人の順位決定の原則とは著しく異なった定め方がされているというのであり、これによってみれば、右規程は、専ら職員の収入に依拠していた遺族の生活保障を目的とし、民法とは別の立場で受給権者を定めたもので、受給権者たる遺族は、相続人としてではなく、右規程の定めにより、直接これを自己固有の権利として取得するものと解するのが相当であり、そうすると、右死亡退職金の受給権は、相続財産に属さず、受給権者である遺族が存在しない場合に、相続財産として他の相続人による相続の対象となるものではない」として、相続財産管理人からの請求を退けています。

結局、就業規則等において、死亡退職金の受給権者を定めていた場合、その死亡退職金を受け取る権利は、相続財産には属さず、当該受給権者の固有の権利になるということです（注1）。

（2）退職金規程に定めがない場合
さらに裁判例では、受給権者に関する規定はおろか、死亡退職金に関する規定自体がない場合でも、受給権は相続財産に属さず、配

偶者(妻)個人に属する傾向にあり、例えば死亡退職金の支給規定のない財団が、死亡した理事長の妻に死亡退職金を支払ったところ、子2名が相続財産であるとして持分支払請求を求めたケースで、判決は、「右死亡退職金は、理事長の相続財産として相続人の代表者としての妻に支給されたものではなく、相続という関係を離れて、理事長の配偶者であった妻個人に対して支給されたものである」旨判示して、子からの請求を斥けています(厚生会事件・最三小判昭62.3.3 判時 1232 号 103 頁)。

3 本問①の場合

前述した通り退職金規程上、死亡退職金受給者の先順位に「配偶者(内縁を含む)」があり、その後に他の「親族」が規定されている場合、死亡退職金は、受給権者固有の権利としてその受給権が発生することになり、死亡した従業員の内縁の妻は、民法上同人の相続人としての地位を持たないが、死亡退職金に関しては、同規程によりその請求権を取得することとなるのです。判例上も、「遺族にこれを支給する」とだけ規程していた退職金規程の受給権者について、死亡した従業員の内縁の妻と同従業員の養子との間で争われたケースについて、規程の定めは、「専ら職員の収入に依拠していた遺族の生活保障を目的とし、民法とは別の立場で受給権者を定めたもので、受給権者たる遺族は、相続人としてではなく、右規程の定めにより直接これを自己固有の権利として取得するものと解するのが相当である」と述べて、内縁の妻に権利を認めています(福岡工業大学事件・最一小判昭 60.1.31 労経速 1238 号 3 頁、(注3))。

4 本問②の場合

この場合は、別居中の妻、内縁の妻とも、退職金規程に基づく固有の権利として死亡退職金を受給し得る可能性があり、ケース①とは異なり、死亡退職金が、相続財産であるか否かが直接結論を導くことにはなりません。そこで、行政解釈では、労基則 42 条の「配偶者(婚姻の届出をしなくとも事実上婚姻と同様の関係にある者を含む)」にいう内縁の妻を含むとは、民法にいう配偶者とはいえない者であっても、受給権者として認めてよいという趣旨にとどまり、死亡労働者に法律上の妻はあるが、

◆ 第6章 ◆ QA——具体事例から考える〔Ⅲ 生活世界〕

その妻と事実上離別し、他の女性と同棲していた場合には、その女性との生活関係が夫婦と同様なものであっても、この場合における遺族補償の受給権者は、法律上の配偶者すなわち離別中の妻」とされています（昭23.5.14基収1642号。なお、内縁関係にあった女性が、労働者の死亡当時、事実上の婚姻関係を解消しているときは、その女性に受給資格はないものとされています。昭25.8.8基収2149号）。裁判例でも同様に、労基則42条は「他に法律上の配偶者のいない通常の場合を予定しているものと解せられるから、本件のようにいやしくも法律上の妻がいるときは、これがすでに死亡労働者と事実上の離婚をしているという特段の事由がある場合を除いては、内縁の妻には受給権がないと考えるのが相当」としています（工学院大学事件・東京地判昭53.2.13判事895号118頁）。

このように、死亡した労働者に戸籍上妻がいる場合は、事実上婚姻している等特段の事情がないかぎり、妻が優先することになり、仮に会社の方針として、死亡時点で生計を同一にしていた者の保護を優先しようというのであれば、規程上その点を明記しておかなければならないでしょう。

なお、これらの事情が不明で誰が受給権者か判然としない場合、実務上は、法務局に死亡退職金等を供託することにより支払義務を免れ、本人に支払ったと同じ弁済の効果を主張することができます（民法494条）。

(注1)「遺族」とは、死亡者の配偶者（内婚を含む）や子等一般に死亡者によって生計を維持されていた者を指すことが多く、法令上は配偶者、子、孫、祖父母、兄姉などが規定されています。例えば国家公務員退職手当法では、死亡による退職金が支払われる「遺族」につき、
「第二条の二　この法律において、「遺族」とは、次に掲げる者をいう。
　一　配偶者（届出をしないが、職員の死亡当時事実上婚姻関係と同様の事情にあつた者を含む。）
　二　子、父母、孫、祖父母及び兄弟姉妹で、職員の死亡当時主としてその収入によつて生計を維持していたもの

◆第 2 部　実例編

三　前号に掲げる者のほか、職員の死亡当時主としてその収入によつて生計を維持していた親族

四　子、父母、孫、祖父母及び兄弟姉妹で第二号に該当しないもの

2　この法律の規定による退職手当を受けるべき遺族の順位は、前項各号の順位により、同項第二号及び第四号に掲げる者のうちにあつては、当該各号に掲げる順位による。この場合において、父母については、養父母を先にし実父母を後にし、祖父母については、養父母の父母を先にし実父母の父母を後にし、父母の養父母を先にし父母の実父母を後にする。

3　この法律の規定による退職手当の支給を受けるべき遺族に同順位の者が二人以上ある場合には、その人数によつて当該退職手当を等分して当該各遺族に支給する。

(注2)　県立高校の教諭が死亡し、同人の遺言執行人が、県に対し死亡退職金の支払い請求をしたところ、県は条例に基づき妻に支給したケースで、判決は同様に、「受給権者たる遺族は、相続人としてではなく、右の規定により直接死亡退職手当を自己固有の権利として取得するものと解するのが相当である」旨判示して遺言執行人の請求を斥けています（滋賀県学校教職員事件・最二小判昭 58.10.14 判時 1124 号 186 頁）。

(注3)　なお、この場合に内縁の妻が受給した死亡退職金は、税法上の取り扱いとしては、相続によって取得したものとみなされています（相続税法 3 条）。

(注4)　同ケースは、別居関係が 15 年弱に及び、両者間に夫婦共同生活の実体はなくなっていたが、妻はあくまで本人の帰宅を望んでいて、夫からの離婚の申出に対してはっきりと拒否していたことから、離婚の合意はなされていないことが明らかであるとして、妻の請求が認められています。

Q4　事実婚・内縁夫婦の解消と財産分与、相続、子供の権利

事実婚の夫との間に生れたばかりの子供がいますが、認知をしないまま夫が急死してしまいました。夫の財産は私や子どもは相続できるのでしょうか。

A　事実婚の妻は、民法上の法定相続人でありませんが、子どもは認知されれば相続権が認められます。認知しないうちに死ん

でしまった父に対しては、死亡から3年間に限って子の側から認知を求めることが出来ます（民法787条）。

解　説

1　事実婚の解消と財産分与　民法では、婚姻の解消時に配偶者間の財産問題を解消するために、解消の原因に応じた2つの異なる制度を設けており、離婚の場合には財産分与（768条）、死別の場合には配偶者相続権（890条）が認められています。

では、事実婚、内縁の場合にはどうなるのでしょうか？離婚による解消の場合、判例上、財産分与の規定を類推適用するものがみられ、最高裁も傍論ですが、「内縁の夫婦について、離別による内縁解消の場合に民法の財産分与の規定を類推適用することは、準婚的法律関係の保護に適するものとして、その合理性を承認し得る」として。その可能性を認めていると考えられています（最一小決平12.3.10判時1716号60頁）。

しかしながら死亡の場合の配偶者相続権については、相続に関する明文の規定を欠く以上認められないとするのが、判例・学説の一致した見解です。もっとも財産分与は、配偶者相続と一定の範囲で機能的に重なりうることから、類推適用が問題となり得ますが、前述した最高裁決定は「死亡による内縁解消のときに、相続の開始した遺産につき、財産分与の法理による遺産精算の道を開くことは、相続による財産承継の構造の中に異質の契機を持ち込むもので、法の予定しないところである」として、この可能性を明確に否定しています。したがって本件では事実婚（内縁）の妻は、夫の財産の財産分与、配偶者相続権いずれについても否定されることになります。

2　親子関係の成立　両親が婚姻していなくても、認知さえあれば親子関係は成立し、事実婚・内縁関係にある両親の子は、いわゆる「非嫡出子」となりますが、内縁・事実婚が法律婚と重婚になっておらず、当事者間が安定した関係を築いてい

◆第 2 部　実例編

るのであれば、民法上子どもの権利は嫡出子の権利と何ら変わりがないといってもよいでしょう。母子関係の成立は、民法に直接の規定はないものの、親子関係の最も基本的な条文（772 条、「嫡出の推定」）にある「妻」の「懐胎」や「出産」（773 条）によって、母子関係が当然に基礎づけられると考えられているといえるでしょう。認知について、民法は「嫡出でない子は、その父又は母がこれを認知することができる」と規定していますが、この場合判例は、「母とその非嫡出子との間の親子関係は、原則として母の認知を俟たず、分娩の事実により当然発生する」として、母による認知を不要としており（最二小判昭 37.4.27 民集 16 巻 7 号 1247 頁）、結局、嫡出子であれ非嫡出子であり、母子関係は懐胎と出産（分娩）という事実のみによって成立することになります。

　しかしながら父子関係の成立は、母子関係と異なり古来「誰が父親かは神のみぞ知る」と言われるくらい、DNA 鑑定などない時代から、嫡出・非嫡出子の判断を含めて、重要な意味を持ってきたのです。この点について民法は父子関係について、「妻が婚姻中に懐胎した子は、夫の子と推定する」との嫡出推定の規定（772 条 1 項）により、嫡出子に関する父子関係を成立させ、これ以外の者（いわゆる「非嫡出子」。もともと民法は条文上「嫡出でない子」と規定しており（779 条、790 条 2 項、900 条 4 号）、「非嫡出子」という表現は社会的に差別的なニュアンスを含んでいることから、「婚外子」という表現が用いられることがあります）に、法律上の父子関係を認める制度として「認知」があります。

| 3　認知と父子関係 |

民法は 2 つのタイプの認知を規定しており、1 つは父親からなされる認知であり（任意認知、779 条）、父親が任意に認知しない場合には、子やその直系卑属等が認知の訴を提起することができ、父が死亡している場合父の死後 3 年間に限定されています（強制認知、787 条）。もっとも死後 3 年間については厳格すぎるとの批判があり、判例では、父とされた者が行方不明となった直後に死亡していたことが後から明らかになったため、それ以前に出されていた婚姻届、出生届等が無効とさ

れたケースで、認知の訴を提起しなかったことはやむを得ないとして「死亡が客観的に明らかになった」時点を起点とすることを認めています（最二小判昭 57.3.19 民集 36 巻 3 号 432 頁。（注））。

したがって本件で父の死後 3 年以内であれば、認知請求を提起して父子関係を確立させることができます。認知がなされると、認知させた子は出生の時から父子関係があったことになり（784 条）、子は父の相続人とされ（896 条 1 項）、父の氏を名乗ることも可能となります（791 条、家庭裁判所の許可と届出が必要とされます）。

相続人の法定相続分については、事実婚による子のみの場合は、父の財産全てを相続することになり、他に嫡出子がいる場合、民法の規定は従来、嫡出子：非嫡出子の相続分は 2：1 とされていましたが（900 条 4 号但書）、法の下の平等に反するとして、2013 年 9 月最高裁で違憲判決が下され、2014 年同規定が削除され、現在では相続分は同じとされています。

(注) A 女と B 男とは内縁関係にあったが、昭和 50 年 11 月に B 男が出奔して行方不明になった後、昭和 51 年 2 月 10 日、A 女は X を出産し、同月 23 日、保管していた B 男の署名捺印のある婚姻届と X の出生届を提出し、その結果 X が戸籍上 AB 間の嫡出子として記載され、

その後 A は、B との協議離婚届けを提出すると共に、X を母の氏を称する届出をして A の戸籍に入籍した。ところが昭和 53 年 12 月初め、警察からの身元照会で、B 男が昭和 50 年 11 月には死亡していたことが判明したことから、前記婚姻届、出生届、協議離婚届等は全て無効とした戸籍訂正審判に基づいて戸籍が訂正された結果、X は B とは戸籍上父子関係が存在しないこととされた。そこで A 女は、X の法定代理人として、昭和 54 年 5 月、認知の訴を提起したところ、最高裁は「B 男の死亡の事実が A らに判明したのは、その死亡の日から既に 3 年 1 月を経過した後であり、その間、X は戸籍上 AB 夫婦間の嫡出子として身分を取得していたのであるから、X 又は A 女が B の死亡の日から 3 年以内に認知の訴を提起しなかったことはやむを得なかったものということができ」「本件の前記事実関係のもとにおいては、他に特段の事情が認められないかぎり、右出訴期間は、B 男の死亡が客観的

◆第2部　実例編

に明らかになった昭和53年12月初め頃から起算することが許される」と判示しています。

Q5　「専業主婦」と家事労働

私は、子どもが生れたことから仕事をやめて専業主婦になりましたが、夫は生活費以外は全くお金を渡してくれず、パートに出ようとすると反対されます。専業主婦にも、それに見合った報酬が合っても良いと思いますが？

A　夫婦の婚姻形態は共働き、片働き等さまざまなものがあり、夫婦関係が安定的であるかぎり、法は干渉しないのが建前ですので、家事費用等の分担は相互の話し合いになります。もっとも「専業主婦」の「家事労働」としての対価は議論になっており、また婚姻中の財産形成については、配偶者にも潜在的な持分があるものとされ、民法では相続時における配偶者の相続分、離婚時の財産分与の制度が、また税法や社会保障法では種々の優遇措置、離婚時年金分割制度、居住用不動産の贈与に対する非課税措置などの制度が用意されております。

解説

1　専業主婦、共稼婚

いわゆる「専業主婦（夫）」は、配偶者の一方が就労し（自営、賃労働など）、他方の配偶者が家事・育児に専念する婚姻形態（片稼婚。ちなみに夫婦の婚姻形態としては、片稼婚の他に、共働婚があります）における配偶者の呼称であり、従来は女性のライフコースの一つとされることが多かったものの、現在では男性の場合もあります（「専業主夫」）。

専業主婦（夫）には、育児休業中や定年退職後の家事・育児・介護専念の場合も含まれ、従来その大半は就業せず無職でしたが、近年はパート、アルバイト、派遣などの非正規労働に就労する場合が増加しています。特に、有配偶者女子の就業率（15歳から64歳まで

の農林漁業を含む)は、1940年に49%であったものが、2000年には54%と、戦後一貫して約半数を占めていますが(その中でも1975年が最低の35%を記録したのが注目されます)、農林漁業就業率は1940年の36%から、2000年の3%へと大きく下がっており、その結果農林漁業を除く専業主婦率は、1940年の87%から、2000年の49%へと大きく減少してきているのです。このように我が国では専業主婦はいわばマジョリティの地位を失いつつありますが、それでもいわゆるサラリーマン世帯の中では、依然として約半数弱を占め続けていることには注目する必要があるでしょう(注、図表1、2)。

2 家事労働の実態

家庭内での家事・育児・介護などの「家事労働」の実態は、どのようになっているのでしょうか？国立社会保障・人口問題研究所が1993年から5年ごとに行っている全国家庭動向調査によると、共働き、片働きを合わせて、夫が行う家事は平均14.9%、育児は20.2%にすぎず、この傾向は調査開始から変化がないことが注目されます(ちなみに98年の第2回調査では、それぞれ11.3%、15.5%であった)。

例えば家事の中でも夫が「週1～2回以上している」との回答で最も多いのは、ゴミ出し(40.6%)、次いで「日常の買い物」(36.6%)となっており、その結果、妻の平均家事時間は約4時間40分、妻が常勤の仕事で働いている夫の7人に1人は、全く家事をせず、妻の約半数(48.2%)は、このような家事・育児の分担に「不満」を持っていることが明らかとなっています(図表3)。

3 家事労働の評価

人々が時間使用をするうえで、無償労働(活動)の占める比率は非常に高く、特に家庭内での家事・育児・介護や家庭外でのさまざまなボランティア活動がその典型です。このような無償労働の大半は、第三者による代替可能なものであることから、国民生活の境界内の活動と位置付けることが可能であるにもかかわらず、いわゆる「市場」を介してないことから、国民経済計算の体系に表われることがなかったのです。そのために人々の目には、このような無償労働が正当に評価されないこととなり、無償労働の担い手(もっぱら専業主婦!)に過度な負

◆第2部　実例編

担をかけていても、その多くが無視されることにつながってきていたのです。

そこで世界女性会議（1995年）は、女性の地位向上にとって家庭内での家事・育児・介護等のいわば無償労働の正当評価をめざして、家事労働の数量的測定を課題として取り上げ、我が国でもこれに応じて、内閣府では1997年から5年毎の隔年調査を実施して結果を発表しています。2013年6月21日発表の報告書によると、家事・育児・介護の無償労働につき、働いた場合に得られたはずの賃金（逸失利益）にあてはめて計算したところ、女性の場合は、年間平均1381時間、約192万8000円、専業主婦で2199時間、約304万円、共働きで1540時間、約223万円であるのに比し、男性の場合、年間平均284時間、約51万7000円、専業主夫で539時間、91万円、共働きで250時間、49万3000円と、依然として著しい格差があります。

女性の場合、専業主婦では、炊事（38.1%、116万円）、清掃（15%、45万5000円）、育児（14.1%、42万8000円）、買い物（13.1%、39万7000円）の順となっており、共働きでは、炊事（41.6%、93万円）、買い物（14.3%、31万円8000円）、清掃（13.8%、30万9000円）、育児（10.5%、23万5000円）となっています。専業、兼業いずれについても、無償労働の時間は育児をすることが多い30歳代前半がピークとなり、金額では専業の場合、30歳後半、兼業の場合、40歳代前半がピークとなっています。他方男性の場合、50歳代後半から労働時間が余暇ともに増加し、80代前半でピークを迎えており、妻の死別などによる独居化を反映しているものと思われます。

このように無償労働の比率の男女差は縮小傾向にあるものの、8：2と圧倒的に女性比率が高く、特に最も比率の高い育児の一部を外部委託（保育所）することにより、女性の労働力化（＝活用）の可能性が広がるとの見方につながるのです。しかしながら他方では、保育所不足が深刻であり、また女性が働きに出てもパート、派遣などの非正規が大半であり、保育料に見合った収入を得られるかが問題であり、税金や社会保険料の負担増などから、就労を抑制するこ

◆ 第6章 ◆ QA——具体事例から考える〔Ⅲ 生活世界〕

(図表1) 有配偶者女子就業率(全国)

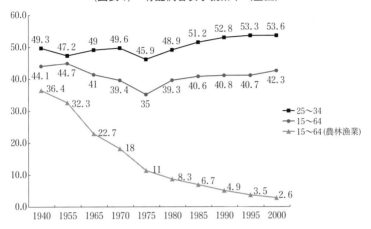

(図表2) 専業主婦世帯と共働き世帯の推移

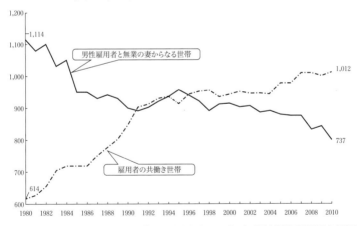

資料:1980年から2001年は総務省統計局「労働力調査特別調査」、2002年以降は総務省統計局「労働力調査(詳細集計)(年平均)」より厚生労働省政策統括官付政策評価官室作成
(注) 1.「男性雇用者と無業の妻からなる世帯」とは、夫が非農林業雇用者で、妻が非就業者(非労働力人口及び完全失業者)の世帯。
2.「雇用者の共働き世帯」とは、夫婦ともに非農林業雇用者の世帯。
3.「労働力調査特別調査」と「労働力調査(詳細集計)」では、調査方法、調査月などが相違することから、時系列比較には注意を要する。

◆ 第2部　実例編

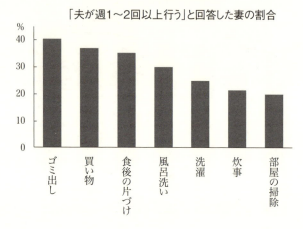

(図表3)　全国家庭動向調査
「夫が週1〜2回以上行う」と回答した妻の割合

(ゴミ出し／買い物／食後の片づけ／風呂洗い／洗濯／炊事／部屋の掃除)

とにもつながっており、今日の我が国の女性のおかれた状況を反映するものとなっているのです。

(注)　農業や自営業などの家族労働の場合、世帯収入は家族全体で支えられており、「共働き」という概念が入る余地がなく、しかも多くの場合、世帯主（家長）である夫の個人単位の所得とされ、税法上妻や家族の稼働が評価されていないという問題が指摘されています。

Q6　妻のパート収入が夫の税金等に与える影響——3つの壁
（100万円、103万円、130万円）

> 私は専業主婦でしたが、子供が入学したことを機に、パートタイマーで働くことを考えていますが、世帯収入や夫の税金・社会保険等にどのように影響するのでしょう。

A　パートに出ることによって家計の収支を改善させることができますが、世帯全体でみた場合、税金や社会保険料負担でさまざまな影響がでてきます。

◆ 第6章 ◆ QA——具体事例から考える〔Ⅲ 生活世界〕

解　説

1 パート収入と税金　現在パートの平均年収は約121万円（月収10万1640円、平成26年6月現在、「毎月勤務統計調査」より）となっており、年末ともなると「就労調整」をしたり、使用者から時間給の賃上げされても断ったりするパートタイマーが約3割に達すると言われており、しかも近年は110万円から120万円前後という、所得税が課税される103万円から社会保険料を負担する130万円の範囲内で推移しており、それほど変化がありません。何故なのでしょうか？

パートタイマーの収入は給与所得とされますが、税法上は、納税者の担税力などに配慮して課税最低限を設定しています。各種所得に共通なものとして基礎控除がありますが、長い間低額に据え置かれてきたため（1995年度から38万円。それまでは35万円）、それ以外の各種控除が大きな役割を果たしてきたのです。

そこでまず、共働きの妻の場合をみてみましょう（注1）。

2 パートタイマー個人の課税
——100万円、103万円の壁　パートタイマーの収入は給与所得として、所得税や住民税の課税対象となります。現在パート以外の収入がない場合、所得税では年収103万円以下が非課税、住民税では年収100万円以下が原則非課税とされ、それを超えると課税されることになります（注2）。

具体的には、パートの年収が103万円以下の場合、給与所得控除（65万円、但し年収162万5千円まで）と基礎控除（38万円、年収に関係なく一律に認められる）が差し引かれることになり、例えば103万円では、103万円－（65万円＋38万円）＝0となり、所得税が課税されることがありません。

他方住民税では、給与収入額が100万円を超えると税率が一律10％で課税され、それ以下でも均等割（平均4000円）として一律課税されますので、（103万円－100万円）×0.1＋4000＝7000円が課税されることになるのです。

ここまでの100万円、103万円の「壁」は、独身であろうと共働

3 世帯収入への影響
　　—100万円、103万円の壁

次に、世帯の現実の収入への影響についてみてみると、まず所得控除（個人控除）としては、配偶者の所得に応じて、配偶者控除と配偶者特別控除があり、夫（妻）の所得から一定額が控除されることになります。

具体的には妻のパート収入が103万円以下の場合、夫は配偶者控除（所得税で38万円、住民税で33万円）が受けられ、それに加えて約8割の民間企業で支給している、月平均1万6000円程度の配偶者手当が受けられます。企業では配偶者手当の支給基準を103万円に設定していることが多く、その結果として妻のパートの収入が103万円を超えると、夫は配偶者控除が受けられないばかりか、会社からの配偶者手当も打ち切られることになり、共働き世帯全体としては所得が減少することになります（いわゆる「手取りの逆転現象！」）。

これに対応するものとして、現在では配偶者特別控除が導入され（1987年から）、妻の年収が141万円までは、夫への課税控除額が段階的に削減され（夫の所得1000万円以下の場合、所得税で38万円、住民税で原則33万円まで）、今日では「100万円」「103万円」の「壁」は、相当程度緩和されるようになっています。

4　130万円の「壁」

現在では次に述べる通り、社会保険料（健康保険料、年金保険料、雇用保険料）の掛け金負担額などを加味すると、「手取りの逆転現象」は、配偶者の収入が150〜160万円程度の場合に移ってきているといえるでしょう。

妻の給与収入が130万円以上になると、社会保険では夫の扶養者と認められなくなり、妻自身が健康保険や厚生年金保険などの社会保険に加入し、保険料納付義務が生じることになります。この場合、共働き世帯全体の手取り額は減り、計算上妻の年収が150〜160万円以上までは回復できず、「130万円の壁」と言われる所謂なのです。即ち、妻の年収見込み額が130万円未満（60万円以上又は一定の障害状態にある場合は180万円未満）の場合、妻は夫の健康保険の「被

扶養者」（扶養家族）となり、保険料負担がなく、いわゆる「第三号被保険者」とされることになるからです（この場合、夫が妻の保険料も負担しているとみることができます）。

　もっとも雇用保険は、31日以上継続雇用が見込まれ、週20時間以上勤務する場合には、130万円に関わりなく、加入義務があり、雇用保険料を負担しなければなりません。

5「壁」への批判

　このように「専業主婦」が働きに出る場合、100万円、103万円、130万円とさまざまな「壁」にぶつかりますが、これらの壁に対しては、サラリーマンの主婦を優遇しているとして、独身者や正規社員の共働き労働者の不公平感からの批判（もっともこの場合、前述した通り夫が妻の分も負担している言え、この批判は当たらないと言えるでしょう）に加えて、これらの制度が「夫は仕事、妻は家庭」という性別分業にもとづいて女子労働者全体を夫の被扶養者につなぎとめ、女性の自立、男女平等社会の実現を阻むものだという批判、更には「壁」に女子労働者が安住し、男女賃金格差是正の障害になっているとの批判等が加えられてきました。近年でも政府は、特に配偶者控除・特別控除について、「働くか育児等をするかという選択に中立的でない制度」として見直しを検討しています（2014年8月17日付読売新聞）。

　これらの批判はそれぞれに一面の真理をついた指摘でありますが、上記制度を撤廃することは、結局のところ低所得者層への増税につながる危険性をもつものだけに、より慎重な検討が必要であり、当面、基礎控除を大幅に引きあげ（例えば現行68万円を100万円以上）、女子パートタイマーが「壁」にこだわらずに働けるようにすべきではないかと思います。

（注1）　ここでは民間会社や公務員の配偶者の場合を想定しており、自営業者の場合はこれとは異なります。
（注2）　住民税の所得割では、自治体により100万円以下に課税控除が設定されているところもあり、また均等割（いわゆる「人頭税」）は、平均4000円程度が一般的です。

◆第2部　実例編

(図表)　妻の年収と、税金・社会保険料の関係

妻の年収	妻の税金		夫の税金		健康保険・公的年金の保険料の追加負担(注)
	所得税	住民税(※2)	配偶者控除	配偶者特別控除	
100万円以下	かからない	かからない	受けられる	受けられない	なし
100万円超 103万円以下	かからない	かかる	受けられる	受けられない	なし
103万円超 130万円未満	かかる	かかる	受けられない	受けられる	なし
130万円以上 141万円未満	かかる	かかる	受けられない	受けられる	あり
141万円以上	かかる	かかる	受けられない	受けられない	あり

(注)　パート収入が130万円未満であっても、妻の勤務状態が、正社員の勤務時間数および勤務日数の4分の3以上の場合などには、自ら健康保険・公的年金に加入しなくてはならない。

(※2)　これは住民税(所得割)の説明です。自治体によっては100万円以下であっても住民税(均等割)がかかる場合があります。詳細はお住まいの自治体にご確認下さい。

Q7　夫婦間の財産移転と税金など

夫が高齢になってきたので、将来のことを考え、夫名義の財産(土地建物)を妻名義にしようと思いますが、税金などではどのような問題が起りますか?

A　夫婦間の財産移転は、無償譲渡が大半であり、贈与税が課されることになります。もっとも居住用不動産を譲渡する等の場合には、控除の対象となります。

解説

1　夫婦間の財産移転

不動産・動産の所有権、株式等の権利の移転は、売買・交換などの対価を伴う有償譲渡と贈与による対価を伴わない無償譲渡の形態があり、民法はそれ

◆第6章◆ QA——具体事例から考える〔Ⅲ 生活世界〕

それの譲渡契約の発生要件、効果を定めています（民法第3編）。

夫婦間で、婚姻前若しくは婚姻中に一方（又は共有）名義で所得した財産を移転する場合、そのほとんどは贈与等の対価を伴わない無償譲渡か、売買等の有償譲渡であってもその対価が著しく低額の場合です。

わが国の税法は、財産の有償譲渡による所得に対し譲渡所得税を課し、無償譲渡である贈与に対し贈与税（但し、死因贈与・遺贈に対しては相続税が課されます）を課すことにしていますが、有償譲渡であってもその対価が著しく低額の場合は、その実質が贈与とかわりないものとして贈与税の課税対象とされています（「みなし贈与財産」）。夫婦間の財産移転夫婦間の財産移転は、既に述べた通り、贈与税の対象とされることが多いわけですが、財産移転の形態は、贈与契約に基づいて行なわれるよりも、財産の名義変更や売買・賃貸借の形式をとることが多いと言えましょう。

この点について現行税法は、民法上の夫婦別産制の建前を前提として、夫婦間の財産移転を原則として贈与税の対象としているのです。したがって、例えば、夫婦間で不動産や株式等の名義変更を行なっておきながら対価の支払いがない場合や、夫が資産として購入した土地を直接妻名義に所有権移転登記したり、妻との共有名義にした場合などは、その実質が贈与でないという反論をしないかぎり、これらの財産移転行為は原則として贈与税の対象とされます。

また、共働き夫婦が取得した不動産。株式などの持分は、原則として各人の所得金額に按分して算定されますので、例えば、住宅ローンの借入金返済を夫が単独で行なった場合などは夫の負担部分を超過している部分は贈与税の対象とされるわけです。

2 非課税財産・配偶者控除

（1）基礎控除100万円——誰からどのような贈与を受けようとも、一年間で贈与を受けた金額が110万円以内の場合、贈与税がかからないことにされています（相続税法21条の5、特別措置法70条の2の2）。これは、社会慣習や国民感情、課税の煩雑等から非課税されて、何人にでもできるものであり、申告手続も不要とされています。した

がって例えば親が子供や孫5人に毎年贈与する場合、550万円までは非課税とされるわけです。

(2) 夫婦間贈与の特例2000万円——夫又は妻へ居住用不動産を贈与する場合に認められるもので、(ア)結婚してから20年以上経過し(内縁、事実婚は除外)、(イ)居住用の建物、土地(又は取得資金)であることの2要件が必要とされます。この場合あくまでも、夫婦間における財産形成に対する配偶者の寄与や老後の生活安定が趣旨であることから、財産を受けた家、土地に引き続き居住し、かつ、同じ相手方には一度しか非課税特例が認められていません(相続税法21条の5など)。

したがって(1)(2)を合わせると、夫婦間においては、2100万円までの贈与税の控除が可能とされているのです。このように、現行税制は、民法上の夫婦別産制の建前を形式的に適用し、しかも夫婦間の財産移転は原則として贈与税の対象にしていますが、夫婦の居住用財産の保護が問題となっている今日、夫婦間の名義移転・共有登記などは、原則として非課税とすべきと思われます。

Q8 離婚年金分割

離婚するときに、夫の年金を分けてもらえるようになると聞きましたが、どのような制度ですか。

A 離婚時年金分割という制度です。この制度は、離婚したときに、婚姻期間等の保険料納付記録を当事者(夫と妻)間で分割することができるというもので、「合意分割」と「3号分割」があります。

解 説

1 年金分割制度導入の背景

(1) 近年、「熟年離婚」という言葉が流行したように、比較的婚姻期間の長い夫婦の離婚件数が増加し、離婚後の生活が問題となります

が、年金制度においては、老齢基礎年金（1階部分）は、夫と妻に支給されるものの、厚生年金（2階部分）は、被保険者だけに支給されています。したがって、夫婦の一方（大半は夫）が正規社員として働き、他方（妻）はパートで働いていた場合には、夫のみが厚生年金の受給権者となり、現役時代の男女の雇用格差・給与格差等もあって、離婚後の夫婦双方の年金受給額に大きな開きが出るという問題が指摘されていました。

このような問題が背景となり、主として婚姻期間中に正規社員の夫を支えた妻の貢献度を年金額に反映させるなどの趣旨から、離婚時年金分割の制度が導入されたのです。

（2）年金分割制度には2つの制度があり、合意分割は平成19年4月から始まった制度であり、夫と妻が、分割合意することとその分割割合について合意し、合意ができないときは、夫婦の一方が家庭裁判所に申立をして、裁判所で按分割合が決定された場合、離婚時に離婚帰還の保険料納付済額を分割（限度は最大2分の1）することができるものです。

他方3号分割は、平成20年4月から始まった制度であり、主として正規社員の夫が負担した保険料は、妻が共同で負担していたものとの考えから、離婚時に、妻が年金事務所に申請すれば、夫も厚生年金の2分の1が自動的に分割できるものです。

2 何が分割されるのか——保険料納付済記録

（1）年金分割は、専業主婦あるいはパートなどの非正規社員の妻が離婚した場合、婚姻期間の内助に報いるため、本来夫が受け取る厚生年金の最大2分の1（合意）若しくは自動的に2分の1（3号）を妻が受け取ることができるという制度と紹介されることもあり、たとえば夫が200万円の年金を受給していれば、最大若しくは自動的にその2分の1の100万円を現金で受け取れるものと誤解されがちです。

しかしながらここでの分割とは、厚生年金を算出する基礎となっている「保険料納付記録」を分割する制度であり、夫に年金が支給されるときに、その年金を分割して、夫と妻のそれぞれの口座に振り込まれるというものではありません。したがっていずれにせよ、

◆第2部　実例編

年金分割に際しては、これまで納めた年金保険料の状況、離婚したとき支払われる年金の額などの情報を適確に把握する必要があり、日本年金機構（年金記録確認第三者委員会）では、夫と妻の年金に関する情報の提供をして、誰でも分割手続を行えるようサポートしています。

3　改定などの通知　　分割を請求すると、厚生労働大臣は、その請求に基づいて標準報酬の改定又は決定をしますが、改定または決定した結果は、改定後の保険料納付金額として通知されます（厚生年金保険法78条の8）、この通知で、実際に年金が分割されたことがわかります。

Q9　合意分割と3号分割

合意分割と3号分割は、どこが違うのですか。詳しく教えて下さい。

A　合意分割は、当事者の合意が必要であり、3号分割は一方の請求で当然できるものです。

解　説

1　合意分割　　平成19年4月から始まった合意分割は、以下のような制度です。

（1）概要——合意分割は、夫と妻が、分割することとその分割割合（按分割合）について合意し、合意ができないときには夫婦の一方が家庭裁判所に申立てをして、裁判所で按分割合が決定されれば、離婚時に婚姻期間の保険料納付記録を分割（按分割合の限度は最大2分の1）することができるというものです。

（2）対象となる当事者——合意分割の当事者は、第1号改定者、第2号改定者と呼ばれます。第1号改定者は、厚生年金保険の被保険者または被保険者であった者で、合意分割により標準報酬額が低額に改定される（年金を分割される）人をいいます。第2号改定者

◆第6章◆ QA——具体事例から考える〔Ⅲ 生活世界〕

とは、第1号改定者の配偶者だった者で、第1号改定者から標準報酬の分割を受ける（年金の分割を受ける）人をいい、国民年金法の第3号被保険者（たとえば専業主婦）に限られず、第1号被保険者、第2号被保険者も含まれます。

事実婚の場合も合意分割ができますが、事実婚関係にあった期間のうち、相手の被扶養者となっていた期間（3号被保険者期間）に限り、分割することができます。

（3）分割の対象——年金制度は、国民年金（基礎年金）を基礎とした3階建てになっていますが、合意分割では会社員や公務員、教員などに支給される2階部分の厚生年金、共済年金が分割される年金（対象）とされています。したがって、2階部分をもたない自営業者の場合、分割されるべき年金（対象）がありませんので、配偶者（大半は妻）は年金の分割の当事者とはなりません。

（4）対象となる期間——分割の対象となる期間は、原則として婚姻していた期間であり、この制度が始まった平成19年4月1日よりも前に離婚したときには、制度適用がなく、年金の分割を受けられないことになります。

（5）按分割合の範囲——按分割合とは、夫と妻が婚姻期間中に厚生年金に加入して得た標準報酬の合計額を分けるとき、分割を受ける側の標準報酬を、どのような割合にするか示す数値をいい、按分割合の上限は2分の1とされていますが、下限は、たとえば、夫の対象期間標準報酬総額が6,000万円、妻のそれが4,000万円のケースでは、4,000万÷（6,000万＋4,000万）×100＝40％となり、仮に夫と妻の合意をしても、この範囲（40％〜50％）を超えて定めることはできないこととされています。

（6）按分割合の取り決め——按分割合は、夫と妻の話合いにより、按分割合の範囲内で取り決めることができますが、夫と妻で話合いができない場合には、家庭裁判所は、夫または妻からの申立てに基づき、双方の事情などを考慮して、その割合を決めることになります。

（7）請求期間——原則として、①離婚が成立した日、②婚姻が取

り消された日、③事実婚の場合第3号被保険者の資格を喪失した日の、翌日から起算して2年以内に請求しなければなりません。これを経過した場合は分割（標準報酬改定）の請求はできません。

　もっとも例外があり、協議離婚はしたものの、按分割合を取り決めることができないため、裁判所に按分割合を決める調停や審判を申し立てることがありますが、調停や審判が離婚が成立した日などから2カ月以内に終わらないこともあり、そのために分割の請求の期限を過ぎてしまい、分割請求ができなくなる場合には、次の①～④の場合にかぎって、その日の翌日から1ヶ月以内に分割請求ができることとされています。

　①本来の請求期限を経過する日前に按分割合に関する審判の申立てた場合であって、本来の請求期限が経過した日以後に、または本来の請求期限を経過する日前1ヵ月以内に、請求すべき按分割合を定めた審判が確定したとき、②本来の請求期限を経過する日前に按分割合に関する調停の申立てをした場合であって、本来の請求期限が経過した日以後に、または本来の期限を経過する日前1ヵ月以内に、請求すべき按分割合を定めた調停が成立したとき、③按分割合に関する附帯処分を求める申立てをした場合であって、本来の請求期限が経過した日以後に、または本来の請求期限を経過する日前1ヶ月以内に、請求すべき按分割合を定めた判決が確定したとき、④按分割合に関する附帯処分を求める申立てをした場合であって、本来請求期限が経過した日以後に、または本来の請求期限を経過する日前1ヶ月以内に、請求すべき按分割合を定めた和解が成立したとき（離婚を求めた人事訴訟では、当然には按分割合を決めませんので、按分割合を離婚と同時に決めてほしいときには、別途その旨の申立てをしなければならず、そのような申立てを「附帯請求」といいます）。

2　3号分割

（1）概要——3号分割は、夫が負担した保険料は妻が共同して負担したものという考え方から、夫婦が離婚した場合、妻が年金事務所に申請すれば、夫の厚生年の2分の1を自動的に分割できるというものです。

（2）対象となる当事者——3号分割の当事者は、特定被保険者

◆第6章◆ QA——具体事例から考える〔Ⅲ 生活世界〕

(図表) 合意分割と3号分割の比較

	合意分割	3号分割
施行日	平成19年4月1日	平成20年4月1日
対象となる離婚等	平成19年4月1日以降にした離婚等	平成20年4月1日以降にした離婚等
当事者	第1号改定者(分割する人) 第2号改定者(分割を受ける人) ※第3号被保険者に限定されず、第1号被保険者、第2号被保険者でもよい	特定被保険者(分割する人) 被扶養配偶者(分割を受ける人) ※第3号被保険者に限られる
合意	分割することおよび按分割合について必要	不要
対象となる期間	対象期間 対象となる離婚について、その離婚までの婚姻期間(平成19年4月以前の期間を含む)	特定期間 対象となる離婚等について、平成20年4月1日から離婚までの婚姻期間のうち第3号被保険者であった期間
按分割合	対象期間における夫と妻の標準報酬総額の2分の1を上限とし、標準報酬総額から算出された下限の範囲内で、定められた割合	特定期間における特定被保険者の標準報酬総額の2分の1
請求期間	原則として離婚後2年以内	制限なし(制限する規定がない)

(年金を分割される人)、被扶養配偶(年金の分割を受ける人)とよばれ、特定被保険者は、合意分割の第1号改定者と同じです。他方、被扶養配偶者は、特定被保険者の配偶者として国民年金法の第3号被保険者に該当していた人をいいます。合意分割では、1号改定者の配偶者であれば対象者となったのに対して、3号分割では、対象者が国民年金の第3号被保険者(たとえば専業主婦)に限られて、第1被保険者、第2号被保険者は含まれないことになります。

(3)分割の対象——分割の対象となる年金は、合意分割と同じであり、2階部分が分割の対象となります。

(4)対象となる期間——分割の対象となる期間は、平成20年4月1日以降の婚姻をしていた期間のうち、第3号被保険者となって

◆第2部　実例編

いた期間です。婚姻期間がこれ以前から続いている場合には、まず3号分割をしてから合意分割をすることになります。

（5）按分割合の範囲——按分割合は、2分の1です。合意分割では、上限を2分の1、下限を夫の対象期間標準報酬総額によって算出された割合としていましたが、3号分割はこのような範囲がなく、2分の1の強制分割とされています。

（6）按分割合の取り決め——3号分割では按分割合が2分の1と定められていますので、夫と妻が取り決める必要がありません。なお、平成20年4月1日より前の期間については3号分割の対象とならないので、按分割合の取り決めが必要になります。夫と妻で話合いができないときには、家庭裁判所によって決められた按分割合に基づいて分割されることになります。

（7）請求期間——合意分割では原則として2年という期間制限がありますが、現在のところ3号分割にはそのような期間を制限する規定はありません。

事項索引

◆ あ 行 ◆

育児休業 …………………………9, 219
遺族年金 ……………………………267
LGBTI ………………………17, 19, 78, 108

◆ か 行 ◆

介 護 ……………………………………88
介護休業 ……………………………224
核家族 …………………………………66
過労死ライン …………………………58
企業年金 ……………………………251
規制緩和 ………………………………47
均等待遇の原則 …………………27, 114
均等法 …………………………………24
ケア ………………………85, 92, 102
迎合メール …………………………121
限定正社員 …………………………158
コース別雇用管理 …………………191
雇用継続制度 ………………………261
雇用の女性化 ……………………6, 54
雇用保険 ………………………181, 244

◆ さ 行 ◆

在宅勤務 ……………………………176
ジェンダー ………7, 13, 21, 23, 30, 68
事実婚 …………………………270, 278, 295
死亡退職金 …………………………272
試 用 …………………………………165
女性活躍推進法 ………………………33
新自由主義 ……………………………42
ストーカー …………………………140
精神疾患 ……………………………124
性同一性障害 …………………16, 107
性別違和 ……………………………107
整理解雇 ……………………………172

セクシュアル・ハラスメント
（セクハラ）…………26, 116, 117, 133
専業主婦 ……………………………282

◆ た 行 ◆

退職年金 ……………………………253
ダイバーシティ・マネジメント ………98
ディーセント・ワーク …………………49
DV（ドメスティック・バイオレンス）…133
DV防止法 ……………………………136
テレワーク …………………………177
同一（価値）労働同一賃金の原則 ………30
同性婚 …………………………78, 111

◆ な 行 ◆

日本型雇用システム …………………37
年次有給休暇 ………………………208

◆ は 行 ◆

ハーグ子奪取条約 ……………………70
派遣（労働）……………………49, 174
パートタイマー ……………………179
パートナーシップ証明（書）………18, 113
パワー・ハラスメント ……………230
非正規（公務員）…………………167, 183
フェミニズム …………………………14
保 育 ……………………………………88
保護命令 ……………………………137
ポジティブアクション ………………26
ボランティア ………………………150

◆ ま 行 ◆

マタニティ・ハラスメント（マタハラ）…213
メンタル不全 …………………………8
メンタルヘルス ……………………226

事項索引

◆ や 行 ◆

有期契約 …………………… *168, 172*

◆ ら 行 ◆

ライフスタイル …………………… *78*

離婚年金分割 …………………… *292*
労契法 …………………… *52, 170*

◆ わ 行 ◆

ワーク・ライフ・バランス(WLB)
　………………… *10, 21, 32, 33, 54, 85, 94*

〈著者紹介〉

水谷 英夫（みずたに・ひでお）

1973年東北大学法学部卒業
弁護士（仙台弁護士会所属）

〈主 著〉

『夫婦法の世界』（共編、信山社、1995年）、R.ドゥオーキン著『ライフズ・ドミニオン——中絶と尊厳死そして個人の自由』（共訳、信山社、1998年）、『セクシュアル・ハラスメントの実態と法理』（信山社、2001年）、『介護福祉職 働き方のルール』（旬報社、2001年）、『労働の法』（信山社、2003年）、『ジェンダーと法Ⅰ——DV・セクハラ・ストーカー』（共著、信山社、2004年）、『職場のいじめ——「パワハラ」と法』（信山社、2006年）、『ジェンダーと雇用の法』（信山社、2008年）、『職場のいじめ・パワハラと法対策』（民事法研究会、2008年）、『感情労働と法』（信山社、2012年）、『感情労働とは何か』（信山社、2013年）、『職場のいじめ・パワハラと法対策（第4版）』（民事法研究会、2014年）、『予防・解決職場のパワハラ・セクハラ・メンタルヘルス』（日本加除出版、2014年）、『現代家族の法と実務』（共著、日本加除出版、2015年）、『Q&A新リストラと労働法』（日本加除出版、2015年）、R.ドゥオーキン著『民主主義は可能か——新しい政治的討議のための原則について』（翻訳、信山社、近刊）

QA労働・家族・ケアと法〔理論編＆実例編〕
——真のWLB（ワークライフバランス）を実現するために——

2016（平成28）年1月15日　第1版第1刷発行

著者　水　谷　英　夫
発行者　今　井　　　貴
発行所　㈱　信　山　社

〒113-0033 東京都文京区本郷6-2-9-102
電話　03（3818）1019
FAX　03（3818）0344
info@shinzansha.co.jp
出版契約 No.5088-0101　printed in Japan

Ⓒ 水谷英夫, 2016. 印刷・製本／亜細亜印刷・渋谷文泉閣
ISBN978-4-7972-5088-6 C3332
5088-012-010-002：P3600E：P320
NDC分類 328.608-d094. 労働法

山下泰子・辻村みよ子・浅倉むつ子
二宮周平・戒能民江　編集

ジェンダー六法（第2版）

待望の第2版!!

学習・実務に必携のジェンダー法令集

最新刊 **性暴力被害の実態と刑事裁判**
日本弁護士連合会　両性の平等に関する委員会 編（角田由紀子 編集代表）

森美術館問題と性暴力表現
ポルノ被害と性暴力を考える会 編

性暴力と刑事司法
大阪弁護士会人権擁護委員会性暴力被害検討プロジェクトチーム 編

浅倉むつ子・角田由紀子 編 ◎ジェンダー視点から国内外判例を学ぶ
比較判例ジェンダー法　A5変・上・344頁　3200円

戒能民江 編著 ◎女性支援の新しい展望への構想
危機をのりこえる女たち　A5変・並・324頁　3200円

辻村みよ子 著 ◎『ジェンダーと法』に続く最新の講義テキスト
概説ジェンダーと法　A5変・並・232頁　2000円

林 陽子 編著 ◎国際社会の法的センシビリティー
女性差別撤廃条約と私たち　四六変・並・200頁　1800円

谷口洋幸・齊藤笑美子・大島梨沙 編著
◎法的視点から、国内外の事例を紹介・解説
性的マイノリティ判例解説　B5判・並・264頁　3800円

信山社

女性に対する暴力に関する立法ハンドブック
国連 経済社会局 女性の地位向上部 著
特定非営利活動法人 ヒューマンライツ・ナウ 編訳

フランスの憲法判例 II
フランス憲法判例研究会 編 辻村みよ子編集代表

ジェンダー法研究 第❷号
待望のジェンダー法学の専門研究誌

〈目 次〉特集:労働法とジェンダー ◆1 雇用における性差別の現状と差別禁止法の課題…山田省三/◆2「女性活躍推進法」とポジティブ・アクション…浅倉むつ子/◆3 労働時間等働き方の法制とジェンダー…中野麻美/◆4 非正規労働とジェンダー——賃金制度を手がかりに…阿部未央/◆5 妊娠・出産・育児をめぐる法理論的検討——差別,不利益取扱い,ハラスメントについての考察…菅野淑子/◆6 均等法・育児介護休業法・パートタイム労働法に基づく紛争解決—38事例からみる紛争と紛争解決の特徴…内藤 忍・宮崎由佳/◆7 最低賃金法とジェンダー…藤井直子/◆8 障害者に対する応募・採用時における合理的配慮義務の憲法的意味…杉山有沙/【立法・司法の新動向】◆9 第3次男女共同参画計画改定/第4次男女共同参画基本計画策定について…皆川満寿美/【特別企画】◆10◆ ジェンダー法学の体系の探求…相澤美智子・水林 彪/A ジェンダー法学の体系試論(相澤美智子)/B ジェンダー現象の定義,構造および発生(水林 彪)

◇ **日本民法典資料集成 I 民法典編纂の新方針**
　広中俊雄 編著　大村敦志・中村哲也・岡孝

◇ **来栖三郎著作集 I〜III**

◇ **フランス民法**　大村敦志 著

◇ **民事訴訟審理構造論**　山本和彦 著

◇ **現代フランス憲法理論**　山元 一 著

◇ **グローバル化と社会国家原則**　高田昌宏・野田昌吾・守矢健一 編

◇ **EUとは何か**　中村民雄 著

◇ **法文化論の展開 — 法主体のダイナミクス**　千葉正士先生追悼
　角田猛之・W. メンスキー・森正美・石田慎一郎 編著

◇ **EUとは何か**　中村民雄 著

◇ **EU権限の法構造／EU権限の判例研究**　中西優美子 著

◇ **ドイツの憲法判例 I〜III**　第IV集近刊　ドイツ憲法判例研究会 編

◇ **破産法比較条文の研究**　竹下守夫 監修／加藤哲夫・長谷部由起子・上原敏夫・西澤宗英

信山社

実践から理論を、理論から実践を探究

◆ 水谷英夫 著 ◆

＜最新刊＞ QA 労働・家族・ケアの法

感情労働と法

感情労働とは何か（信山社新書）

ジェンダーと雇用の法

職場のいじめとパワハラ／リストラ QA150

セクシュアル・ハラスメントの実態と法理
－タブーから権利へ－

セクハラ救済ハンドブック 20 問 20 答

労働の法

R．ドゥオーキン　ライフズ・ドミニオン
―中絶と尊厳死そして個人の自由―／小島妙子と共訳

ジェンダーと法 I－DV・セクハラ・ストーカー
／小島妙子と共著

信山社